DEMOCRACIA Y PERIODISMO

José Antonio Friedl Zapata

# DEMOCRACIA Y PERIODISMO

## DESAFÍOS EN LATINOAMÉRICA

# ÍNDICE

# PRÓLOGO

Un prólogo es también un diálogo entre el autor y el lector de una obra, un diálogo, en este caso, acerca de lo que ha pasado, lo que ha cambiado, lo que se ha logrado, lo que no se ha logrado en Latinoamérica, desde la publicación del primer artículo de esta colección, en agosto del año 2017. La mayoría de los artículos han sido publicados en medios de prensa independientes en la Argentina. Creo que la pregunta que surge casi automáticamente, luego de transcurridos cuatro años, es el porqué en nuestro continente no hemos sido capaces de afianzar pensamientos e instituciones fuertes, democráticas, que puedan enfrentarse a tantos desafíos de tantas satrapías, tenebrosas dictaduras que aún asolan nuestro continente.

Luego de un corto período de optimismo, de triunfos de sistemas democráticos en el continente , nuevamente asistimos a un panorama político de incertidum. En caso del triunfo de candidaturas de corte socialista, con rasgos muchas veces autoritarios y de corte fascista, las democracias y el libre mercado sufrirán retrocesos, que harán muy difícil sacar finalmente de la pobreza a tantos pobladores hambreados de nuestro continente, víctimas de sistemas como el del socialismo del siglo 21, aún presentes en Venezuela, Bolivia y Nicaragua. En México vemos con preocupación la actuación del caudillo Manuel López Obrador, que aún hoy en día se niega a reconocer al gobierno de Maduro como una dictadura. En sus soporíferos discursos diarios, sus "mañaneras", prometió al pueblo "más abrazos que balazos", pero la realidad es que el mexicano vive hoy en día un brote de violencia como nunca antes se ha visto en el país. El desafío actual para las democracias en nuestro continente es enorme y vemos con preocupación que las "aguas bajan turbias".

El lector encontrará en la selección de artículos que presento algunas de las respuestas del porqué es tan difícil para las democracias y para el periodismo independiente enfrentar a la actual encrucijada política. Encontrará varios trabajos en los que se analiza, por ejemplo, el rol negativo del Papa Francisco, que apoya en forma encubierta, y no tan encubierta, a los sátrapas latinoamericanos. El lector verá también la evolución política en el Brasil, la caída del mito Lula de la progresía caviar internacional. Encontrará datos de la difícil búsqueda de democracia en Colombia y se enterará de los estrechos y tradicionales vínculos de Cuba y Nicaragua con el narcotráfico internacional. Podrá además encontrar algunos temas urticantes en el plano internacional, que no siempre tienen el espacio y el análisis merecido en la prensa, como el deterioro y el desprestigio que atraviesa actualmente la democracia y la gran prensa norteamericana. También la influencia negativa del depravado sexual Harvey Weinstein en Hollywood, Angela Merkel y su nefasta herencia para Europa, el tema del flagelo de las drogas en EE UU y el efecto negativo para las democracias de nuestro continente y del mundo de las ONG s financiadas por el multimillonario especulador y ogro filantrópico que es George Soros.

Hoy en día, es fundamental el rol que debe jugar una prensa libre, independiente, y no una prensa militante al servicio de un partido o de intereses ideológicos o comerciales, es fundamental, junto con la presencia de una justicia eficaz, independiente, y no plagada por el virus de la corrupción, para afianzar sistemas que aseguren libertades individuales y respeto por los derechos humanos. El caso del valiente y destacado ex fiscal y ex ministro de Justicia y Seguridad brasileño, Aldo Moro, que supo con su equipo de samurais luchar denodadamente en el marco del conocido proceso del lava-jato, que llevó finalmente a Lula a la cárcel, junto con una pléyade de políticos e industriales, debería ser buen ejemplo para los vecinos del país, como Argentina y Bolivia. Lamentablemente hoy en día Moro sufre el embate de la capa política corrupta enquistada aún en el parlamento de su país, y que hace peligrar su destino futuro.

¿Engrosarán nuevos países en los próximos meses a la triste lista de los países que en nuestro continente representan el eje del mal? ¿Preferirán los electorados latinoamericanos la esclavitud y el servilismo a la libertad, a la democracia, al libre mercado? De ser así, muy probablemente presenciaremos un panorama bien difícil para la labor de un periodismo independiente, que cumpla con su misión de informar verazmente al pueblo, más aún contando con algunos connotados periodistas oportunistas que pululan en el continente y que, al igual que muchos de los jueces, no tendrán ningún empacho en cambiar de bando al vil precio de mantener su estatus económico y alimentar sus egos, y esto se aplica tanto a Sudamérica, como a Centroamérica y a Norteamérica.

Umberto Eco, el gran filósofo, escritor y periodista italiano, antes de su muerte, tres años atrás, publicó su último libro titulado "Número cero", una novela que se centra en la crítica al mal periodismo, manipulador, chantajista. Es un latigazo a los periodistas que no cumplen con su rol imparcial, justamente en estas épocas tan difíciles que vivimos en Latinoamérica en la búsqueda de democracias liberales. Eco afirma que esos periodistas "vendidos" y los medios de prensa en los que trabajan son hoy en día simples "máquinas de hacer fango". Parafraseando a Hanna Arendt, la libertad de opinión se convierte en farsa cuando se ignoran los hechos en función de la ideología o el poder. Es la desinformación deliberada de la "máquina de hacer fango" de Umberto Eco. ¡Estemos bien atentos para que en nuestro continente esto no suceda!

# ECUADOR

## Elecciones Presidenciales 2021

*12 de marzo 2021*

Todavía faltan unas semanas para las elecciones presidenciales en el Ecuador, del 11 de abril próximo, y el país se debate en medio de aguas políticas turbulentas, y bajan más que turbias. Esto podría afectar a la estabilidad política de toda la región andina y acarrear un fuerte retroceso de la democracia en nuestro continente. Tengamos tan sólo en cuenta que el 70 % de los votantes se inclinan a favor de votar por candidatos de izquierda o ultra izquierda.

La democracia en el mundo sufrió un brutal retroceso en el año de la pandemia, y en nuestro continente solamente gozan el honor de ser democracias plenas Canadá, Uruguay, Costa Rica y Chile, de acuerdo al Índice Global de Democracias que elabora la prestigiosa revista inglesa The Economist. El resto de los países del continente, incluido los EE.UU. pertenecen al grupo de países que muestran una democracia imperfecta, y obviamente tanto Venezuela como Nicaragua se encuentran en el grupo de democracias autoritarias, a las que sumaría Bolivia y Argentina, que extrañamente aparecen todavía en el rubro de democracias híbridas.

Justamente en estos tiempos en los que las aguas bajan turbias para las democracias latinoamericanas enfrentaremos un super ciclo electoral. Entre febrero y noviembre de este año se celebrarán comicios en Ecuador, Perú, Chile, Nicaragua y Honduras y legislativas en El Salvador, México y la Argentina. ¿Y como quedará el panorama político del continente luego de estas contiendas? ¿Se afianzarán nuevamente las corrientes autoritarias del socialismo del siglo 21, que creíamos superadas? El clima político existente con la impopularidad de los partidos políticos tradicionales, en medio de una obscena corrupción en muchos países, con una Justicia corrupta al servicio de gobiernos cuyos líderes deberían estar detrás de las rejas, es una triste realidad. Lamentamos también la falta de líderes carismáticos y honestos, y la falta de coraje y apoyo de organismos internacionales que deberían velar por la defensa de los derechos humanos y no lo hacen, sumado al impacto de las fabulosas sumas del narcotráfico en la política, que hacen que estos nubarrones en el horizonte nos llenen de preocupación por un oscuro futuro político.

En el Perú y en el Ecuador se dirimirá la lucha electoral el mismo día, el 11 de abril próximo. En el Ecuador será la segunda vuelta entre los candidatos Andrés Araúz, el delfín del corrupto y fugado de la Justicia ecuatoriana, ex presidente Correa, que alcanzó el 32,7 % de los votos populares y que representa un populismo duro, corrupto de extrema izquierda, y el candidato de centro derecha Guillermo Lasso, un meritorio y honesto banquero de origen humilde, de 65 años, que cuenta con el 19,74% del voto popular y que bien podría ser un garante de la estabilidad política y económica del país. Arauz, de tan sólo 36 años, facilitaría por su lado el inmediato regreso del temible Correa, quien será verdaderamente quien gobierne el país, un juego como el que presenciamos en la Argentina entre Cristina y Alberto.

El desenlace de esta segunda vuelta electoral será para alquilar balcones por el resultado final que será decidido por las coaliciones que se formen con los otros dos candidatos que no llegaron a la segundo vuelta y que quedaron en tercer y cuarto lugar. Se trata del líder indigenista Yaku Pérez que cuenta con 19,38% de los votos emitidos, muy cerca de su contrincante Guillermo Lasso, y del social-demócrata Xavier Hervas que cuenta con el 15,6%. El líder indigenista Yaku Pérez, que aún impugna las elecciones, y que se encargará todo el tiempo restante de la campaña presidencial hasta el 11 de abril de movilizar a su gente en manifestaciones callejeras, no juega limpio y no es un modelo para una construcción democrática futura para el país, y varios hechos lo han demostrado. Su trayectoria política ha estado vinculada al maoísmo, al comunismo duro de China. Fue grabado recientemente en una alocución afirmando que en el Ecuador hay tres maneras de hacerse rico, "heredando, ganando a la lotería o robando". Es decir no concibe la idea de que se pueda salir de la pobreza mediante el trabajo y el esfuerzo. No cree en la meritocracia, y evidentemente es un acérrimo enemigo del libre mercado y del neo liberalismo. Es contradictorio. Por un lado busca ser un líder indigenista en favor del ambientalismo, por otro lado apoya medidas de subvención a los combustibles fósiles. Es importante distinguir entre lo indígena y lo indigenista; lo primero respeta a la naturaleza, a la Pachamama, a la tierra, honrando las tradiciones milenarias, y lo segundo es funcional a una ideología político-social con fuertes tintes de neo-marxismo. Yaku Pérez comparte peligrosamente muchos matices políticos con el dictador boliviano Evo Morales, con la diferencia de que Ecuador cuenta con tan sólo el 8 % de indígenas, en contraste con Bolivia. Incluso en pequeños detalles Yaku Pérez es tramposo, como por ejemplo en haber utilizado sin permiso una pegadiza canción para su campaña política de autoría del grupo de rock uruguayo Cuarteto de Nos, que lo demandó internacionalmente por este hecho. El título original de la canción es "Gaucho Power", y poco tiene que ver con su movimiento indigenista. Se plantea entonces la pregunta: ¿Expropiará Yaku Pérez a los ecuatorianos de la misma manera como lo hizo con la canción de campaña?

El mayor peligro para el futuro del Ecuador se centra en una probable victoria del candidato correísta Andrés Arauz, que fue elegido gracias a una campaña financiada por dineros del narcotráfico internacional y de las guerrillas colombianas, como el ELN, que comprobadamente, de acuerdo a informes publicados a fines de enero pasado en la prestigiosa revista colombiana Semana, donó unos 80.000 US dólares a Arauz para su campaña. Esto trascendió luego de la incautación de un laptop de la guerrilla ELN por parte del ejército colombiano. El candidato de Correa se defendió con el argumento risible que el video es una manipulación porque los pajaritos que cantan en el fondo viven sólo en el bosque seco ecuatoriano y no en Colombia, donde se encuentra el campamento del ELN.

Durante el gobierno de Correa, Arauz detentaba el insólito cargo de Ministro de Talento Humano. Cuenta evidentemente con los millones saqueados del Ecuador del ex presidente Correa, a buen recaudo en Bélgica donde encontró refugio seguro, para no purgar los 8 años de cárcel a los que fue condenado en su país por sobornos y corrupción masiva. Además Arauz cuenta con el apoyo del sátrapa Maduro y de la directiva del partido político español Podemos que cogobierna ese país. Juan Carlos Monedero, fundador de Podemos, que fue delfín de Hugo Chávez, se encuentra actualmente en Ecuador, representando la consultora mexicana Neurona, que ha asesorado a las campañas electorales de Evo Morales, Nicolás Maduro, Manuel López Obrador, Rafael Correa. Neurona y Monedero están siendo investigados actualmente por la Justicia española, acusados de malversación de fondos y administración desleal por sus contratos con Podemos en 2019. La idea de Monedero es manejar directamente la campaña electoral del títere de Correa, el candidato Arauz, y no sólo eso, sino extender las actividades de Neurona a otros países latinoamericanos en procesos electorales. Y como si todo este apoyo logístico y financiero fuera poco, están los millones de dólares mal habidos del prófugo Correa que desde su cómodo exilio en Bélgica maneja diferentes millonarias cuentas bancarias en todo el mundo, entre ellas una en el Banco Vaticano offshore, el IOR, Nr. 001-345761, con un saldo fechado en el año 2019 de 193 millones de Euros, según lo investigado por el sacerdote argentino Jorge Sonnante, un vaticanista que se ha especializado en temas de corrupción de la Santa Sede, y recogidas y confirmadas por el periódico italiano La Repubblica.

El gran escritor y filósofo austríaco Robert Musil, autor de la novela "El hombre sin atributos", en un libro dedicado a la estupidez humana, publicado en el 1937, en una época del auge de las corrientes políticas totalitarias en Europa y de la barbarización de los pueblos, reflexionaba sobre los factores que hicieron posible el fascismo. La estupidez, escribía, es en extremo contagiosa y se alienta de ideales difusos, de lugares comunes, de la simplicidad engañosa y maliciosa de las proclamas políticas. Todo es negro o todo es blanco. Para Albert Camus en "La Peste" la estupidez humana siempre insiste en regresar, y como el coronavirus de nuestros días, la estupidez puede atacar a cualquier persona. Ojalá el pueblo ecuatoriano pueda discernir con claridad su futuro y no coquetear con el suicidio de su democracia. Ojalá el próximo 11 de abril triunfe el sentido común, en esa democracia en peligro, fatigada, confundida que es la existente en el Ecuador de hoy en día.

# PAPA FRANCISCO

## "Fratelli tutti", sí, pero sólo para los que comulgan conmigo

*9 de enero 2021*

Cada vez es más evidente la politización de la Iglesia Católica del Papa Bergoglio, que va tras una utopía reaccionaria, prejuiciosa del libre mercado y el capitalismo de cualquier tipo , negándose a aceptar la enorme prosperidad que estos sistemas produjeron en muchas naciones del mundo, principalmente en aquellos den vías de desarrollo. La alternativa de Bergoglio es un peligroso populismo, un pobrismo religioso que sospecha del progreso y de sistemas cabalmente democráticos. En su última encíclica "Fratelli Tutti", "Hermanos Todos" y fiel a sus encíclicas anteriores como "Alegría del Evangelio", insiste en su utopía reaccionaria, prejuiciosa del libre mercado y del capitalismo, donde la meritocracia es un grave pecado. En esta encíclica, tan negativa para su Iglesia, Bergoglio insiste en que para lograr un mejor orden mundial y más justo reclama un rol más preponderante de los Estados y de los Organismos Internacionales para que éstos salven a nuestra sociedad, enferma por el individualismo, que de acuerdo a su punto de vista "es el virus real que se debe combatir". Consecuente con sus destructivas ideas ultra-socialistas no termina de entender que a las personas se las defiende dándoles mejores condiciones de vida, y eso se logra mediante el desarrollo del libre mercado y no alabando al pobrismo y a un proletariado andrajoso y criticando duramente a la meritocracia. Su Iglesia está entonces encarada como un actor político y no tanto espiritual o de fé. Con esto la transforma prácticamente en una ONG, con metas políticas precisas dentro de un populismo de extrema izquierda, de una ideología que ve al pobrismo como una virtud, desprendiéndola de su preeminente rol religioso. Ya en su encíclica anterior, "Evangelii Gaudium", llegó a afirmar que "el capitalismo mata".

El actual Papa no tiene un mensaje verdadero de fe, de espiritualidad, y ha politizado peligrosamente a su Iglesia durante los años de su papado, logrando una grave división dentro de la misma, gobernada hoy en día por un puñado de incondicionales que suscriben su peligrosa ideología de la teología de la liberación o más bien de la ideología del pobrismo. Ha apartado sistemáticamente de importantes funciones al ala llamada "tradicionalista", durante todos estos años. Muchos de sus seguidores, agrupados en su secretista círculo íntimo se caracterizan, no sólo por sus ideas políticas de izquierda, sino que aparecen constantemente en escándalos de corrupción, de acciones inmorales de pedofilia, y Bergoglio no solo calla, sino los protege. En su Iglesia hay mucho marketing político, y Bergoglio lo que propone es en realidad una fe cristiana del tipo "low cost", donde queda muy poco lugar para la fe, para un verdadero cristianismo, para los valores morales, las ideas.

Hablar hoy en día de un próximo Papa con Bergoglio aún en el Vaticano podría ser percibido como algo muy prematuro, pero ya varias editoriales están sacando libros acerca de un nuevo "New

Pope", apareciendo en sus listas preocupantes candidatos con dudosas cualidades morales, envueltos en graves escándalos de corrupción, pero muy cercanos a Bergoglio. Recordemos ahora la dudosa ascensión al trono de San Pedro del actual Papa, rodeado de sospechas, manipulaciones mafiosas, investigadas y publicadas por famosos vaticanistas como la inglesa Catherine Pepinster —The Pope and the Kingdom—, por el norteamericano George Neumayr —The Political Pope— y el italiano Mauro Mazzi, entre muchos otros. Todos ellos advierten que el ascenso de Bergoglio se fraguó en reuniones sectretas de Cardenales opuestos a Benedicto XVI en la ciudad suiza de San Gallen. El Vaticano de Bergoglio sigue siendo conspirativo, intrigante secretista, nada transparente. Hace pocas semanas creó una "Commissione per le materia riservate", donde se ventilan y solucionan los peores escándalos vaticanos.

La Iglesia Católica después del pontificado de Bergoglio no volverá a ser la misma, y ya ha logrado lamentablemente una profunda división dentro de la misma, al excluir a los llamados grupos "tradicionalistas". Bergoglio, rodeado por un secretista círculo íntimo, ha logrado obtener una mayoría para un próximo Concilio, encargado para la elección de su sucesor, que debería absolutamente seguir sus lineamientos políticos. Durante los más de siete años de su pontificado ha nombrado 73 nuevos cardenales de un total de 128, todos ellos fieles de su pensamiento político.

Muy inquietante es ver la lista de los prelados que componen este círculo íntimo bergogliano donde se encuentran muchos involucrados en grandes escándalos de corrupción y de dudosa moralidad. Tan sólo un ejemplo de ellos es el caso del cardenal hondureño OscarRodríguez Madariaga, que no tan sólo es un estrecho amigo del Papa sino que es titular de importantes instituciones claves de la Iglesia Bergogliana. Madariaga, que es considerado como uno de los probables sucesores de Bergoglio, es uno de los jerarquas más corruptos de la Curia Vaticana. En Roma es llamado "il cardinale 35 mile euro al mese" en referencia al salario mensual que recibe del gobierno hondureño aparte de las entradas provenientes de la Universidad de Tegucigalpa y otras fundaciones internacionales, que llegan anualmente a la suma de 500.000 Euros. Gran parte de este dinero el cardenal lo ha transferido a cuentas bancarias en Londres, principalmente en el banco Leman Wealth Management. Madariaga está siendo investigado tanto en su país como en el exterior, pero sus padrinos son muy poderosos.

La Iglesia Católica en su larga historia se tuvo que enfrentar con todo tipo de Papas y prelados corruptos, guerreristas, moralmente depravados. Y nos preguntamos por qué el Espíritu Santo, que debería velar por una buena elección de los Papas en los Concilios respectivos, no ha actuado. El Papa Benedicto XVI dio tiempo atrás una explicación muy particular, algo insólito, al afirmar que no siempre el Espíritu Santo está presente, exonerándolo así de su responsabilidad en estos momentos cruciales para la Iglesia. "Ha habido muchos ejemplos de Papas que evidentemente el Espíritu Santo no hubiera elegido". ¿Habrá estado pensando Benedicto XVI también en Bergoglio?

El gran poeta italiano Dante Allighieri, que en este año del 2021 se está conmemorando los 700 años de su muerte, en su obra colosal "La Divina Comedia", envió a varios Papas de sus tiempos al infierno, Papas que se habían apartado de la espiritualidad y cedido a las tentaciones del poder y de los placeres mundanos. En el capítulo 19 menciona los nueve círculos en los que está dividido su infierno, de acuerdo a los pecados cometidos. ¿En cuál de ellos hubiera ubicado Dante a Jorge María Bergoglio? Personalmente lo ubicaría en el círculo octavo, específicamente en la novena fosa, donde se castiga a los pecadores sembradores de la maldad y de la discordia religiosa y política.

# LA LIBERTAD DE PRENSA EN PELIGRO EN ESTADOS UNIDOS

## Un mundo orwelliano bien cercano

*6 de diciembre 2020*

El control de los medios de comunicación y la censura constituyen una de las nuevas amenazas que enfrenta el periodismo independiente en todo el mundo. La colusión entre gobiernos y multimillonarios propietarios de medios, en forma directa o indirecta, se ha vuelto una peligrosa realidad que busca asentar el control de los contenidos de la gran prensa, logrando así que una pequeña elite, que nadie ha elegido democráticamente, domine, censure la información diaria de los ciudadanos. Este totalitario y machiavélico método vemos cómo se va extendiendo por el mundo, más aún ahora, propiciado por la pandemia china. Esto lo podemos comprobar claramente al ver cómo operan muchos de los grandes medios de comunicación, en detrimento de los medios independientes, que están siendo desmembrados, avasallados, arrinconados, haciendo que los periodistas honestos hayan tenido que abandonarlos, no dispuestos a participar en la supresión de la libertad de prensa. Los tenebrosos grupos de poder mediático han logrado ya en muchos países, principalmente en los

EE.UU., cortarles los brazos a aquéllos periodistas que representan honorablemente al llamado cuarto poder, imprescindible para el funcionamiento de una democracia.

Ustedes podrían pensar que la libertad de prensa pudiera estar suprimida, restringida en países como la China Comunista u otros con regímenes totalitarios. Que esto pudiera estar sucediendo en los EE.UU. sería impensable, ¿verdad? Pero está pasando, y diariamente, en muchos de los grandes medios de comunicación, que controlan aproximadamente el 93% de la información diaria que reciben los ciudadanos norteamericanos. Sí, es un escándalo. Como resultado presenciamos un gran desprestigio internacional de la otrora alabada prensa norteamericana, y debemos acudir, muchas veces, a fuentes extranjeras, a publicaciones editadas fuera del país, para saber fehacientemente lo que pasa, gracias a corresponsales que no aceptan ni manipulaciones, ni fake news . A los periodistas independientes se los acusa de xenofobia, de ser supremacistas blancos, nazis, trumpistas, fascistas, una verdadera vergüenza cívica. Hoy presenciamos que connotados periodistas de la gran prensa están cargados de odio, de fanatismo en pro de un marxismo cultural, que les nubla la mente y que los hace incompetentes.

La situación grave por la que atraviesa la gran prensa norteamericana se ha puesto en evidencia en diferentes acontecimientos de las últimas semanas. A mediados de noviembre, por ejemplo, un panel del Senado Americano, específicamente la Comisión de Asuntos Jurídicos, condenó duramente las actuaciones de Twitter y Facebook interpelando a sus dueños, Mark Zuckerberg y Jack Dorsey por los delitos de desinformación y la censura parcializada en defensa de una izquierda radical que ha impulsado una campaña de control mediático sobre los medios convencionales de comunicación, agencias de prensa y redes sociales. Las acusaciones fueron graves, y los responsabilizaron de filtrar, censurar, incluso borrar contenidos importantes de relevancia política para la nación.

Una importante voz de alarma contra las manipulaciones mediáticas y la censura en buena parte de la gran prensa, la dieron 150 importantes intelectuales norteamericanos de todos los colores políticos firmando una carta abierta de protesta publicada en la prestigiosa revista Harpers Magazin. Entre los 150 firmantes aparecen nombres como Salman Rushdie, Francis Fukuyama, Noam Chomsky, J.K. Rowling, Martin Amis, Margaret Alwood, y muchos otros. En la carta se menciona el auge de la intolerancia en ciertos sectores del activismo progresista, la misma intolerancia que se ha extendido a los medios de prensa, al mundo académico y cultural sobre varios temas políticos importantes para una democracia funcionante. Se despiden periodistas, editores por publicar piezas dignas de discusión, y que deberían ser de conocimiento público.

A esta severa carta abierta en contra de la censura y manipulación existente, se suman las protestas de algunos valientes periodistas de investigación de las propias filas progresistas, como lo es el caso de Gleen Greenwald, que abandonó muy decepcionado el importante medio de comunicación que el mismo, pocos años atrás había fundado, "The Intercept". El motivo ha sido que sus artículos de investigación estaban siendo censurados o simplemente no los publicaban. El detonante fue una serie de artículos que estaba escribiendo acerca de las prácticas corruptas y mafiosas en las que estaba involucrado Hunter Biden, el hijo del futuro presidente, en las que participaba su propio padre y todo el entorno familiar. Un verdadero escándalo que manchará la próxima presidencia, sin lugar a dudas.

Otro caso sintomático del acoso a la prensa independiente a través de lo largo y ancho del país es el que ha estado recibiendo el valiente e independiente periódico neoyorquino "The New York Post", y que no ha tenido el eco que merecería a nivel nacional e internacional. El NYP es uno de los periódicos más antiguos del país, creado por Alexander Hamilton, uno de los fundadores de los EE.UU., y que se destaca por informar de temas políticos importantes que otros medios de prensa no se atreven a tocar. Ha estado criticando e informando acerca del cerco de silencio conspirativo que se ha creado en muchos medios en cuanto a la real figura del futuro Presidente, y denunciando el hecho que decenas de libros serios de investigación política de autores renombrados son boicoteados, ignorados en recensiones, sacados de la distribución por Amazon, y retirados de los estantes de las librerías. Un hecho insólito en la democracia más grande del mundo. Y no dejemos de mencionar la siniestra actuación del conspicuo billonario y especulador George Soros, que cree de sí mismo ser una especie de Dios, y que comprobadamente está financiando a más de 30 grandes medios de comunicación con millones y millones de dólares, y corrompiendo con su dinero a importantes ejecutivos de los mismos, que le hacen el juego al nonagenario magnate que co-gobierna al país sin que nadie lo haya elegido.

Mi gran admiración y respeto por la prensa y los periodistas independientes norteamericanos, que en una denodada batalla en pro de la verdad, luchando en forma desigual contra la Big Tech, la Big Media, la Big Money de billonarios hipócritas, buscan simplemente publicar la verdad, informar a la población desinteresadamente, poniendo en riesgo sus profesiones y su futuro, cumpliendo con el rol que le cabe a una prensa honesta. Un futuro bien duro les espera, porque el fantasmal y diabólico mundo descrito por el visionario George Orwell en "1984", está muy cerca de convertirse en realidad en la más grande democracia occidental. Tiempos difíciles en un país enormemente dividido y enfrentado.

"In God we Trust", es el lema oficial de los EE.UU., que apareció por primera vez en las monedas estadounidenses allá por el año 1864, y se ha vuelto el lema nacional del país. Y en Dios deberá confiar para que en un futuro cercano pueda contar nuevamente con una prensa confiable, como corresponde a una gran democracia, hoy en peligro. ¡Que Dios los bendiga!

# BOLIVIA EN MEDIO DE UNA GRAN INCERTIDUMBRE POLÍTICA

## Evo Morales y un momento bisagra

*12 de noviembre 2020*

Pocos días atrás tuvo lugar en la Paz la ceremonia del cambio de mando del país, resultado de las elecciones llevadas a cabo el 18 de octubre. Un año después de la caída del MAS de Evo Morales vuelve el mismo movimiento político al poder con actores que han recibido casi el 55% de los votos emitidos, recaudados por el nuevo Presidente Luis Arce, junto a David Choquehuanca, ya en una primera vuelta electoral. Ambos han sido elegidos hábilmente por Evo Morales, el líder indiscutido del MAS, y no hay que olvidar que fueran miembros destacados de su gobierno durante varias de sus administraciones, uno como Ministro de Economía, el otro como Ministro de Relaciones Exteriores.

Bolivia entra así en una peligrosa encrucijada: o bien sigue el camino totalitario, corrupto, simpatizante con el Castro Chavismo y con fuertes lazos con el narcotráfico internacional, o se encamina hacia un nuevo futuro de solidificación de las instituciones democráticas y de acuerdos políticos con la oposición, lo que significaría casi un parricidio a su líder máximo, el todopoderoso Evo Morales.

Hay un antecedente clásico en la región con una estructura político-social y étnica similar, Ecuador, donde el actual presidente Lenin Moreno supo darle la espalda a quien lo ungiera como presidente, Rafael Correa, que hoy en día es requerido por la Justicia de su país por diferentes crímenes de corrupción, y que se encuentra refugiado cómodamente en Bélgica. Ahora la gran cuestión es saber cuál será el proyecto y la forma de actuar del nuevo presidente boliviano, Lucho Arce y su vice-presidente Choquehuanca que están dando tibios signos de buscar diferenciarse de las administraciones anteriores. Justamente en estos días oímos de bocas de ambos frases alentadoras de un posible cambio de rumbo. ¿Estará dispuesto este nuevo gobierno de encaminar a Bolivia hacia una senda democrática, y cometer el parricidio ecuatoriano?

Ya en su discurso de inauguración el Presidente Arce y aún más claramente su vice Choquehuanca en declaraciones en las últimas semanas han dado interesantes indicios que pueden ser interpretados como un cierto alejamiento de la ideología totalitaria de Evo. Choquehuanca es conocido en Bolivia como "el místico", por ser un defensor de los "derechos cósmicos" y su búsqueda del respeto entre todos los seres humanos. Apunta a ser protagonista de la renovación del aparato estatal e ideológico del país. Declaraciones como "Los ministros ya no tienen que volver a ser ministros", o "Necesitamos renovarnos absolutamente", o "Es hora de escuchar a los otros" o "Las diferencias se resuelven dialogando y no imponiendo" o "Necesitamos trabajar en la institucionalidad" dan cierto aliento a un futuro cambio político en Bolivia. No son sin embargo las palabras claves del nuevo presidente Arce, que se siente aún ligado al MAS de Evo Morales y que sigue siendo considerado como el artífice del boom económico boliviano. Arce fue reconocido incluso por el Banco Mundial por su gestión, cuyo éxito en realidad fue más consecuencia de los elevados precios internacionales de la minería y los hidrocarburos, situación que hoy en día ha cambiado drásticamente. Sin embargo, pese a este aparente milagro económico, miles y miles de bolivianos dejaron el país en los últimos años y se refugiaron en países vecinos, como la Argentina, por haber padecido el hambre en su patria y los sinsabores de la falta de democracia. Aquí el 82% de los 142.000 votantes bolivianos registrados dio su voto a Arce, pero casi ninguno de ellos considera en lo más mínimo volver a su patria.

Mientras tanto Evo Morales, que no estuvo presente en el cambio de mando, está realizando una marcha desde la frontera argentina-boliviana, acompañado por fieles seguidores, que lo llevará en caravana, atravesando diferentes ciudades hasta llegar a Cochabamba y a la región cocalera del Chapare, donde lo esperan sus fanatizados cocaleros, su fuerza de choque, que se han enriquecido con el negocio de la coca y de la cocaína, llevando a Bolivia a convertirse casi en un narco-estado.

Allí lo estará esperando su nuevo delfín, el joven cocalero de 29 años, Andrónico Rodriguez Ledezma, candidato para una eventual sucesión en caso de que el nuevo gobierno tome un rumbo que no coincida con los intereses de Evo Morales. Andrónico es un engendro de Evo, quien lo define a menudo como su "heredero". Se licenció con 22 años en Ciencias Políticas en la Universidad de Cochabamba y es el líder cocalero más importante después de Evo en el Chapare, el corazón del poder del MAS. Andrónico es vicepresidente de las seis Federaciones Cocaleras del Chapare, que agrupan a aproximadamente 931 sindicatos con más de 200.000 miembros, que viven fundamentalmente del negocio de la coca y su comercialización al exterior a través de un moderno aeropuerto ubicado en Chimoré. El propio Morales ha reconocido en varias oportunidades que la mayor parte de la producción de la hoja de coca de su país va a un mercado ilegal internacional. En un fatal sinceramiento llegó a afirmar el año pasado, estando ya en el exilio, que "si volviera, hay que organizar como en Venezuela milicias armadas del pueblo, para defender las conquistas logradas".

Bolivia en una peligrosa encrucijada ¿Y la oposición democrática, qué hace, que ha hecho, para enderezar el curso político del país? Se encuentra dividida, fragmentada y enfrentada entre sí, aún presa de una oligarquía con rasgos racistas, que no ha entendido aún que Bolivia ya no es más el país en el que ellos gobernaron, durante siglos, y no lo terminan de entender. El MAS ha ganado con una ventaja de más del 20 por ciento frente a su principal contendor. No cabe duda que los adversarios del MAS subestimaron su potencial electoral, y las encuestadoras no detectaron la realidad, y los políticos tradicionales ignoraron la expresión genuina de los sectores sociales indígenas del país. En esta miopía hay una fuerte carga de racismo, que sigue existiendo desde el siglo XIX, frente al "cholaje". Esto estuvo presente en el candidato Carlos Mesa, el principal opositor, que no fue capaz de construir un partido con incidencia en el mundo indígena boliviano. Peor es la actitud de los ricos oligarcas bolivianos que viven en un cómodo exilio y que fogonean, intervienen aún en la política, sin haber comprendido que su mundo colonial, ya no existe.

Bolivia en medio de una gran incertidumbre política, que afecta a todo el continente porque puede alterar el fiel de la balanza en países en vías de democratización y llevarla hacia un regreso al nefasto socialismo del siglo XXI. Bolivia es el país con mayor población indígena en el continente, con un 48 %, seguida por Guatemala con el 45 %, México con el 21,5% y Ecuador con el 6,4 %. Tengamos también en cuenta que los cocaleros del Chapare de Evo

Morales, representan tan sólo una ínfima parte de los indígenas, con sus propios intereses, y enfrentados muchas veces a los otros grupos étnicos.

En los próximos meses veremos cuál será el rol que asumirá Evo Morales a su regreso a Bolivia teniendo en cuenta que dominó férreamente la política de su país durante los últimos 23 años a través de su movimiento político. Esos años lo caracterizaron por sus rasgos caudillistas, egocéntricos, de desprecio por los valores republicanos y sus varios graves delitos, cuyas investigaciones en curso ahora se vieron suspendidas por las nuevas autoridades judiciales.

El gobierno electo comienza su mandato en medio de una peligrosa dualidad. El jefe de Estado no es el líder histórico de su partido. Será un futuro de tensiones, traiciones, intrigas, enfrentamientos. El futuro del nuevo presidente Arce dependerá mucho del curso que se atreva a tomar y si está dispuesto a romper con la ruta del castro-chavismo, el lucrativo negocio del narcotráfico, que asola al país y realmente tender un puente a la oposición, con el apoyo de muchos miembros de su partido, hartos de los desmanes de Evo Morales y su pésima imagen interna y en el exterior, logrando concretar el necesario parricidio, a la ecuatoriana, que tanto necesita el país y nuestro continente. El futuro próximo lo dirá.

# A POCOS DÍAS DE LAS ELECCIONES EN LOS EE.UU.

## Incertidumbre, manipulación y corrupción

*19 de octubre 2020*

Es realmente increíble lo que está sucediendo actualmente en la democracia más grande del mundo, a pocos días de una decisiva elección, a la que muchos ciudadanos, analistas políticos y periodistas consideran como una de las más importantes de la historia política del país. Muchos ciudadanos ya han comenzado a votar por correo, y casi todas las grandes encuestadoras dan por sentado una victoria del candidato demócrata Joe Biden. Pero puede haber muchas sorpresas, como sucediera en las elecciones anteriores en el año 2016, porque muchos ciudadanos, por temor, no se atreven a decir lo que realmente piensan, lo que echarían por tierra todos los pronósticos electorales actuales.

Un escándalo político de grandes dimensiones ha explotado en estos últimos días y podría muy bien cambiar el resultado de las elecciones el 3 de noviembre, a favor del Partido Republicano. Los demócratas lo saben muy bien, y han desplegado toda su poderosa maquinaria electoral para tapar, censurar, esconder este escándalo. Se trata de la aparición por puro accidente de un laptop de Hunter

Biden, hijo del candidato demócrata, que contiene miles y miles de mails privados. Hunter Biden es un discutido personaje por su historial de droga-adicción, que hizo que fuera expulsado de la Marina por este motivo. Hunter tiene una relación muy cercana con su padre y lo ha acompañado a menudo en sus viajes oficiales, tanto a China, como a Rusia, Ucrania, Armenia cuando éste era vice-presidente de la Administración Obama. Aprovechaba estas oportunidades para presentarse como asesor y lobista de su padre encaminando negociados al margen de la ley que le reportaban millones y millones de dólares a él, a su padre y a todo el entorno familiar compuesto por un reducido grupo de seis personas: el candidato a presidente, sus hijos, sus hermanos y un cuñado. Una verdadera mafia al estilo italiano, siendo Joe Biden una especie de "capo dei tutti capi". Las multimillonarias ganancias de la mafia Biden se repartían en general recibiendo Joe Biden un 50%, su hijo Hunter aproximadamente un 30%, hecho que no era de su agrado, como surge en uno de los mails porque de esta suma debía financiar los gastos del resto de la familia.

Este thriller político, que puede muy bien cambiar el resultado de las próximas elecciones, empezó en un negocio de reparación de computadoras, donde Hunter llevó su laptop para arreglarlo. El dueño del establecimiento, al ver que pasaba el tiempo y Hunter no lo recogía, resolvió abrirlo pudiendo ver algunos mails dándose cuenta de la envergadura política de los mismos. Asustado resolvió hacer entonces unas copias para su seguridad personal antes de llamar a las autoridades del FBI para que realizaran las investigaciones pertinentes. Luego de que pasaran semanas y semanas y el FBI sospechosamente no hiciera nada al respecto, el técnico, consciente de que el clan de los Biden es muy poderoso, decide entregar una copia a un abogado criminalista cercano al bufete de

Rudy Giuliani, el famoso ex alcalde de New York y asesor del Presidente Trump, que destaparía el escándalo en estos días. El FBI, que todavía hoy en día está penetrado por funcionarios cercanos a la administración de Obama, está obviamente encubriendo estos delitos y no se ha expedido aún al repecto. Nada que llame la atención de esta agencia, lo mismo que la Cia, que repetidamente han estado envueltos en componendas anti constitucionales en contra de la actual administración republicana.

Mientras tanto los mogules multimillonarios del Sillicon Valley, llámense estos Facebook, Twitter, Google, no sólo ignoran este escándalo político sino que censuran abiertamente todo lo referente a este caso. Periódicos serios, periodistas independientes son bloqueados y censurados en sus investigaciones, por increíble que esto sea en los EE.UU., y la gran prensa hace lo mismo; el Washington Post, el New York Times no dedican a este caso una sola línea, ni en la última página. Lo mismo en las grandes cadenas televisivas, CNN, NBC, ABC, y tantas otras, y esto es otro escándalo, que ha hecho que el desprestigio de los medios de comunicación norteamericanos, con raras excepciones, sean un punto de debate, no solo nacional, sino también internacional.

Este es el clima enrarecido que presenciamos hoy en día que nos hace pensar que estamos enfrentados a rasgos descritos en esa sensacional distopia de George Orwell "1984". Solo pocos periodistas independientes y medios de comunicación valientes siguen insistiendo, como el periódico New York Post, un antiguo medio de prensa, fundado por Alexander Hamilton, uno de los padres fundadores de los EEUU, que regularmente y enfrentando la censura informa acerca del escándalo de la Mafia Biden y el complot de los grandes medios para entronar a un Presidente que no sólo tiene un historial de 50 años de politiquería en Washington DC, sino que encima es senil, mentiroso y corrupto, como se está demostrando, y que es simplemente un Caballo de Troya del ala más radical del Partido Demócrata, que cambiaría el rostro de una democracia centenaria. Ahora ya no se trata sólo de Donald Trump ni del Partido Republicano; se trata de algo mucho más trascendente, del futuro de un país, que tendría repercusiones inevitables también para nuestras democracias y para la libertad de prensa que, como acabamos de ver, está en grave peligro, porque como bien lo define el gran periodista e historiador polaco Ryszard Kapuscinski: "El trabajo de los periodistas no consiste sólo en pisar las cucarachas, sino en prender la luz, para que la gente vea cómo las cucarachas corren a ocultarse".

# ARGENTINA ¿LA PRÓXIMA VENEZUELA EN EL CONTINENTE?

## Latinoamérica en su encrucijada

*3 de octubre 2020*

Presenciar como latinoamericanista, como analista político con fuertes arraigos familiares en la Argentina, cómo este hermoso y rico país, la segunda economía de nuestro continente, está siguiendo casi inexorablemente el camino de la destrucción chavista venezolana, causa una enorme tristeza. Cuando en un país el gobierno de turno violenta criminalmente y deliberadamente las leyes, las corrompe, las controla, las manipula, cuando la corrupción extrema se ha convertido en norma, cuando la prensa independiente es perseguida, asediada, este país, la Argentina, es el lugar perfecto para que las mafias nacionales e internacionales se apoderen del poder, subyugando a su población. Y esto es lo que estamos viendo tanto en Venezuela como en la Argentina Kirchnerista. El futuro es bien sombrío. Afortunadamente hay todavía un pequeño margen como para revertir esta angustiante situación política, económica, moral, social; todavía estamos a tiempo como para dar vuelta al timón, pero requiere una voluntad férrea, sistemática de la población, no más tibiezas, concesiones.

¿Y cómo se pudo llegar a esta situación límite? La respuesta es compleja, pero no tanto. Setenta años de dominio de la política por parte del Peronismo, y ahora de su engendro el Kirchnerismo. Qué podemos esperar de un movimiento político que ha secuestrado a un país con un jefe indiscutido, Juan Perón, que desde un principio acuñó la terrible frase fascista: "A los amigos todo, a los enemigos ni siquiera justicia". Atónitos observadores extranjeros tratan de comprender el extraño fenómeno de que gran parte de un pueblo pueda amar, votar a su propia capa política corrupta y depredadora. Simplemente no lo entienden. La acertada apreciación del gran Jorge Luis Borges que el Peronismo era incorregible en sus errores, ha sido confirmada hoy en día, después de 70 años de experimentos fallidos populistas, en su versión aún más totalitaria, la del Kirchnerismo del dúo diabólico de los Fernández-Fernández, Cristina y Alberto.

Hoy en día ya vemos claramente rasgos conocidos del criminal sistema venezolano, rasgos incipientes de un sistema totalitario, de una narco-dictadura, con la proclamación perversa de un "vamos por todo" de Cristina Fernández. Ya somos testigos de incipientes migraciones a países vecinos de sectores de la clase media y alta de la población, buscando un mejor futuro para sí mismos y para sus familias, escapando de la inseguridad imperante en el país. Tan sólo el pequeño vecino, el Uruguay democrático, de acuerdo al medio inglés The Guardian, ha recibido ya unos 25.000 ciudadanos argentinos de la clase media y alta que se han radicado mayormente en Punta del Este, y el flujo continúa creciendo constantemente. Los rasgos totalitarios se notan también en la forma abusiva en que el gobierno kirchnerista ha manejado la pandemia china, trayendo hambruna, desocupación sin haber podido lograr bajar los índices de la pandemia, como lo han hecho países vecinos como Uruguay y Paraguay.

Afortunadamente la población ha empezado a movilizarse a través de masivas manifestaciones, y no sólo en Buenos Aires, sino en muchas otras ciudades del país. Son los llamados "banderazos", que expresan el hartazgo ante tanta corrupción y la forma perversa con que se maneja la justicia para proteger a los ladrones de la mafia gobernante. Los ciudadanos, inundando las calles, y portando grandes banderas argentinas y pancartas con los grandes temas que los afligen, logran reunir miles y miles de ciudadanos, y ya han conseguido auto-convocarse por lo menos en cinco ocasiones. Esperemos que estos movimientos espontáneos y democráticos continúen y se multipliquen. Sería bueno para los manifestantes tener en cuenta el magnífico ejemplo que les daría la experiencia exitosa del pueblo alemán sojuzgado por años bajo el sistema comunista de la desaparecida RDA. Con estoicismo, valentía y perseverancia fueron a las calles allá por el año 1989 sistemáticamente y en forma pacífica durante todos los lunes, de noche, durante semanas, meses para lograr sus fines. Fueron las llamadas "Montagsdemonstrationen", las Manifestaciones de los Lunes. Comenzaron en la ciudad de Leipzig, el 4 de septiembre del año 1989, para extenderse por todo el país. Estas demostraciones, muchas veces estaban acompañadas por las llamadas oraciones por la paz, en las que los manifestantes portaban velitas encendidas. Desde un principio contaron, eso sí, con el apoyo de las iglesias protestantes alemanas. Las manifestaciones se fueron multiplicando, como así también el número de manifestantes, que portaban carteles con sus reclamos: "Nosotros somos el pueblo", "Manifestaciones por el cambio", "No a los métodos nazis en el sistema judicial", "Privilegios para todos", hasta que culminaron con una masiva concentración que reunió a unas 500.000 personas en Berlín Oriental, que clamaban por la libertad de prensa, de reunión y de opinión, y que terminaría pocos días después con la caída del Muro de Berlín y el triunfo de la democracia, para poco tiempo después lograr la deseada reunificación de las dos Alemanias. Un ejemplo digno de considerar para estos "banderazos" libertarios de la Argentina de estos días.

Claro que hay grandes diferencias culturales y estructurales entre las dos situaciones. Pero a la Argentina le juega en contra además el importante factor que la Iglesia Católica del ultra peronista Papa Bergoglio, ha demostrado fehacientemente que es un aliado incondicional del kirchnerismo, tanto de Cristina Fernández, "cuiden a Cristina", como del actual presidente Alberto Fernández. El Papa, cómplice de los sátrapas latinoamericanos, mantiene una obscena relación oculta y no tanto con el virrey Alberto Fernández en contra de los valores democráticos de un sufrido pueblo, envuelto en la miseria. La crisis actual profundizó la relación entre ambos. El Papa Bergoglio le está sirviendo a Alberto Fernández como una especie de salvavidas internacional. Ambos comparten la idea del pueblo pobre, como sustento estratégico para acumular poder. Odian todo lo que tenga que ver con la meritocracia y la posibilidad de un ascenso social. Ambos tienen una idea pobrista, como si ser pobre fuera una especie de virtud ¿O será tal vez un mecanismo, un recurso diabólico para subyugar mejor a la población desamparada? Trascendió que ambos conversan regularmente, intercambian mails, mensajes, y el Papa ayuda al tiranozuelo argentino con sus relaciones internacionales. ¡Qué rol tan miserable está jugando en su propio país el Papa Argentino!

Ojalá que en un futuro cercano la oposición política argentina se una aún más, que permita el surgimiento de nuevos líderes honestos, capaces, que el pueblo se movilice sistemáticamente, que no afloje, que no sea más indulgente con la corrupción, que considere el ejemplo de los ciudadanos alemanes que lucharon denodadamente bajo un régimen totalitario, aún más criminal que el de la Argentina de hoy en día. De lo contrario tendremos a corto plazo una venezolización de un país en nuestro continente que podría haber sido muy bien un faro para la democracia en América Latina, y que si lucha denodadamente podría volver a serlo, porque

*"La libertad Sancho, es uno de los más preciosos dones que a los hombres dieron los cielos; con ella no pueden igualarse los tesoros que encierran la tierra y el mar; por la libertad, así por la honra, se puede y debe aventurar la vida". Miguel de Cervantes.*

# ESTADOS UNIDOS HOY,
# Y LA AMENAZA RADICAL

## ¿Qué se juega en el gran país del norte?

*9 de septiembre 2020*

En estas semanas los Estados Unidos de Norteamérica están atravesando momentos cruciales de su historia política cuyas consecuencias afectarán sin duda al resto del mundo occidental democrático, principalmente a Europa y a Latinoamérica. Las Convenciones de los partidos demócrata y republicano que terminaran hace pocos días han reafirmado la profunda lucha ideológica que divide a ambos partidos frente a las elecciones presidenciales de noviembre próximo. Por un lado tenemos a un Partido Demócrata secuestrado por un ala radical de extrema izquierda que muestra claros rasgos marxistas, embarcando a los EE.UU en un incierto futuro, y por el otro a un Partido Republicano que aboga por mantener el hasta ahora exitoso modelo de un libre mercado, de un capitalismo humano.

Las Convenciones han mostrado claramente el odio existente contra el candidato republicano, un odio que se extiende al vigente American Way of Life, llegando al grado tal que varios líderes demócratas ya han anunciado que no piensan aceptar el eventual triunfo de su contrincante, que lo impugnarán sea como sea. A esos efectos ya han contratado a 600 abogados que se encargarán de las peleas legales para imputar las elecciones. Por el lado republicano ya se está hablando fuertemente de una posible manipulación de las papeletas electorales, para robarle el triunfo. O sea una situación bien crítica, para un futuro más que incierto. Mientras tanto el país se encuentra envuelto en una ola de violencia hasta ahora desconocida, con disturbios, quemas, vandalismos, saqueos en diferentes ciudades, casi todas ellas justamente administradas por alcaldes y gobernadores afiliados al Partido Demócrata.

¿Y cómo se ha llegado a todo esto, a esta inestabilidad política y social? se preguntan los indefensos ciudadanos. La respuesta, si bien es compleja, tampoco lo es tanto. A la base de esta malaise general se encuentra fundamentalmente la nefasta influencia del marxismo cultural de Antonio Gramsci, Herbert Marcuse, Adorno y la llamada Escuela de Frankfurt, que durante las últimas décadas, bien planeada y ejecutada, ha estado echando raíces en la nación norteamericana al amparo de las instituciones democráticas del país.

Marcuse y sus colegas al llegar al país que generosamente los acogiera, desde un primer momento crearon las bases del odio social. En el año 1964, Marcuse escribía: "Toda liberación depende de la concientización de la opresión existente en el país", y comenzó a influenciar los centros de estudios superiores, trayendo a la América democrática las semillas de un sistema totalitario, basado en el desastroso principio de la planificación de la economía en manos de un todo poderoso Estado que trata de borrar de un plumazo la verdadera historia del país y sustituirla por una versión marxista-leninista. "Queremos socialismo y ahora", "Muerte a los policías", "Death to América" gritan las turbas desaforadas. La población civil está aterrorizada. De acuerdo a encuestas de instituciones serias,

2/3 de los norteamericanos tienen miedo de expresar públicamente su pensamiento político por temor a represalias y violencia, y de ser acusados de racistas, de supremacistas blancos, de nazis. Se sienten arrinconados en su propio país.

Mientras tanto el ala extremista del Partido Demócrata va camino a las elecciones presidenciales con un candidato que es simplemente un Caballo de Troya del sector radical del partido liderado por el viejo político marxista-leninista Bernie Sanders. Esta ala radical cuenta con el importante apoyo de un amplio sector de los jóvenes del país, de los llamados " millenials" y de los más jóvenes, la llamada "generación Z". De acuerdo a encuestas de fundaciones políticas, entre el 44% y el 58% de estos sectores preferiría vivir en una nación socialista, incluso comunista.

Este inquietante resultado pone de manifiesto el analfabetismo histórico generalizado en muchos de los sectores más jóvenes de la sociedad estadounidense, y una falla sistémica del sistema educativo, especialmente en las universidades americanas, la mayoría de ellas enfermas del virus del marxismo cultural. Herbert Marcuse es su ideólogo y siguen su máxima al pie de la letra. "Para hacer una revolución hay que convencer a la gente, especialmente a los jóvenes que el país en el que están viviendo es terrible y hay que cortar todo vínculo con el pasado, con las tradiciones, con la familia, para permitir que surja otra nación con otra ideología". Y aquí encontraremos la explicación de las atrocidades que presenciamos, de la destrucción de estatuas y monumentos de los padres de la nación, y no se salva ni Cristóbal Colón, ni Cervantes.

Efectivamente el marxismo cultural ha logrado dominar muchas de las grandes universidades americanas, donde hoy en día, muchas veces ya no es posible el dialogo político constructivo. Un buen ejemplo es lo sucedido con el parlamentario europeo Ryszard

Legutko, un profesor de filosofía y ciencia política polaco que sufrió durante años la persecución de la cúpula comunista de su país. Legutko, invitado el año pasado por el Middlebury College a presentar su libro "The Demon in Democracy: Totalitarian Temptations in Free Societies", tuvo que suspender la conferencia por amenazas recibidas por parte del estudiantado, de profesores y hasta del decano.

Frente a esta dramática situación nos preguntamos qué efecto podría tener en Latinoamérica el resultado de las próximas elecciones. El estratega y viejo comunista Bernie Sanders y su entorno son amigos, compinches de las tiranías de nuestro continente. Sanders se ha negado siempre de llamar a Maduro un dictador y de propiciar un cambio de régimen; ha exaltado la "democracia" en Cuba y sus "logros" y sostiene que tanto Nicaragua como la Bolivia de Evo Morales han tenido sólo "una mala prensa". Y Sanders no es el único en el partido que simpatiza con las dictaduras del continente, la lista es larga. O sea que las aguas bajarían turbias para las democracias en nuestro continente.

En la redacción del periódico israelí Haaretz, lo consideran a Sanders un peligroso personaje tragicómico, una versión aggiornada de Lenin; el estilo de su retórica, la cadencia de sus discursos, su vocabulario marxista, su estilo polémico y sus irracionales, locos planes les hace recordar al líder comunista.

Si los Estados Unidos de Norteamérica cae en las garras del radicalismo y del neo-marxismo, borrando su cultura y su historia, nos esperan a todos nosotros amantes de la libertad y defensores de los derechos humanos y de una prensa independiente y limpia, tiempos muy duros. Nos quedaría sólo la esperanza de una Europa que despierte finalmente de su letargo y defienda los principios que nos son caros, y que no será inmune a lo que pueda pasar en los Estados Unidos.

# "CON LIBERTAD NO OFENDO NI TEMO"

## El Uruguay del presidente Luís Lacalle Pou

14 de agosto 2020

La célebre frase la repetía con orgullo hace unos 200 años el prócer uruguayo José Gervasio Artigas, y es justamente la guía que sigue el nuevo presidente del país, Luis Lacalle Pou cuya divisa en estos difíciles tiempos del corona virus es la misma, actualizada en "Libertad y Responsabilidad". Este pensamiento ha llevado a que su gobierno de coalición de partidos democráticos, sea un ejemplo a seguir en el continente por sus excelentes resultados en la lucha contra la pandemia china. "No estaba y no estoy dispuesto a obligar a los uruguayos a confinarse e ir rumbo a un Estado policíaco", declara enfáticamente el nuevo presidente, continuando que "el uruguayo tiene una visión genética en la libertad" y que "en momentos difíciles sale adelante con ese valor y lo defiende" y por eso él no considera que se pueda meter preso a quienes nada tienen y buscan ganarse el peso para poder comer.

Apenas 12 días de haber asumido la presidencia del país, Lacalle Pou junto a su gabinete y las autoridades sanitarias y los científicos con los que cuenta el país, tomó la decisión que resultó ser la correcta de sintonizar las tres perillas claves del éxito: la sanitaria,

la social y la económica. Aproximadamente el 90% de los uruguayos acató sus medidas sanitarias, y las estadísticas así lo reflejan. El
77,8% de la población de su país aprueba su actuación en cuanto a
la pandemia. Uruguay cuenta en estas semanas con sólo 952 casos
de coronavirus con 28 muertes registradas, y ocupa el puesto 1 con
el menor número de casos por habitante del continente. Mientras
tanto Latinoamérica se está transformando en el nuevo epicentro
mundial de la pandemia. El excelente manejo de la pandemia por
parte del gobierno de Lacalle Pou ha recibido una distinción de la
Comunidad Europea al ser elegido como único país latinoamericano "seguro", cuyos ciudadanos podrán entrar libremente al continente europeo.

Se destaca también mundialmente la creación por parte de Lacalle Pou de un "Fondo Coronavirus" que ayudará a solventar los
gastos extraordinarios de la pandemia, formado por el recorte obligatorio de un 20% de los sueldos de todos los funcionarios públicos
del país que ganen más de 1900 US dólares por mes. La ley fue
aprobada por unanimidad por parte del Parlamento, y se ha podido recaudar hasta el momento unos 12 millones de dólares.

El corajudo presidente de los uruguayos, con sus sólo 46 años,
cuenta hoy en día con una aprobación del 64% de la población. Ha
interpretado el papel de presidente en forma novedosa, en contraste con sus anquilosados predecesores. Lacalle Pou es casi omni-
presente, motivando a sus ciudadanos, ocupándose personalmente
de cada uno de los problemas que enfrenta el país. Y todo esto no
a expensas del protagonismo de sus ministros. Además terminó
abruptamente con el apoyo internacional que el gobierno anterior ,
durante 15 años , ofreció al Castro-Chavismo.

Lacalle Pou se apoya en una coalición, llamada multicolor que
agrupa a su propio partido, el Partido Blanco o Partido Nacional,

al Partido Colorado, al Partido Independiente y al Partido Cabildo Abierto, fundado en el 2019, socio algo incierto, con un discurso de mano dura. Nada fácil la tarea de coordinación. Una de las primeras crisis que tuvo que enfrentar se produjo al tener que pedirle la renuncia a su flamante ministro de Relaciones Exteriores, Ernesto Talvi, del Partido Colorado, un renombrado economista, con mucho ego, que tomaba decisiones propias sin consultar al gobierno y que se negó a declarar al gobierno venezolano como una dictadura. Su sucesor, el diplomático de carrera Francisco Bustillo, en una de sus primeras declaraciones expresó claramente que Venezuela es simplemente una cruel dictadura.

Lacalle Pou se propone con una serie de medidas políticas innovadoras y de largo alcance modernizar al país a corto plazo. Una de ellas es justamente la que se acaba de aprobar, la llamada Ley de Urgente Consideración (LUC), con la que le dice adiós al anquilosado Estado socialista uruguayo. Con ella marca el inicio de profundas reformas estructurales planteadas durante la campaña electoral. Se prevén reformas en el ámbito de la seguridad pública, con el endurecimiento del código penal, una reducción sustancial del aparato estatal, más la derogación de unas 60 leyes aprobadas por el Frente Amplio durante sus 15 años de gobierno.

Además Lacalle Pou busca atraer en los próximos cinco años a unos 50.000 extranjeros con un énfasis en aquéllos que puedan aportar capital y know how al país. Para ello se piensa aprobar una serie de leyes que faciliten la residencia reduciendo significativamente el capital requerido a invertirse en el país de 1,7 millones de dólares a 500.000. Además Uruguay ofrecería a estos potenciales inversores lo que se llamaría "vacación fiscal" por cinco años, lo que significaría la exención de todo tipo de impuestos por ese período.

El hecho de que el país se encuentre a la cabeza del ranking latinoamericano de países con una Justicia independiente y sólida ayuda mucho a sus proyectos futuros, y no olvidemos que el Uruguay, de acuerdo a la empresa consultora Control Risks, es el país en Latinoamérica que lidera exitosamente la lucha contra la corrupción. En esta lista, Venezuela ocupa el último lugar.

Si la reforma profunda promovida por el joven presidente uruguayo tiene éxito, indudablemente podría tener un impacto muy beneficioso para los otros países del continente y encaminarlos hacia una nueva corriente política, ideológica que los saque de tanta pobreza, subdesarrollo, corrupción y gobiernos totalitarios, y haga imposibles los sistemas Castro-Chavistas en Latinoamérica. Si a Lacalle Pou le va bien, como esperamos y deseamos, y la tradicional "garra charrúa" se impone en el país, le va a ir bien no sólo al Uruguay sino a toda la región.

# LA PANDEMIA CHINA: TOTALITARISMO Y DESINFORMACIÓN

## Nada será lo que ha sido

*24 de julio 2020*

Todos, todos estamos sufriendo en estos meses de las desastrosas consecuencias de la pandemia china en nuestras vidas, en nuestros hogares, en nuestras sociedades, en la economía mundial en medio de la zozobra de saber cómo será el mundo post corona virus, en base a qué estructura político-social se regirá el mundo del mañana. ¿Qué ideología y qué potencia mundial regirá nuestros destinos? Lo que sí es cierto es que nada será como era antes de la pandemia. ¿Empeorarán nuestras instituciones democráticas, nuestras libertades, los derechos humanos? Un debate profundo acerca de los peligros está comenzando a aflorar en Europa y en los EE.UU. El verdadero peligro, hoy en día, es que si escuchamos suficientes mentiras, ya no reconocemos la verdad. Es por eso que el gran Jefferson reiteraba que "el precio de la libertad es su eterna vigilancia".

Actualmente estamos enfrentando al peligroso imperialismo comunista chino, que se desenmascaró aún más en su actuación frente a la pandemia, manipulando, engañando con informaciones falsas, lo que desató este desastre mundial en el que vivimos. El neocolonialismo chino contó y cuenta con muchos tontos útiles en la prensa internacional, en organismos internacionales que le han facilitado su penetración en nuestras sociedades. Tenemos muchos ejemplos de cómo se maneja este sistema chino a nivel mundial, en busca de un dominio totalitario. La experta en temas de política china Liza Tobin, que analiza constantemente las declaraciones de Xi y de altos funcionarios de su régimen, llega a la conclusión que China tiene un marcado anhelo de hegemonía mundial, y que no se limita al marco geopolítico de la región del Pacífico sino que incluye a Europa, África y Latinoamérica.

Europa está siendo asediada por el capital y las inversiones chinas, e Italia ha sido la primera víctima de sus tentáculos enmarcados en el ambicioso proyecto imperial de dominación mundial llamado "La Ruta de la Seda", el proyecto clave de Xi Jinping. Tanto Alemania como Francia están finalmente tomando medidas de precaución ante la presencia dominante china y su comportamiento imperialista y totalitario y mentiroso. Ni hablar de la grave confrontación existente con los EE.UU. al respecto. Tengamos en América Latina bien en cuenta este comportamiento chino, para vigilar atentamente sus maniobras de seducción.

En cuanto a nuestro continente, los planes de dominación en la región no han cambiado en lo más mínimo pese a la pandemia del Covid-19; por el contrario, de acuerdo a especialistas en la materia pueden muy bien incrementarse a corto plazo. La estrategia de Jinping para América Latina no se detiene pese a la pandemia. Con rápidos reflejos y buen olfato para aprovechar las crisis, intentará acentuar la política llevada a cabo minuciosamente durante los últimos 15 años, con la ayuda del ofrecimiento de dinero fácil para gobiernos y funcionarios muchas veces corruptos.

Mientras tanto el mundo occidental, debilitado enormemente, justamente por la pandemia china, no termina de reaccionar decididamente frente al peligro en ciernes. Solamente el actual gobierno de los EE.UU. tiene el coraje de encarar decididamente al peligro geopolítico chino. Este enfrentamiento frontal de la administración de Trump, para frenar leste imperialismo, conlleva evidentemente la posibilidad de un conflicto armado entre las dos superpotencias. De tal manera que el profesor Graham Allison de la Universidad de Harvard ha traído a consideración la tesis de la "Trampa de Tucídides", aplicándola a la situación actual de enfrentamiento chino-norteamericano. La historia antigua nos lleva a la guerra del Peloponeso (431-404 A.C.) en la que se enfrentaron una Atenas en pleno auge con una Esparta temerosa de perder su predominio.

Cualquier crítica bien fundada que se haga al peligroso imperialismo chino es descalificada por el totalitarismo de Beijing, venga donde venga, como lo son en estos días las declaraciones del escritor Mario Vargas Llosa, que osó publicar un artículo en la prensa internacional sosteniendo que "si China fuera una democracia la situación mundial de la pandemia sería bien diferente, pero el gobierno chino en lugar de adoptar las medidas correspondientes, ocultó y silenció la noticia y a los científicos, como lo hacen todas las dictaduras". Bastó esta crítica para que todos sus libros desaparecieran del mercado chino. Vargas Llosa era el autor más traducido en China.

La penetración económica en nuestro continente viene acompañada por la eficiente penetración cultural e ideológica de los llamados Institutos Confucio, diseminados por toda Latinoamérica. Los Institutos Confucio, supervisados por el Ministerio de Educación Chino, son un Caballo de Troya, y un vehículo de la manipulación de la verdad y un instrumento de espionaje efectivo en el marco cultural, universitario y de infiltración en centros científicos en los diferentes países en los cuales se ha asentado. China está así exportando su aparato de censura orwelliana, sin que el ciudadano común pueda darse cuenta del real peligro.

Para fines del año 2019 funcionaban en el mundo unos 1500 Institutos Confucio, a menudo acoplados a renombradas universidades. A este hecho se suman los 800.000 estudiantes chinos matriculados en universidades extranjeras que muchas veces son "soldaditos-espías" del régimen chino, se infiltran en laboratorios de investigación científica para robar datos claves, espían a sus compañeros, e incluso ayudan a reclutar científicos de alto rango para sus fines. Las actividades encubiertas chinas han logrado ya la "proeza" de haber suprimido más de 2.450 libros y publicaciones críticas de editoriales académicas de la Cambridge University Press, de la Editorial Springer Nature, Alemania, y de la Sturt University de Australia, entre muchas otras.

Las relaciones comerciales, culturales con la China comunista deben ser consideradas con mucha cautela, porque tienen rasgos netamente depredadores. Y cierro este texto con un pensamiento de Edmund Burke, el gran filósofo y político inglés del siglo XVIII: "Todo lo que se necesita para que las fuerzas del mal se apoderen del mundo es que haya un número suficiente de gente de bien que no haga nada".

# EL MUNDO DE GEORGE ORWELL
# (Y 1984) YA ESTÁ AQUÍ

## George Soros, el ogro filantrópico

*20 de junio 2020*

La novela distópica titulada "1984" de George Orwell muestra un mundo que para ese entonces era de ciencia ficción, donde existiría una omnipotente policía del pensamiento en una sociedad totalmente esclavizada por el control absoluto en manos de un pequeño grupo de poderosas personas, que nadie ha votado democráticamente, donde se manipula la información y se nos vigila constantemente. Una sociedad orwelliana a la que lamentablemente, en parte, estamos asistiendo hoy en día y que inexorablemente nos está llevando a la perdida de la libertad y a la muerte de nuestra cultura occidental por medio de sutiles métodos, entre ellos la instauración de la "neolengua", o sea lo que hoy se llama lo "políticamente correcto". Se busca así eliminar cualquier rasgo de individualismo, de pensamiento crítico, implementado la nociva ideología de una elite de hipócritas billonarios que arrinconan a los ciudadanos hacia una nada existencial, para así poder manipularlos mejor. Se escudan muchas veces bajo las pantallas de organizaciones mal llamadas "filantrópicas", con atractivos nombres, etiquetas de nobles causas, que sirven a sus intereses ocultos. Con fondos millonarios a disposición han conseguido la insólita alianza de los grupos de la izquierda radical y su implacable búsqueda de imponer un marxismo cultural.

Cierto, Orwell no podía prever el dramático mundo que estamos viviendo ahora, desencadenado por la pandemia china del Coronavirus, sumado a las fuerzas nocivas de los Grandes Hermanos Billonarios de las especulaciones capitalistas, como George Soros, el Ogro Filantrópico. Llamémoslo así, tomando el título de un ensayo de Octavio Paz que, partiendo de la experiencia mexicana, nos muestra la forma de dominación y dependencia al que puede llegar un Estado, como lo fue el caso de los gobiernos del PRI en México. George Soros, el despiadado especulador, el ogro filantrópico de nuestros días, busca implacablemente imponer un gobierno mundial sin fronteras y una globalización total, haciendo desaparecer los derechos del individuo.

Dejemos ahora que este despiadado especulador mundial se presente el mismo. En su libro "Soros by Soros" afirma que no acepta reglas que le impongan los demás. Se considera por encima de las leyes y de los argumentos que son base de nuestra democracia. En una entrevista concedida al New York Times en el año 1994 confiesa que se considera como un "deus ex machina", o sea un ser providencial, que está en condiciones de solucionar cualquier problema mundial. Y en cierta oportunidad se atrevió a publicar "tengo fantasías que soy una especie de Dios, y el creador de todo lo existente, y la verdad es que llevo conmigo potentes fantasías de ser una especie de Mesías".

En la ciudad de Nueva York tiene la central de su Open Society Foundation, que este año recibió del magnate la suma de 1.200 millones de dólares. Desde allí maneja las incontables ONG s que tiene distribuidas por todo el mundo. Los sectores claves que más importancia tienen en el llamado "esquema Soros", son los medios de comunicación, la educación y el apoyo a grupos extremistas junto a la implementación de una inmigración forzada, inducida, para destruir las Naciones-Estado desde adentro.

Los medios de comunicación cumplen una parte decisiva en el accionar político de las aproximadamente 37 sucursales que tiene distribuidas la Open Society Foundation por todo el mundo. Para este año están asignados con estos fines unos 17 millones de dólares, a los que se agregan otros 25,8 millones específicamente para el sector periodismo.

El sector educación ocupa también una parte esencial en la trama de Soros. Las ONG s de Soros dedican muchos esfuerzos y medios para condicionar los programas escolares inculcando su agenda de segmentación y división. Luego, muchas de las universidades completarán la imposición de la ideología de un mundo totalitario, lastrado de elementos marxistas de la nueva cultura. George Soros anunciaba a principios de este año en el Foro Económico de Davos, que donará 1.000 millones de dólares para crear una red mundial de universidades denominada OSUN (Red de Universidades de la Sociedad Abierta), que según él será un arma "contra el autoritarismo". La OSUN tiene ya acuerdos con más de 300 universidades en casi 100 países; en Europa cuenta con 65 universidades, en EE.UU. con 79 y en Latinoamérica con 43. En Europa la penetración ha sido fácil dado que en el Parlamento Europeo la Open Society cuenta con el apoyo de 226 eurodiputados sobre un total de 751.

Dentro del Esquema Soros juegan un rol muy importante programas que buscan imponer una inmigración inducida, forzada, especialmente hacia Europa desde Africa, tratando de esta forma de desestabilizar las tradicionales sociedades europeas. El politólogo italiano, Giovanni Sartori, uno de los grandes teóricos de la democracia, ha advertido incansablemente sobre este peligro inminente que se cierne sobre Europa. De acuerdo al NY Times, Soros ha invertido ya unos 300 millones de dólares en imponer su estrategia al respecto.

Como en el libro de Orwell, Soros tiene todo minuciosamente planeado. Domina, vaya hipocresía, hasta el contradiscurso cultural de la ultra izquierda. No podemos seguir siendo indiferentes, tibios, buenistas, ingenuos. En estos años se define el tipo de países y sociedades que queremos dejar a las próximas generaciones. Debemos luchar poniendo nuestro granito de arena en el debate de ideas de fondo contra tanta manipulación y engaño a las que estamos sometidos.

Recordemos las palabras de Jefferson, que no se cansaba de repetir que "el precio de la libertad es su eterna vigilancia", y recordemos la frase de Martin Luther King, tan actual en estos días: "No me preocupan los violentos, los miserables sin escrúpulos y los que carecen de ética, me preocupa el silencio de las personas buenas".

# SERGIO MORO ¿NACE UN CANDIDATO A LA PRESIDENCIA EN BRASIL?

*23 de mayo 2020*

En medio de una profunda crisis política, social, económica, sanitaria, llevada a extremo por la irrupción de la terrible pandemia china del COVID-19, las estructuras mismas de la democracia brasileña están enfrentando un desafío colosal ¿Logrará la democracia más grande de nuestro continente enfrentar exitosamente este debacle y titularse finalmente como una democracia sólida en el club de países del mundo occidental, o sucumbirá en un mar que enfrenta las características de una tormenta perfecta? Tiempos más que difíciles, con un presidente que ha mostrado grandes logros en temas tan importantes para el país como la economía, el desempleo, la seguridad pública, pero que no se destaca por sus dotes de estadista, que es impulsivo, ofensivo, y poco paciente. Brasil es hoy en día el país en nuestro continente que, después del Ecuador, tiene el promedio más alto de muertes por millón de habitantes, debido al coronavirus chino.

Jair Bolsonaro se aferra al modelo sueco y está decididamente contra las cuarentenas masivas, enfrentado justamente por este motivo con la mayoría de los gobernadores de su país, especialmente con sus enemigos políticos, como lo son los gobernadores de San Pablo y Rio de Janeiro, dos de los Estados más ricos del país.

Bolsonaro alienta a volver al trabajo para salvar la economía, bajo el argumento que el desempleo mata tanto como el virus. "Esta historia del lockdown es un fracaso que va a quebrar al Brasil. Es mentira que habrá recuperación económica. Seremos un país de miserables, hay que enfrentar el virus con coraje, morirán muchos, lamento, lamento, pero morirán más destrozados por hambre, la miseria y la falta de empleo". Llama enormemente la atención que estos polémicos, provocadores mensajes de Bolsonaro se vean corroborados en estos días justamente por la UNICEF, en boca del director ejecutivo de ese organismo para el Reino Unido, Sacha Deshmulch, que advierte que el encierro obligatorio podría matar a más niños que el coronavirus. La cifra podría llegar hasta los 1,2 millones de víctimas por causas prevenibles en los próximos 6 meses en todo el mundo, especialmente en los países en desarrollo. La causa sería el impacto del cierre de la economía que traería como consecuencia la falta de alimentos, de servicios médicos adecuados, lo que haría aumentar la malaria, neumonía o diarrea, superando con creces cualquier amenaza del coronavirus. Las tasas de mortalidad infantil podrían subir hasta en un 45% . Dichas cifras están respaldadas también por un análisis de la Escuela de Salud Pública Bloomberg de la Universidad Johns Hopkins. Por su parte el jefe de salud de la Unicef, Dr. Stefen Petersen, advirtió que las restricciones extremas que se aplican en varios países del mundo no son una forma efectiva de controlar el COVID-19 y podrían tener repercusiones mortales sobre todo en los sectores más pobres de la población.

A toda esta compleja situación a la que se enfrenta el gobierno de Jair Bolsonaro, que amenaza no solo la estabilidad de su gobierno, sino su propia permanencia en el poder, se suma la abrupta ruptura con su super ministro y apoyo invalorable , la del famoso juez brasileño Sergio Moro, quien fuera figura fundamental para obtener la presidéncia del país.

Como consecuencia de las graves desavenencias, acusaciones mutuas y denuncias por parte de Moro, este último presentó el día 24 de abril su renuncia, alegando, en un amargo discurso de despedida, los motivos de su alejamiento del importante ministerio de Justicia y Seguridad Pública del Brasil. Acusa a Bolsonaro de haber cesado en su cargo al jefe de la policía federal, persona de toda confianza de Moro, de obstrucción de la justicia, de corrupción pasiva y de interferencias políticas en la lucha contra la corrupción. "Tengo que preservar mi legado", dijo Moro al anunciar su dimisión agregando la lapidaria frase: "Hay valores superiores a la lealtad personal". La realidad es que al ex super ministro le cabe toda la razón en muchas de sus denuncias y es obvio que no quería incinerar su excelente imagen y sus aspiraciones políticas que van encaminadas al puesto más alto de la República. Hace tiempo ya que Sergio Moro es la personalidad pública más destacada y admirada en el Brasil. A pesar que aún no quiere admitirlo abiertamente que aspira a candidatearse al Planalto, hay ya todo un movimiento en su entorno que lo está presionando para que se decida y comience con la campaña. Familiares, amigos importantes, políticos, personalidades del mundo judicial así lo están convenciendo, más y más. Sergio Moro ¿nace un candidato serio para la presidencia del Brasil?

La presión de Bolsonaro para sustituir al jefe de la Policia Federal Brasileña, se debe a que, como el propio Presidente lo dijera, necesita en el puesto a un hombre que le informe directamente de todos los importantes temas de investigaciones criminales del país, sean estos de carácter criminal, narcotráfico, inteligencia policial y también, y esto no lo dice abiertamente, acerca de sus enemigos políticos y de las investigaciones en curso en contra de miembros del llamado "Clan Bolsonaro", que incluye a varios de sus hijos. Un clan en el corazón del poder en Brasil. Entre ellos a Flavio, licenciado en Ciencias Políticas y actual senador; Carlos, actualmente diputado y licenciado en Ciencias Aeronáuticas y Eduardo, hoy en día diputado federal, el candidato más votado en la historia del país al conseguir 1,84 millones de votos por el Estado de San Pablo. Ninguno de los tres hijos llega a los 40 años y los tres están bajo investigación por sospechas de varias irregularidades, lo que explica también el interés de Bolsonaro de cambiar al jefe de la Policía Federal, para estar enterado de primera mano de las investigaciones, hecho que molestó enormemente a Moro, quien fiel a su trayectoria de juez implacable comentó al respecto: "La interferencia política puede llevar a relaciones impropias entre el Director de la Policía Federal y el Presidente de la República". Bolsonaro en una conferencia de prensa replicó duramente al ex ministro: "Nunca pedí blindar a nadie de mi familia, jamás haría esto".

La relación entre ambas figuras centrales de la política brasileña sigue siendo muy tensa con increpaciones mutuas e insultos de parte de Bolsonaro, como por ejemplo llamarlo a Moro un Judas, también vanidoso y deshonesto, y que no necesita de su aprobación para destituir a altos funcionarios o ministros, y Moro responde con acciones judiciales en su contra.

El hecho político concreto es que las acusaciones de Moro están ya siendo investigadas por la Justicia y bien podrían llevar a un impeachment contra Bolsonaro, un hecho que nadie piensa se pueda concretar en vista de la precaria situación que atraviesa Brasil hoy en día, pero que no podría descartarse del todo. ¿Podrá Sergio Moro que ha podido ser el verdugo de presidentes en el Brasil como Lula, Dilma Rousseff, llevar a Bolsonaro, ahora su enemigo, a un impeachment, despejando así el camino para ser el próximo presidente del Brasil? Lo que sí es Moro actualmente para Bolsonora es un "juez pesadilla". Sin embargo el presidente cuenta aún con un respaldo del 34 % de la población, una cifra nada desechable en esta crítica situación del país, sumado al apoyo de un importante sector de las fuerzas armadas. Más de un 50 % de la población rechaza enfáticamente una destitución de Bolsonaro.

Nada fácil gobernar en estos momentos el país para Jair Bolsonaro. Aparte de la crisis política motivada por el conflicto con su exministro Moro y las duras críticas de la mayoría de los gobernadores que le echan en cara el priorizar la economía y rechazar medidas extremas urgentes de confinamiento en pro de la salud pública, enfrenta una dura conjura política interna y externa muy bien orquestrada por las fuerzas de la extrema izquierda nacional e internacional, que no le perdonan el representar un gobierno de centro-derecha. El ex presidente Lula da Silva, como era de esperar, está detrás de la formación de un grupo de choque compuesto por ex ministros de su gobierno, asesorados por el Foro de San Pablo, conspirando desde las tinieblas para derrocar la actual administración y promover un golpe de Estado. También los grandes medios de comunicación del país, O Globo y Folha de San Pablo están en campaña diaria en su contra, y como si esto fuera poco las redes sociales Twitter y Facebook se atreven a censurar y bloquear videos y comentarios de Bolsonaro que critican la contradictoria posición de la OMS. Un hecho gravísimo que debería ser denunciado por los rasgos orwellianos que conlleva.

Mientras tanto la posición del juez Sergio Moro gana día a día convirtiéndose en figura clave de una nueva política en el Brasil. Le llueven elogios dentro de su país y del exterior. Moro cuenta con una brillante carrera desde sus inicios como magistrado en su ciudad natal de Curitiba. En el espectacular Lava Jato logró la valiente hazaña de llevar a prisión a 165 prominentes políticos y empresarios, totalizando condenas por 2.200 años en un proceso que el propio Ministerio de Justicia de los EE.UU. considerara "como el mayor y más exitoso de todos los procesos contra la corrupción conocidos en el mundo". Todo esto nos lleva a pensar muy en serio que Brasil ya tenga un fuerte candidato para las próximas elecciones del 2022.

En los despachos y escritorios de Moro a través de su larga carrera no dejan de estar siempre presentes dos estatuillas: una, la de Sherlock Holmes y la otra la de Ruy Barbosa de Oliveira (1849-1923), un héroe de las libertades civiles en el Brasil, político, jurista, escritor, cuyo axioma más conocido ha sido: "La peor de las democracias es mil veces preferible a la mejor de las dictaduras".

# MANIPULACIÓN, CORRUPCIÓN E INEFICIENCIA EN LA ONU EN TORNO AL CORONAVIRUS

## La corona del virus chino

*1 de mayo 2020*

*Si fuese posible crear un robot capaz de ser funcionario civil, creo que haríamos un gran bien, ya que las Leyes de la Robótica le impedirían dañar a un ser humano, lo incapacitarían para la tiranía, la corrupción, la estupidez y el prejuicio.*

Este pensamiento visionario de Isaac Asimov, uno de los mejores escritores de ciencia ficción del siglo XX y que fuera al mismo tiempo un gran divulgador científico, preparando el camino a la robótica actual, bien podría ser una solución para acabar con la profunda crisis, corrupción, ineficiencia y la evidente infiltración china que domina a las Naciones Unidas hoy en día.

Las Naciones Unidas y su ya tradicional corrupción tienen un largo historial desde su fundación allá por el año 1945, habiendo asumido, muchas veces, un rol contrario al espíritu que marcaban los ideales de la Carta Fundacional. En sus 75 años ha conocido todo tipo de corrupciones, fraudes, acosos sexuales, violaciones, torturas, pederastía, sobornos, pésima gestión, derroches de dineros inimaginables provenientes de nuestros impuestos. Nada nuevo es lo que estamos viviendo actualmente, ahora con un marcado rasgo de servilismo a la peligrosa causa del imperialismo chino, como se puso en clara evidencia en los últimos meses en la criminal actuación de la OMS, dirigida por el impresentable Dr. Tedros, y que actuando como agente del imperialismo chino ha causado la muerte de miles y miles de inocentes en todo el mundo.

Es así que llegamos al 1 de enero del año 2017 en el cual el portugués Antonio Guterrez se juramentó como Secretario General de las Naciones Unidas, en una apuesta a un liderazgo finalmente reformista y de mayor perfil al frente del organismo mundial. En más de 3 años de gestión, no sólo no ha cumplido con las expectativas sino que el organismo internacional ha caído a sus peores años de gestión sumido en la corrupción y dominado por la presión y la billetera de la todopoderosa China comunista.

Guterrez dejó a un lado la física y la ingeniería eléctrica para dedicarse a la política en su Portugal natal. Lideró el Partido Socialista y fue nombrado primer ministro en 1995, cargo en el que no logró reducir la pobreza y los niveles de desigualdad. A finales del 2001 abandonó precipitadamente el gobierno, después que su partido y él personalmente fueron afectados por graves casos de corrupción. Luego de este fracaso político y de su reputación por el suelo, aceptó el cargo de presidente de la Internacional Socialista. De allí, con la ayuda especial de Bill y Hillary Clinton y Barack Obama, irrumpió en la ONU como Alto Comisionado para los Refugiados —Acnur—, aprovechó el cargo para promoverse en la esfera internacional, como trampolín para el más alto cargo de las Naciones Unidas, que ocupa actualmente.

Guterrez sistemáticamente torpedea cualquier tipo de investigación en la cual esté involucrado, persiguiendo incluso a periodistas independientes que intentan interrogarlo acerca de casos de corrupción. En este marco se encuentra su participación en la Fundación Gulbekian Partex Oil and Gas y la relación de ésta con el China Fund Committee Energy, investigada por acusaciones de soborno a funcionarios de la ONU. Antonio Guterrez recibió dinero como miembro de la directiva de Gulbenkian. Todo un escándalo que pone en evidencia la hipocresía del actual mandamás de la ONU.

Lo que es aún más grave y criminal es que Guterrez ha permitido que la Oficina del Alto Comisionado de las Naciones Unidas para los Derechos Humanos —OACDH— facilite ilegalmente listas de defensores chinos de los derechos humanos a los funcionarios del régimen comunista de Pekin, poniendo así sus vidas en riesgo y saboteando su loable misión. Tanto las Naciones Unidas como la Oficina del Alto Comisionado se niegan a responder a las preguntas sobre este escándalo del periodismo independiente, así lo señaló Emma Reilly especialista en derechos humanos a fines del año 2019 en una misiva dirigida a miembros del Congreso de los Estados Unidos.

Más aún, Guterrez ha tolerado y apoyado el nombramiento de China en el panel del Consejo de Derechos Humanos de la ONU, lo que trajo acarreadas fuertes críticas internacionales. Por ejemplo UN Watch, un grupo de defensa independiente de los derechos humanos con sede en Ginebra, denunció el nombramiento como "absurdo e inmoral". Su director, Hillel Neuer, expresó al respecto, "es como convertir a un pirómano en el jefe de bomberos de la ciudad". La ex embajadora norteamericana ante las Naciones Unidas, Nikki Halley crticó duramente a Guterrez por su actitud hipócrita e indolente, denunciando que este Consejo de la ONU es un organismo protector de abusadores de los derechos humanos y un pozo negro de prejuicios políticos.

El discurso y los rasgos autoritarios de la China de Xi Jinping, que gota a gota van calando dentro de las Naciones Unidas, son afortunadamente cada vez más denunciados también en ámbitos académicos .El Mercator Institute of China Studies, con sede en Berlín, alerta sobre el avance autoritario de China en organismos internacionales, y la fundación National Endowment for Democracy de Washington D.C. advierte sobre la masiva influencia política china a nivel global y acuña el término "poder incisivo" para referirse a la sistemática influencia política exterior de Pekín.

Una cosa es la necesidad de que exista un foro internacional para debatir abierta y democráticamente lo que es más indicado en el contexto internacional para buscar la paz y la prosperidad por medio de canales adecuados. ¿Pero debe este organismo posicionarse ideológicamente y extender esta ideología por el mundo aprovechando su posición privilegiada? Reformas profundas es lo que se requiere a corto plazo, y ojalá estos tiempos tan difíciles que estamos atravesando a nivel mundial, sean el momento oportuno para finalmente encararlo, antes que sea demasiado tarde.

# EL CORONAVIRUS CHINO: ENCUBRIMIENTOS CRIMINALES... Y LA OMS

## El costado oculto del Covid-19

*10 de abril 2020*

Con la terrible pandemia del coronavirus chino que nos acechará lamentablemente aún por un largo tiempo, se ha puesto de manifiesto la ineptitud, politización y manipulación de importante información por parte de la Organización Mundial de la Salud, la OMS y de su director general, el etíope Tedros Adhanom. Este alto funcionario ha tomado partido unilateralmente a favor de los intereses del imperialismo totalitario chino. Es realmente un escándalo, y la gran prensa internacional no le ha dado el suficiente cubriiento.

Desde hace años los dineros del imperialismo comunista chino fluyen subrepticiamente para determinar las políticas y los funcionarios al mando no sólo de la OMS, sino también de tantos otros organismos internacionales de las Naciones Unidas, como por ejemplo la Organización Mundial del Comercio (OMC), el Fondo Monetario Internacional (FMI), la Unesco, y varios otros, utilizándolos para promover la agenda imperialista del Partido Comunista Chino (PCCh). En el trágico caso de la OMC, y gracias a cuantiosas sumas de sobornos invertidos, China logró ya en el año 2006, con la ayuda de varios países africanos, que se eligiera a Margaret Chang Fung, como Directora General de la Organización Mundial de la Salud entre los años 2006 y 2017. Su administración fue muy criticada por el despilfarro del presupuesto a su cargo. En el 2013 ocultó el brote aviar en China, y en el año 2016 defendió y justificó los crímenes de sustracción sistemática de órganos a gran escala de prisioneros políticos chinos, hecho condenado internacionalmente.

Una situación similar de manipulación directa de la OMS por parte del imperialismo chino, es la que estamos atravesando hoy en día, con la elección en el año 2017 del candidato de Etiopía, el Dr. Tedros Adahanom. El Dr. Tedros, bien financiado y promocionado por la China comunista para obtener la candidatura, pudo realizar viajes de promoción a unos 120 países, para lograr su cometido. Nada importó que importantes científicos y expertos en salud globales lo denunciaran de haber ocultado tres epidemias de cólera entre el 2008 y el 2011 durante su mandato como Ministro de Salud Pública en Etiopía. Más aún, gracias al apoyo que le diera a su candidatura el hace poco fallecido, dictadorzuelo africano Robert Mugabe, otro criminal títere de la China comunista, Tedros logró ser electo como Director General de la OMS. Debido a estas descaradas componendas y sobornos fue descartado un excelente candidato, el Dr. David Navarro, un afamado profesional británico con un inmejorable curriculum en la lucha epidemiológica en el mundo como lo demuestra su experiencia en el combate de la poliomelitis y del ébola.

Una vez en sus funciones Tedros se dedicó sistemáticamente a ocultar información importantísima sobre el origen y la evolución de la pandemia, para proteger la imagen china, un crimen que ya ha costado la vida de millones de chinos y miles y miles más en todo el mundo. El periódico francés Le Monde llegó a la conclusión que Pekín y sus aliados presionaron a la OMS para que no activara una alerta de pandemia, siendo la decisión de carácter político y no en salvaguardia de la salud mundial. La prensa japonesa va aún más lejos y afirma que aún hoy en día se siguen manipulando las cifras de la pandemia en forma criminal, llegando a sostener que el régimen chino resolvió suspender las pruebas del coronavirus en los hospitales.

Los informes del periodismo independiente junto a los informes de Inteligencia de países occidentales manejan cifras completamente diferentes a las chinas o a las de la OMS. La enorme cantidad de urnas que se están fabricando actualmente en China, nos da una pista de la realidad del país. Solamente en Hankou se han fabricado 42.000 urnas para la celebración del tradicional festival de las tumbas que se realizó el 5 de abril. Sumemos a todo esto las declaraciones de pobladores de Wuhan a periodistas ingleses que afirman que funcionarios gubernamentales de la ciudad han estado entregando dinero en efectivo a los pobladores, bajo el rubro de "asignaciones funerarias", a cambio del silencio acerca de sus muertos. El monto ofrecido equivale a 422 dólares, cuando el sueldo mensual asciende en promedio a unos 300 dólares.

Otro decisivo elemento para determinar el criminal grado de manipulación y desinformación actual lo demuestra el contundente hecho que más de 21 millones de celulares se han dado de baja en los últimos 3 meses de la pandemia, a los que se suman unas 840.000 líneas telefónicas fijas, que también están fuera de servicio, lo que llevaría a pensar que bien la cifra real de las víctimas en China podría llegar a los 22 millones de muertos.

Nos queda una pregunta crucial: ¿Cuáles podrían ser las consecuencias que debería enfrentar la dictadura china por haber ocultado criminalmente la epidemia del corona virus? ¿Tendría que pagar indemnizaciones, gastos de reparación a las víctimas, por el caos humanitario y económico que se asemeja mucho a una tercera guerra mundial? Las reparaciones de guerra, que tienen larga historia desde que Roma impusiera grandes indemnizaciones a Cartago hasta las enormes reparaciones que tuvo que pagar Alemania, una vez finalizada la primera y la segunda guerra mundial, son un buen precedente. Y también debemos considerar una profunda reestructuración de los organismos internacionales de las Naciones Unidas. Quizás la tragedia que estamos sufriendo sirva para realizar mundialmente un ajuste tanto en el plano de la salud pública, como en el plano económico y moral de nuestro planeta. ¡Ojalá!

# SOCIALISMO DEL SIGLO XXI

## El coronavirus de las Américas

*12 de marzo 2020*

Este virus altamente contagioso que no cuenta aún con una vacuna eficaz para combatirlo se está extendiendo más y más en las Américas, poniendo en peligro las democracias del continente. Pensábamos que nuestros países habían desarrollado una cierta inmunidad a las dictaduras, satrapías, mafias corruptas que se apoderaron de diferentes países, como es el caso en Cuba, Venezuela, Nicaragua, y hasta hace poco tiempo en Bolivia, pero lamentablemente estamos atravesando una peligrosa recaída. Lo demuestran los riesgos existentes en México bajo el gobierno de López Obrador, en Argentina con el binomio mafioso Kirchner-Fernández, en Nicaragua con los criminales Ortega aún al frente del país y en Chile, Colombia, Perú con sus endebles democracias donde multitudes confundidas, engañadas, manipuladas son ya víctimas del virus político del socialismo del siglo XXI, producto de una fatal combinación de varios factores. Es un explosivo cocktail que contiene ingredientes como la influencia del marxismo cultural, abrazado por tantos grandes medios de comunicación que acuden cada vez más a menudo a utilizar fake news para lograr sus propósitos ideológicos, tanto en nuestro continente como en los EE.UU. A esto se agrega el hecho de que muchas de las renombradas universidades ya no aseguran el libre intercambio de ideas, persiguiendo a aquellos que disienten, con el resultado que se formó una juventud desorientada, mal informada, ignorante de la historia reciente de la humanidad, analfabetos históricos, como muchos de los millenials o la generación Z.

Sumemos a este explosivo cocktail la actitud pusilánime de tantos gobiernos de nuestro continente que no encaran con la valentía necesaria y los instrumentos democráticos con los que cuentan a las fuerzas retrógadas, que los ponen en jaque, llámense estos Piñeira, Duque, etc. etc.. Los efectos secundarios de este diabólico cocktail los observamos en los llamados progresistas, los militantes fanáticos, muchos de ellos miembros de la ultra izquierda caviar, que se caracterizan por sus utopías, sus odios, resentimientos, envidias que los llevan al vandalismo, al terrorismo contra el ultra enemigo, el mundo occidental tal como lo conocemos. Su consigna es que hay que destruirlo a corto plazo, sea como sea. Son seres en el fondo enormemente infelices, nefastos para sí mismos y para su entorno social y familiar, con quienes es altamente difícil poder llevar a cabo un diálogo constructivo.

El gran economista y filósofo austríaco Ludwig von Mises advirtió ya a comienzos del siglo XX en sus brillantes libros y escritos que la tendencia de muchas personas para una militancia de ultraizquierda, anti libre mercado, anti capitalismo no es en el fondo de orden racional, sino el producto de cierta disposición mental generada por dos patologías: el resentimiento, el odio, por una parte y el llamado complejo de Fourier por la otra. "Está uno resentido cuando odia tanto que no le preocupa soportar un daño personal grave con tal que el otro sufra también. Gran número de los enemigos del capitalismo saben perfectamente que su situación personal se perjudicaría bajo cualquier otro orden económico. Propugnan sin embargo, la reforma, es decir el socialismo. Cuantas veces oímos decir que la penuria socialista resultará finalmente soportable ya que, bajo tal sistema, todos sabrán que nadie disfruta de mayor bienestar".

El otro componente fatal detrás del socialismo de acuerdo a Mises es la ideología del socialismo utópico del pre-marxista francés Charles Fourier, cuyas elocubraciones socialistas se centran quizás en la simple frase "si me va mal, es solo culpa de la sociedad".

La oposición al capitalismo, al libre mercado, de acuerdo a Mises no proviene de la razón, sino de una actitud mental patológica del resentimiento, del odio y de una condición neurasténica que bien podría llevarnos a afirmar que las raíces del socialismo se encuentran en la neurosis. Hoy en día, el exitoso psicólogo Jordan B. Peterson también caracteriza al socialismo como impulsado por el resentimiento y el cultivo del mismo. "Hay un lado oscuro en esto del socialismo que se traduce en que todos los que tienen más, lo tienen porque te lo han robado". Esta afirmación nos lleva a recordar otra frase famosa de Mises: "Para el hombre moderno, el socialismo se ha convertido en un elixir contra la adversidad terrenal. El socialismo equivale a un mecanismo de defensa contra un complejo de inferioridad". El profesor de psicología Jordan Peterson ofrece un tipo de asistencia para ayudar a los ideólogos fanatizados a salir de las tendencias neuróticas que los hacen adherirse al socialismo extremo y otros credos tóxicos: "Mira, nos gustaría tanto que prosperaras como individuo. Deja tu afiliación de culto, sal de las sombras demoníacas de posesión ideológica y da un paso adelante como una persona completamente desarrollada camino a la luz. El antídoto contra el socialismo y el resentimiento y odio es la reflexión y la acción individual, ese resentimiento comenzará a desaparecer y sus vidas mejorarán. Y dejar el socialismo, tendrá un maravilloso efecto secundario".

Nuestras democracias occidentales están en estos momentos en grave peligro con la aparición de este nocivo virus, el corona virus político, acarreado tanto por el Socialismo del Siglo XXI, como el llamado New Green Deal del vecino del norte, que más que Green es simplemente Red, y abrazado fervorosamente por los dos candidatos presidenciales demócratas a las próximas elecciones de noviembre, en especial por el candidato Bernie Sanders, un irredento viejo marxista, que con su peligrosa ideología destruiría las bases de la prosperidad capitalista del vecino del norte. Las Américas, tanto sur como centro como norte, no han presenciado en los últimos decenios momentos tan desafiantes para sus democracias y libertades.

La paradoja es que nunca antes nuestro mundo había sido tan libre y tan próspero. Jamás la pobreza en nuestro planeta había retrocedido tanto como en las últimas décadas. Nunca antes habíamos presenciado= el fenómeno que miles de millones de personas salieran de una miseria secular gracias al sistema capitalista y del libre mercado que pudo florecer con el marco que le diera la libertad de sistemas democráticos. Y ahora presenciamos estas fuerzas retrógradas que niegan todos estos progresos y tratan de imponer, sea como sea, estos peligrosos virus que nos retraerían a siglos miserables. Los resultados los tenemos ante la vista, y no precisamos presenciar más que las dramáticas situaciones de Cuba o Venezuela o Nicaragua. Tomemos solamente el ejemplo de la evolución en Chile de los últimos meses, y tomemos el ejemplo de lo que serían los EE.UU. en el caso del triunfo del irredento viejo marxista Sanders y su fatal Green New Deal y tendremos entonces ante nuestros ojos dos nuevas Venezuelas. Una en Sudamérica y la otra, a largo plazo, en Norteamérica.

En Chile la situación actual es simplemente patética. Este país era el más próspero de la región, con la menor tasa de pobreza, el 8,36 %, contando con el sueldo mínimo más alto de la región y la mayor posibilidad de ascenso social; pero las violencias desatadas después del 18 de octubre del año pasado han acabado con la estabilidad política trayendo como consecuencia la quiebra de 20.000 pymes y el desempleo de más de 140.000 personas. Los más afectados son obviamente los pobres. Un escenario de gran incertidumbre y de violencia es lo que le espera a Chile en su futuro próximo, luego que se realice un plebiscito en el mes de abril para decidir acerca de una nueva constitución, que bien podría ser una desechable como tantas otras en nuestro continente. Trágico destino el de Chile, víctima del virus del socialismo del siglo 21, el coronavirus de nuestros días. Aquí el brutal levantamiento se produjo con colaboración de elementos foráneos, cubanos, venezolanos que orquestraron y planificaron los incendios en el metro. Los daños en infraestructuras ascienden a 4.500 millones de dólares de acuerdo a primeras estimaciones. Es una guerra que han desatado estos elementos cargados de odios y resentimientos y con una agenda política contra el exitoso occidente, contra el libre mercado Quieren réplicas del modelo cubano, venezolano, quieren destruir el sistema, y es sintomático presenciar la destrucción de decenas de iglesias sean estas católicas o protestantes, en cuyas paredes los terroristas han pintado la sintomática frase "Iglesia Bastarda". Ni el pusilánime Presidente Piñeira, ni su equipo de gobierno han sido capaces de reaccionar de acuerdo al peligro inminente al que estaban enfrentados.

Una situación bien alarmante es la que también encaran los ciudadanos de nuestro vecino del norte, los EE.UU, con un fuerte candidato a la presidencia por parte del Partido Demócrata, el viejo marxista Bernie Sanders, a quien el gran periodista y escritor Carlos Alberto Montaner lo define como "un clásico representante de los afectados por el SINDROME DEL PROGRE, que se caracterizaría por la relativización enfermiza del juicio crítico cuando se juzga algún fenómeno social en el que quepa una visión socialistoide". Sanders tiene frondosas credenciales de haber sido siempre un admirador de la revolución cubana, con simpatías abiertas para el chavismo venezolano y para con la satrapía sandinista de Nicaragua. Encuentra siempre elementos positivos en estas criminales dictaduras. Un triunfo de su candidatura representaría el triunfo del llamado Green New Deal, la versión norteamericana del virus del socialismo del siglo XXI, que haría desaparecer el libre mercado, el capitalismo y restringiría enormemente las libertades personales asignándole al Estado potestades extremas.

Un panorama político social muy complejo y peligroso el que estamos enfrentando con este coronavirus político que está afectando grandemente a las Américas y a la libertad. Cumple justamente a la prensa independiente y a los periodistas honestos un rol fundamental para mantener bien informados a la población mundial. Friedrich Hayek, el erudito liberal clásico más prodigioso del siglo XX, expresó en la siguiente frase un enorme compromiso para salvaguardar nuestra libertad individual: "Libertad no sólo significa que el individuo tiene la oportunidad y la responsabilidad de elegir, también significa que debe enfrentar las consecuencias; la libertad y la responsabilidad son inseparables".

# LAS CLAVES DEL ÉXITO DE JAIR BOLSONARO

## Algo está pasando en Brasil

*23 de febrero 2020*

El impactante crecimiento de la economía, el descenso del desempleo, la frontal lucha contra la alarmante criminalidad que asola aún el país, y el restablecimiento de una mejor justicia en un país con una corrupción endémica, son algunas de las llaves que explican el fenómeno del éxito del gobierno de Jair Bolsonaro en Brasil. Las cifras no mienten, y su popularidad ha aumentado en estos últimos meses a un 47,8 % de un 41% en el mes de agosto del año pasado.

La expectativa de crecimiento económico para el país para el año 2020 ha aumentado del 0.2 % al 2.2%, y es más alta que la media para Latinoamérica, que es del 1.6 %. Brasil no sólo crece sino que levanta la economía de toda la región de acuerdo a un informe presentado en el Foro Económico de Davos. Bolsonaro junto con su ministro de Economía Paulo Guedes, pudo poner fin a los increíbles privilegios de los funcionarios públicos equiparándolos con aquéllos del sector privado y de la clase trabajadora. Tan sólo con estas medidas Brasil va a ahorrar aproximadamente unos 250.000

millones de dólares en los próximos 10 años, y así se podrán reducir, en parte, las enormes cargas tributarias que enfrentaba el país. Se calcula que los funcionarios públicos alcanzan al millón de personas que ganan el equivalente de 20 millones de empleados en el sector privado, una injusticia que se arrastraba ya por años. Por eso el ministro de Economía Paulo Guedes, que como Bolsonaro y otros ministros de su gabinete no se destaca siempre por su tacto y prudencia, denominó al funcionariado existente de "parásitos", lo que le trajo una ola de críticas del sector gremial, viéndose obligado a disculparse. La población brasileña sinembargo se mostró abiertamente de acuerdo con su apreciación del problema.

Estas importantes decisiones económicas van acompañadas por la eliminación de subsidios a empresas estatales deficitarias y por la política de privatizaciones de sectores que eran mal administrados por el Estado. Tales medidas han traído como resultado la creación de 1.1 millón de nuevos empleos en el país. La economía se ha impulsado también con la quita de impuestos a la importación de unos 500 productos, entre ellos medicamentos costosos, claves para enfermedades mortales. El sector turismo en el Brasil ha visto un verdadero boom desde la ascensión de Bolsonaro al gobierno con un aumento de unos 600 millones de dólares para las arcas del país. Esto se debe en parte a que el nuevo gobierno quitó el requisito de visa a los ciudadanos de Australia, Canadá y Japón.

Otro de los pilares del éxito del gobierno de Bolsonaro se encuentra en el combate frontal a la endémica criminalidad que ha caracterizado al país. Brasil es uno de los países más violentos del mundo. Por eso la promesa electoral de combatir al crimen, junto a la corrupción, llevó a Bolsonaro a la presidencia del país. Para este combate cuenta con la ejemplar actuación del otrora juez y actual ministro de Justicia y Seguridad Pública, el famoso Sergio Moro, el impulsor del Lava Jato que condujo a tantos políticos, empresarios y mafiosos a la cárcel, entre ellos al ex presidente Lula, y a la destitución por impeachment de la ex mandataria Dilma Roussef. Moro desarticuló, sin duda, la red de corrupción más grande de la historia del Brasil y de Latinoamérica.

Respecto al sensible tema de la seguridad pública, registramos que los homicidios en Brasil han bajado en un 22,6%, mientras que los robos con consecuencias mortales disminuyeron en un 27,3 %. También se ha podido reducir sensiblemente el robo a camiones de carga en las rutas nacionales, la cantidad de vehículos robados, y los otrora robos callejeros que estaban a la orden del día y que han disminuido en una media del 20 %. La única cifra que sí aumentó es la del número de delincuentes peligrosos abatidos durante enfrentamientos con la policía, que en el caso de Rio de Janeiro marca un 16,2%.

A los éxitos en la lucha contra la criminalidad se suman aquéllos al mejor funcionamiento de la justicia. En el año 2019, y de acuerdo al ministro de Justicia y Seguridad Pública, ingresaron a las cárceles más delincuentes de los que salieron. En el año 2018 sucedía todo lo contrario. La justicia está siendo firme con el endémico crimen organizado, aislando a por lo menos 350 criminales peligrosos, capos de las mafias en cárceles federales, y además siguiendo las normativas de la nueva ley contra el crimen, se graban las conversaciones con los visitantes de los presos, para que los más peligrosos no puedan seguir conduciendo sus bandas y negocios ilícitos desde los propios centros penitenciarios, como sucedía hasta ahora. El respaldo del gobierno federal a la policía ha aumentado, y aunque hay críticas por parte de la oposición de la izquierda política, que desaprueba el enfrentamiento armado, la población civil ha demostrado aprobarla enfáticamente, y ha llevado a que, de acuerdo a un sondeo de CNT-MDA publicado el 22 de enero pasado, la popularidad de Bolsonaro aumentara al 34,5% comparada con el 29,4% en agosto del 2019.

Sinembargo el exitoso gobierno de Bolsonaro enfrenta tanto en el plano interno como externo duras críticas y golpes bajos de la extrema izquierda nacional agrupada aún bajo el manto del ídolo caído Lula, a quien parte de la gran prensa brasileña sigue rindiéndole honores. En el plano externo la imagen de su gobierno no es la mejor debido a la sistemática labor de la comunidad internacional agrupada detrás del Socialismo del Siglo 21, que odia ver los triunfos del libre mercado y del capitalismo bajo el gobierno de Bolsonaro, ignorando los desastres políticos y económicos que representan los gobiernos socialistas corruptos de Maduro en Venezuela, del criminal clan Ortega en Nicaragua, de la mafia kirchnerista-socialista en la Argentina y naturalmente ignorando también la hambruna que está sufriendo el pueblo cubano, producto de la dictadura castro-comunista, madre de todos los males que nos aquejan. Los progres no toleran que Brasil esté teniendo éxito con su modelo económico, hay que sabotearlo, derribarlo lo más pronto posible, para que no sea un ejemplo a seguir en el continente.

Dentro de Brasil, en el panorama político, todos los días leemos fake news en los grandes y poderosos medios de comunicación, como lo son la cadena O Globo o A folha de Sao Paulo, para citar tan sólo dos ejemplos. Tratan de enemistar al intachable ministro Moro con el Presidente Jair Bolsonaro en vista a las próximas elecciones del año 2022, pero hasta ahora sin éxito. Tratan de inventar delitos en la actuación de sus ministros, agrandan las torpezas de algunas de sus declaraciones, algunas veces fuera de lugar, para crear un clima de desprestigio.

El mal llamado periodista, que no es tal, que es simplemente un agitador que usa fake news de bandas criminales que se sirven de hackeadores profesionales, el norteamericano residente en el Brasil, Glenn Greenwald es un buen ejemplo de esta labor sediciosa en contra de un gobierno elegido democráticamente. La feligresía progre internacional lo considera como un campeón de la libertad de prensa, cuando sus acciones y su portal "The Intercept Brasil", muestran todo lo contrario. La Fiscalía del Brasil denunció, semanas atrás, a Glenn Greenwald y siete personas más, por varios delitos cibernéticos que buscaban desprestigiar al ministro Sergio Moro, utilizando material obtenido de hackers que están al servicio de bandas criminales ligadas al negocio del narcotráfico. La Fiscalia considera que Greenwald "auxilió, incentivó y orientó a los hackers que filtraron las informaciones contra diversas autoridades, entre ellas las del ex juez y actual ministro de Justicia Sergio Moro". Considerar a Greenwald como un campeón de la libertad de prensa en el Brasil es inaceptable; es un simple y peligroso activista político sin escrúpulos al servicio de la extrema izquierda internacional. Su esposo, el brasileño David Miranda es un diputado federal, representante del ala más radical del Partido Socialista.

A pesar de todas estas conjuras, campañas maliciosas, fake news nacionales e internacionales y algunos reveses, los éxitos del gobierno de Jair Bolsonaro son dignos de destacar y representan una pequeña luz de esperanza para nuestro continente, sobre todo ahora con el triunfo en el Uruguay de una coalición democrática liderada por Luis Lacalle Pou que asumirá la presidencia el próximo primero de marzo, poniendo fin a 15 años de gobierno del Frente Amplio que ha apoyado abiertamente a cuanto régimen del socialismo del siglo 21 haya tenido nuestro continente. Ojalá se inicie así un nuevo capítulo de progreso y democracia en la hoy convulsionada América Latina. ¡Ojalá!

# "LOS DOS PAPAS"

## Fake-News en la pantalla de Netflix

*4 de febrero 2020*

Como periodistas investigativos, como analistas políticos, no podemos pasar por alto el fastidio que nos causa ser testigos de la tremenda manipulación mediática que representa el ver la popular película "Los dos Papas", una verdadera pieza maestra de lo que es fake-news, producida por Netflix. El fraude comienza ya al inicio de la película, cuando se nos advierte que está "basada en hechos reales". En realidad lo que presenciaremos es justamente todo lo contrario. Por lo menos se trata de una "fanta-ciencia" religiosa mal intencionada, con un marcado acento ideológico progresista, en pro de la teología de la liberación católica, que creíamos superada, pero rescatada por el papa Bergoglio.

El film, bien empacado, bien dirigido y bien actuado, ha logrado evidentemente una gran popularidad. Esta popularidad, y la comercialización mundial por Netflix, es que lo vuelve tremendamente peligroso por el mensaje falso, sin ningún escrúpulo para respetar la verdad de los dos Papas, frente a espectadores incautos y poco informados acerca de la temática religiosa-política de base.

Así este film que ha logrado cuatro nominaciones de los Golden Globe Awards 2020, finalmente no logró ni un solo premio.

Joseph Ratzinger será presentado como el malo de la película, un viejo insensible, alejado del mundo real, incapaz de lograr simpatías entre sus fieles, falto de compasión. Claro no se puede obviar que el Papa alemán es culto, que toca maravillosamente el piano, que habla diferentes idiomas; pero no se deja de mencionar, por lo menos en dos oportunidades, que fue o tuvo contactos con los nazis, afirmación completamente falsa. También se menciona su fe tambaleante, vacilante, "No oigo más la voz de Dios", y tantas otras infamias.

En cambio el Papa Bergoglio, de acuerdo a la cultura dominante en muchos de los medios de comunicación, influenciados por el marxismo cultural, es el bueno de la película, es divinizado, es misericordioso, es casi un santo, sensible a las necesidades de los pobres. Un verdadero Papa progresista, para nuestros tiempos, protector de los sátrapas del continente, todos ellos miembros del club del socialismo del siglo 21, llámense éstos Castro, Kirchner, Maduro, Ortega, Evo Morales o Lula.

El Papa Bergoglio parece estar motivado en su papado por nada más que la búsqueda de poder, y como bien lo señaló el gran periodista argentino Jorge Fernández Díaz: "Bergoglio nació para ser político, no para ser Papa. . . y no aspiraba a ser Papa, sino a ser Perón . . . y hoy está viviendo su sueño de ser Perón". Un sueño que se ha vuelto una pesadilla para su Iglesia y para el mundo occidental de tradiciones democráticas y de libre mercado. Tampoco se menciona en la película la mafia gay que lo rodea en el Vaticano y lo poco que ha hecho para combatir efectivamente los criminales actos de curas pederastas. Además se oculta el hecho de que detrás de su elección existen comprobadas sospechas de componentes mafiosos. Así lo afirman vaticanistas serios como el italiano Antonio Socci, la inglesa Catherine Pepinster y el norteamericano George Neumayer. Para lograr sus objetivos el clan Bergoglio creó un grupo secreto llamado "Club de la mafia de San Gallen", que se reunía periódicamente en esa ciudad suiza para lograr la ascensión de Bergoglio al papado. Un verdadero escándalo, que si se investigara a fondo, podría apartar a Bergoglio de su pontificado.

Benedicto XVI, por el contrario, y basado esto sí en hechos reales, es considerado por todos aquéllos que lo han conocido, tratado, acompañado, como un hombre con una gran dulzura. Su primera Encíclica la dedicó al tema del amor, "Deus caritas est". Su capacidad de diálogo es enorme, y ha tenido grandes entrevistas, diálogos hasta con gigantes del pensamiento filosófico laico, como con el profesor Juergen Habermas, quien lo considera como "un filósofo de primer orden". Desde el punto de vista teológico Benedicto es uno de los representantes más importantes de nuestros tiempos. Claro, Benedicto molesta enormemente a la progresía internacional y a los sectores "progres" dentro de su Iglesia porque se enfrenta a la actual filosofía relativista de nuestra época. Su pensamiento político es una síntesis del liberalismo clásico católico, que el Papa emérito destaca en la relación entre la razón y la fe y que, descrito en el documento "libertatis nuntius" publicado ya en el año 1984 contra la teología marxista de la liberación, evidentemente le ha traído acérrimos enemigos. En este documento de Benedicto podemos leer: "La lucha de clases como camino hacia la sociedad sin clases es un mito que impide las reformas y agrava la miseria y las injusticias. Quienes se dejan fascinar por este mito deberían reflexionar sobre las amargas experiencias históricas a las que ha conducido".

El verdadero Benedicto no aparece en el film de Netflix, es todo lo contrario de lo que se presenta allí, y exactamente lo mismo sucede con el Papa Bergoglio. ¡El film es puro fake-news !

93

# EL PREOCUPANTE AVANCE DEL MARXISMO CULTURAL EN LAS AMÉRICAS

## Algo más que una brisa

17 de enero 2020

Vamos a decirlo bien claramente, creo que una de las preguntas centrales que debemos hacernos es el por qué en Latinoamérica no hemos sido capaces de afianzar instituciones democráticas fuertes, de largo alcance, frente a tantos desafíos de tantas satrapías, de tenebrosas dictaduras, que aún asolan nuestro continente. Luego de un corto período de optimismo, en que triunfaran gobiernos de corte democrático, pero políticamente pusilánimes, hoy, nuevamente asistimos a un panorama de incertidumbres con el triunfo de gobiernos de corte socialista, marxistas con rasgos autoritarios, que representan un retroceso en el camino de la democratización y del triunfo del libre mercado, esenciales para sacar finalmente de la pobreza a tantos pobladores de nuestro sufrido continente. En el México de López Obrador y en la Argentina kirchnerista de hoy, vemos que se han contaminado con el virus del Socialismo del Siglo 21, fracasado en todos sus intentos anteriores, como lo hemos podido ver en Cuba, Venezuela, Nicaragua y hasta hace poco en la Bolivia de Evo Morales.

Hay varios factores que han colaborado a este retroceso político, entre ellos la enorme corrupción existente en varios de nuestros países, resultado muchas veces de haber caído en las garras del narcotráfico internacional. Se suman a ello las acciones cubiertas y encubiertas del Foro de San Pablo, que tendrá su próximo encuentro el día 22 de enero en Caracas, bajo el ya significativo lema de "Gran encuentro mundial de movimientos políticos, sociales y liderazgos del Foro de San Pablo ampliado", donde se diseñarán los planes de desestabilización, de vandalismos, de sabotajes, de convulsiones sociales de los próximos meses, en contra de los valores democráticos de un continente. En la última reunión del Foro, también en Caracas, en julio del año pasado, se planificaron las criminales protestas sufridas en Ecuador, Chile y Colombia. Y Maduro lo reconoció "el plan va perfecto, Uds. me entienden". Mencionemos también las políticas desestabilizadoras del denominado Grupo de Puebla, también un instrumento combativo del Castro-Chavismo, que pretende liderar Alberto Fernández; y no olvidemos la política marcadamente populista del Papa Bergoglio, que descaradamente da apoyo a gobiernos antidemocráticos, y que ha hecho la situación política actual aún más compleja. Y no olvidemos las actitudes de Bergoglio proclamando repetidamente su frase "cuiden a Cristina", desconociendo el carácter corrupto y ladrón de su gobierno, aceptando con una sonrisa cómplice, durante una visita a Bolivia, de manos de Evo Morales el regalo de un crucifijo engarzado con una hoz y martillo. Bergoglio para colmo protege en el Banco Vaticano millones y millones de Euros de tantos sátrapas y delincuentes latinoamericanos.

Y como si fueran pocos los peligros que enfrentan actualmente nuestras democracias, ha aparecido uno nuevo en estos últimos días, el triunfo en España del socialismo de Pedro Sánchez, acompañado por su vicepresidente, el marxista bolivariano Pablo Iglesias del partido Podemos, hijo predilecto del chavismo venezolano que lo ha financiado desde el inicio de su carrera política. La conexión de Podemos con Venezuela es estrecha, y así lo ha demostrado en diciembre pasado un juzgado de Madrid que comprobó que Iglesias recibió un depósito de 272.000 dólares del gobierno de Maduro a una cuenta offshore, radicada en San Vicente y las Granadinas, por supuestas asesorías. Y este depósito es tan sólo la punta de un iceberg de dineros del narcotráfico internacional para Iglesias provenientes no sólo de Venezuela sino también del Narcoestado boliviano de Evo Morales. Obviamente el nuevo gobierno español se está alineando detrás de gobiernos de tinte marxista-socialista en nuestro continente.

Esta malaise política que estamos sufriendo, tiene sin embargo un claro origen. Es producto ante todo de una sistemática batalla cultural que está ejerciendo en el mundo, y no sólo en nuestro continente sino también en los EE.UU y Europa, el llamado "marxismo cultural", gran aliado del socialismo, que lucha en guerra abierta contra los valores de nuestro mundo occidental, vanguardia de los derechos humanos, de sistemas republicanos, del libre mercado y de libertades individuales, tales como las conocemos hoy en día. Las raíces de esta guerra ideológica debemos buscarla en sus fundadores y propagadores, como lo son Antonio Gramsci, Herbert Marcuse, Adorno y la llamada Escuela de Frankfurt. Estos ideólogos marxistas al comprobar su fracaso acudieron a la estrategia de dar una batalla cultural a través de las instituciones democráticas, tratando de destruir los valores claves, los pilares de nuestra libertad, de nuestra rica tradición judeo-cristiana, base de nuestras instituciones republicanas. Es justamente esta ideología la que explicaría los últimos levantamientos, insurrecciones que presenciamos tanto en Chile como en Ecuador y Colombia. Ya lo había anunciado el siglo pasado el ideólogo marxista italiano Antonio Gramsci: "Hay que destruir la cultura hegemónica del capitalismo". Y si bien es cierto que las teorías económicas de Marx han fracasado, las batallas del Marxismo Cultural parecen actualmente estar triunfando. Es increíble presenciar la ignorancia histórica de estos peligrosos conceptos que van inundando nuestras sociedades, en especial a las nuevas generaciones, manipuladas por muchos medios de comunicación y por muchos profesores universitarios, que hacen que vastos sectores de la población no entiendan bien el significado histórico de conceptos como el socialismo y el marxismo, y esto tanto en los EE.UU. como en Europa o Latinoamérica. Si consideramos las opiniones de la generación de los millenials, que comprenden las edades entre los 23 a los 38 años, y la llamada generación Z, que comprende a aquellas entre los 16 a los 22, que gritan y reclaman por el mundo " queremos socialismo, y ahora", tendremos una idea del peligro que enfrentan nuestras democracias. Estos grupos agitadores, vandálicos, muchas veces manipulados por hipócritas seguidores de la Escuela de Frankfurt, desconocen lo que ha sido de nefasto tanto el marxismo como el socialismo en nuestra historia reciente. Aproximadamente el 50% de ellos rechaza al capitalismo y al libre mercado, y un 15% cree incluso que el mundo estaría mejor si la Unión Soviética aún existiera. Seducidos por un ideal de Justicia Social, cada día más jóvenes pretenden corregir la desigualdad por medio de la redistribución de la riqueza, en lugar de ocuparse de la creación de la misma.

De los fundadores del Marxismo Cultural, el único sobreviviente en nuestros días es el Profesor Juergen Habermas, quien justamente hace años dio un giro radical en su pensamiento, volviéndose un acérrimo crítico del mismo. Gran ironía de la historia. A sus

92 años, considerado como uno de los filósofos más importantes de los últimos tiempos, Habermas ha tenido cátedras en las universidades de Heidelberg, Frankfurt, Princeton y Berkeley, y recibido el Premio Príncipe de Asturias de Ciencias Sociales. Superando los planteamientos marxistas de la Escuela de Frankfurt, hostiles al cristianismo, fue desarrollando progresivamente un interés mayor por el papel de la religión en la sociedad occidental, como una influencia que facilita las condiciones que hacen la vida más digna para el ser humano y abren una puerta a la esperanza en vez de al desconsuelo, un papel al fin y al cabo que la filosofía difícilmente podrá llevar a cabo. En el plano político, Habermas aboga por la conversación, el diálogo, por lo que él llama la vía "argumentativa" frente a todo tipo de "diálogo reprimido".

Uno de los instrumentos totalitarios utilizados por el Marxismo Cultural para controlar la libre expresión y poner una mordaza a la información veraz es lo que hoy conocemos como la "Dictadura de lo Políticamente Correcto". Ya en su novela distópica 1984, George Orwell advertía: "El pensamiento corrompe el lenguaje y el lenguaje también puede corromper el pensamiento". El autoritarismo de lo políticamente correcto considera al ser humano como débil, pasible de ser engañado, o sea que está necesitado de esta nueva cultura, que no está basada en el concepto de una sociedad libre. Es más, en parte utiliza los métodos más autoritarios y tiránicos de la sociedad anterior, que tanto critica.

La columna vertebral sobre la que se apoya todo el esqueleto del éxito de las democracias está basada en la libertad de opinión, anclada en nuestras constituciones, y no en este virus totalitario producto del Kulturkampf marxista. Hace muy poco tiempo pude ver en una revista cultural española una sugestiva caricatura en la que aparece una niña, evidentemente curiosa y avispada, un tipo

Mafalda española, acompañada por su madre, a quien pregunta:"-Mamá, ¿ qué significa ser políticamente correcto?" A lo cual la señora responde: "Renunciar a tu propio criterio para conseguir la falsa aceptación de una mayoría de imbéciles".

Umberto Eco, el gran filósofo, escritor y periodista italiano, antes de su muerte acaecida hace unos dos años, publica su último libro titulado "Número Cero", una novela que se centra en la crítica al mal periodismo, manipulador, chantajista, mentiroso, militante y que fue como una premonición de lo que está sucediendo hoy en día . Es un latigazo a los malos periodistas que no cumplen con su rol de informar imparcialmente, documentadamente, en épocas tan difíciles para las democracias occidentales. O bien lo hacen por ignorantes, o por mala fe o porque son discípulos del Marxismo Cultural que ha invadido a los medios, a las universidades y nuestra sociedad. Tenemos que estar muy atentos y combatir este virus anti democrático con todas nuestras fuerzas.

# BOLIVIA EN UNA ENCRUCIJADA POLÍTICA: CASTRO-CHAVISMO O DEMOCRACIA

## Evitar el Estado narco

*26 de diciembre 2019*

En una entrevista realizada en Miami a principios de diciembre 2019, Mario Vargas Llosa afirmó relativo a la huida de Evo Morales de Bolivia "Nos hemos librado de un demagogo y mentiroso", agregando que "lo que sucedió en el país andino no fue un golpe de Estado , sino la huida de un dictadorzuelo ante la rebelión de un pueblo", y apuntando directamente al actual gobierno de México, expresó que ha sido repugnante el permitirle el exilio en ese país. Consideraciones muy ciertas del Premio Nobel de Literatura del año 2010. Pero lo que sucede ahora con la política exterior del nuevo gobierno argentino de los Fernández, es aún más grave para el futuro democrático de Bolivia. La decisión de darle asilo al sátrapa Evo Morales, como una de las primeras medidas tomadas por el nuevo gobierno, nos da ya la pauta de qué lado de la política continental se ubicará el binomio impresentable del Rio de la Plata. Obviamente estará alineado con sus simpatías y apoyos con los tiranozuelos criminales como Maduro, Ortega, Castro, fervientes admiradores del totalitario socialismo del siglo 21, que ha traído a nuestro continente sólo miseria donde ha conquistado el poder. En el caso de Bolivia es aún más trágica su influencia negativa para una democratización del sufrido pueblo boliviano, por simples razones geopolíticas. A Evo Morales le resultará muy fácil intervenir negativamente en el desarrollo de la búsqueda de la democratización del país, contando con el apoyo logístico y material del nuevo gobierno argentino. Ya anunció sus intenciones de dirigir su campaña electoral, y movilizar sus fuerzas de choque, los cocaleros del Chapare, desde el cómodo exilio argentino. Un duro golpe para el futuro democrático de Bolivia en su difícil búsqueda de reestablecer instituciones democráticas en un país que luego de catorce años de tiranía de corte castro-chavista las ha destruido por completo. Pero no sólo a Evo Morales los Fernández le han dado asilo, sino también a toda su familia, al ex vicepresidente Álvaro García Linera y a varios prominentes miembros del corrupto gabinete de Morales, echados del país por el pueblo boliviano, harto ya de tantos desmanes, e injusticias. Es una ironía presenciar la reunión de Morales con su familia en suelo argentino, teniendo en cuenta el desprecio que ha sentido por sus hijos, Evaliz de 25 años y Álvaro de 24 años a quienes se vio obligado a reconocerlos como tales, sólo después de sendos fallos judiciales, demostrando así su actitud machista y poca humanidad que lo caracteriza. Mientras tanto en el seguro refugio que le diera el gobierno kirchnerista insiste en que fue derrocado de su mando por racismo, olvidando hipócritamente que bajo sus gobiernos, el llamado Fondo Indígena fue vaciado en unos 14 millones de dólares, que fueron a parar a los bolsillos de la mafia gobernante que lo rodeaba .

Lo más indignante de su gobierno es que transformó a Bolivia en uno de los más importantes Estados Narcos del mundo, con un engranaje bien aceitado y contactos directos con el Cartel de

Sinaloa, con el propio Chapo Guzmán y con conexiones con otros carteles colombianos, venezolanos, cubanos. De acuerdo a diferentes fuentes internacionales, este negocio del narcotráfico le rendían entradas a Evo Morales que se calculan en 100 millones de dólares anuales, que si los multiplicáramos por los 14 años de su satrapía, nos darían unos 1.400 millones de dólares depositados en diferentes bancos internacionales offshore. El más sonado y preferido por Morales ha sido el Banco Vaticano, conocido como el IOR, Instituto para la Obra de la Religión, que se encuentra bajo la supervisión del Papa Bergoglio, considerado su amigo y protector. De acuerdo a investigaciones de vaticanólogos italianos, Evo Morales Aymar posee la cuenta Vip Nr. 051-3-02370 con un saldo actual de 325 millones de Euros, suma confirmada por la bien informada y valiente periodista boliviana Roxana en su programa "Ahora con Roxana". La ex amante de Evo, Gabriela Zapata tiene otra cuenta vaticana con la suma de 135 millones de Euros. La justicia italiana, por su parte, se encuentra actualmente investigando la lista de cuentas del Banco Vaticano bajo sospechas de lavado de dinero, y otros delitos.

Las estrechas relaciones de Morales durante años con el Cartel de Sinaloa y el Chapo Guzmán, son ya de conocimiento de autoridades judiciales internacionales. Los vínculos son de tal envergadura que el sátrapa boliviano hizo construir un aeropuerto internacional moderno, sólo para esos fines en Chimoré, en el Chapare boliviano. Desde aquí salían varias veces a la semana aeronaves cargadas de droga con destino a México y otros centros de comercialización. Unos 96.000 kg. de cocaína al año salían justamente de esta zona del Chapare de acuerdo a cifras manejadas por la DEA.

Es de imaginar que este submundo del narcotráfico internacional, que ayudó a establecer en Bolivia Evo Morales, y la fuerza de choque que significan los numerosos grupos cocaleros que el dictador andino ha creado y armado, difícilmente podrán aceptar la pérdida de estos tan lucrativos negocios criminales sin dar cruentas batallas al nuevo gobierno provisional boliviano, que intenta encauzar un sistema democrático. Este gobierno merece todo nuestro apoyo, porque está en juego el futuro democrático de nuestro continente, más aún con un gobierno kirchnerista en el poder en la Argentina, que abiertamente sigue apoyando al dictador andino.

El daño que ha causado Morales al crear un narco-estado en su país se hace patente también en la destrucción irresponsable del medio ambiente del país. Durante los 14 años que estuvo ocupando el poder político en su país se ha incrementado la superficie de plantaciones de la coca ilegal de 3.000 hectáreas en el año 2003 a alrededor de 80.000 hectáreas hoy en día. Y para que ninguna organización internacional pudiera controlar esta criminal realidad, rompió acuerdos internacionales que había suscrito, y echó del país a organismos de control como la DEA norteamericana y tantas otras ONGs que buscaban luchar contra los irreparables daños ecológicos que significan el desmonte de miles y miles de hectáreas de bosque amazónico boliviano. En Bolivia, tan sólo en los últimos años se ha deforestado un área del tamaño de 204.000 campos de fútbol, de acuerdo a cálculos de la Fundación Tierra.

Como ya señaláramos es titánica la lucha que está llevando a cabo el gobierno de transición liderado por la presidenta interina Jeanine Áñez. Se enfrenta con la realidad que un poderoso dictadorzuelo ha caído, pero que las estructuras de su poder corrupto siguen aún gobernando paralelamente a través del poderoso partido MAS, que aún tiene la mayoría en ambas cámaras.

Las medidas de emergencia que ha tomado el gobierno interino van en un rumbo acertado, pero parecen no ser suficientes. Cortar más profundo podría terminar en una sangrienta guerra civil. Difícil dilema para un gobierno de transición, que ha empezado por reformar en parte la corrupta Corte Electoral, como primer medida para poder llamar a elecciones a corto plazo y que éstas sean algo más limpias y transparentes. Los integrantes de la otrora Corte Electoral acabaron siendo procesados por fraude y se encuentran en prisión preventiva. También está abocado el gobierno transitorio a la gran tarea de desmontar el aparato dictatorial existente a nivel nacional y departamental, para restaurar la República. Ojalá se logre a corto plazo, y que sea un cambio real y no sólo un maquillaje, en el que el ex dictador pueda aún contar con poder para influenciar detrás de bambalinas el destino del país.

Lo que sí estamos presenciando es una primera limpieza de los elementos criminales nacionales e internacionales que agitan a la población, y que cuentan con enormes recursos materiales. En las últimas semanas se expulsaron a 725 agitadores cubanos y venezolanos y a pseudo-diplomáticos castro-chavistas, y también a activos guerrilleros de las Farc infiltrados en trabajos de Inteligencia, como ha sido el caso del guerrillero de origen argentino, Facundo Morales Schoenfeld, alias Comandante Camilo, que se encontraba en Bolivia brindando instrucción paramilitar a las fuerzas de choque de Morales, es decir a grupos de los cocaleros del Chapare.

El valiente gobierno de transición democrática enfrenta además, en el plano internacional, al poderoso socialismo del siglo 21, que ha recobrado fuerza, aprovechando la debilidad de líderes democráticos pusilánimes que no han sabido valorar los peligros totalitarios que acechan a sus democracias. Desde los años 80 Latinoamérica no ha enfrentado una amenaza tan fuerte para sus instituciones democráticas como en estos tiempos. Pensábamos que en algo había madurado el continente políticamente, pero no.

Nuevamente enfrenta los retos de los socialismos del siglo 21 enquistados en nuestro continente, con las crueles dictaduras de los Maduro, Ortega o Castro sino ahora además enfrenta los nuevos peligros que entrañan México con López Obrador y la Argentina con Alberto Fernández. En México Amlo acaba de expulsar de su partido, Morena, a una senadora de su bancada, Lilly Tellez, por haber denunciado públicamente que en Bolivia Evo Morales cometió un grave fraude electoral. ¿Ese es el México "abierto, plural e incluyente" que pregona Amlo a la crédula prensa internacional? ¿Y en la Argentina de los Fernández? Los signos de intolerancia política se repiten a diario. Y como si estos peligros fueran pocos tenemos aún la influencia negativa del Papa Bergoglio, que calla sistemáticamente ante los ataques contra nuestras democracias, y que torpedeó desde un principio al gobierno de Macri, recibiendo, por otro lado, con una sonrisa en la boca, varias veces al tiranozuelo Evo Morales, aceptando incluso un regalo con mucho significado, una cruz engarzada en una hoz y un martillo.

Es muy probable que el dictador Maduro nombre en estos días como nueva embajadora en Buenos Aires, y en vista también de presionar la situación en Bolivia, a una fanática dirigente Chavista, capitana de las Milicias Bolivarianas, Stella Lugo Betancourt, que pertenece a un poderoso clan envuelto en una red de narcotráfico internacional. Se espera que pronto reciba el correspondiente beneplácito presidencial argentino.

Todos estos son signos terribles para la democratización de la región, y para una evolución democrática en Bolivia. Debemos estar muy alertas, combativos, en la defensa de los valores republicanos que nos son tan caros. Hagamos un frente común en la prensa independiente para liberarnos de tantas cucarachas políticas que han invadido los gobiernos de nuestra querida América, y también a amplios sectores de nuestra propia profesión, porque como bien escribe Miguel de Cervantes, "la falsedad tiene alas y vuela y la verdad la sigue arrastrándose, de modo que cuando las gentes se dan cuenta del engaño ya es demasiado tarde".

# BOLSONARO VERSUS FERNÁNDEZ

## Un enfrentamiento personal
## y de modelo de país

*6 de diciembre 2019*

En medio de una caótica situación política que atraviesa el continente, debido también a la presencia de presidentes pusilánimes como Macri, Piñera y Duque, triunfó en la República Oriental del Uruguay el 24 de noviembre pasado Lacalle Pou, líder del centrista partido Nacional, en coalición con otros partidos políticos del mismo color, poniendo fin a quince años de gobiernos del Frente Amplio que apoyó abiertamente a regímenes pertenecientes al Socialismo del siglo 21 y a sus sátrapas, llámense éstos Maduro, Correa, Evo Morales, Ortega o Castro. En la Argentina con Aníbal Fernández como nuevo presidente, el panorama es bien diferente considerando sus primeras declaraciones y su pasado político. Muy bien podría ser un nefasto continuador de esta forma de socialismo que ha destruido democracias y empobrecido a amplios sectores de la población latinoamericana, algo que ha encontrado un rechazo absoluto por parte del presidente brasileño Jair Bolsonaro y que seguramente llevará a una clara confrontación entre ambos países. Quizás en este caso Lacalle Pou podría operar como mediador entre una Argentina con rasgos totalitarios, teniendo en cuenta que quienes rodean a Fernández pertenecen a una mafia corrupta, que en lugar de cumplir condenas en las cárceles del país por sus latrocinios lo acompañarán en su gobierno, y un Brasil que registra un éxito detrás del otro en su lucha contra la corrupción y la violencia y con un sistema judicial digno de ser imitado a pesar de algunos reveses.

El enfrentamiento actual entre Fernández y el presidente Jair Bolsonaro es más que evidente. Esta tensión no es reciente y se inserta en las disputas ideológicas que marcan el pulso de la política en general y los modelos económicos en pugna en el continente latinoamericano, que se resume en la dicotomía entre el neoliberalismo y el llamado socialismo del siglo XXI, una grieta que divide nuestra América. Talvez Lacalle Pou, representante de un país con hondas raíces democráticas, como lo está demostrando, pueda moderar en algo este enfrentamiento, tarea nada fácil. Ya el anuncio de Bolsonaro que acudirá al cambio de mando a Montevideo y sus calurosas felicitaciones por su triunfo, contrastan con el hecho que no sólo no felicitó a Fernández , sino que no piensa estar presente en el cambio de gobierno en Buenos Aires, mandando demostrativamente un funcionario de tercera de su gobierno. Esta será la primera vez que un jefe de Estado de Brasil no esté presente en la asunción de un par argentino en 17 años.

La elección de Aníbal Fernández es un revés para el futuro republicano en nuestro continente, y es también una vergüenza para un país que debería liderar democráticamente un continente. Fernández tiene la ambición sí, de liderar el continente, pero con las fuerzas corruptas, antidemocráticas, financiadas muchas veces por los cuantiosos dineros del narcotráfico. Lo muestra el hecho de alinearse y defender al tirano boliviano Evo Morales, que creó un narco estado en su país, continúa con su posición de considerar que Maduro no es un sanguinario dictador, y sigue con el hecho sintomático de realizar su primer viaje al exterior a México, para rendirle pleitesía a un líder de dudosas credenciales democráticas que es incapaz de liberar a su país de las garras poderosas del narcotráfico internacional. López Obrador prometió para su país "más abrazos que balazos", y lo que hemos presenciado es todo lo contrario. Y como si fuera poco aprovecha Aníbal Fernández su estadía en México para aceptar una entrevista con el prófugo de la justicia ecuatoriana Rafael Correa, nada menos que para una agencia de noticias rusa, para la cual este impresentable personaje funge como periodista. Además consideremos el respaldo con el que cuenta Aníbal Fernández por parte del Grupo de Puebla, una continuación del Foro de San Pablo, con sus mismos rasgos totalitarios, marxistas que redondean la imagen negativa del futuro presidente argentino y el peligro inminente que representa este nuevo mandatario que bien podría conducir a la Argentina en los próximos años a terminar como Venezuela. El contraste con lo que está sucediendo en Brasil, con sus progresos innegables en los sectores económicos, sociales y de seguridad pública bajo el gobierno de Jair Bolsonaro, un defensor a ultranza del libre mercado, es innegable.

El rol que está desempeñando ya la militante prensa argentina con sus periodistas "panqueques", que se alinean uno detrás del otro afiliándose a este nuevo kirchnerismo, lastima enormemente el verlo, más aún desde la perspectiva de quienes luchamos por un periodismo investigativo, independiente. Bajo un enfermizo falso nacionalismo, escudados en una errónea superioridad, que esconde la vergüenza de defender a corruptos criminales y de votar a los mismos que destruyeron al país, hecho insólito en el mundo, muchos argentinos, ignoran los éxitos evidentes del tan odiado vecino, producto todo esto de un periodismo militante kirchnerista, que no tiene empache de utilizar fake-news , sin ofrecer información veraz que demostrara a la población lo que sí se está haciendo bien bajo el gobierno de Bolsonaro, para poder implementarlo en el propio país. Toda la información se centra en las anécdotas del carácter temperamental, no siempre diplomático y tosco del mandatario brasileño, olvidando los desplantes y reacciones de rasgos totalitarios de Fernández. La realidad demuestra que Bolsonaro está rodeado de un excelente y calificado gabinete que está logrando un triunfo detrás del otro. Ojalá Fernández pudiera lograrlo en sus primeros meses de su nuevo gobierno, pero las aguas bajan turbias.

Tengamos en cuenta algunos de estos éxitos ninguneados por los integrantes del nuevo gobierno argentino, motivo del encono y de la frustración de la camarilla corrupta de Alberto Fernández:

Brasil registra una reducción de más del 22 % de las muertes violentas en el país en los últimos 9 meses.

El gobierno de Bolsonaro marca un superávit en su balanza comercial de 696 millones de dólares tan sólo en la segunda mitad de julio pasado.

La inflación llega a un 3,29 %, la más baja en 21 años.

Hasta finales de este año se crearán 1 millón de nuevos empleos. Y tan sólo en el mes de julio pasado se crearon el record de 281.000 nuevas empresas.

Se aprobó una nueva ley administrativa, que prevé que los funcionarios públicos que no cumplan eficientemente con sus labores serán despedidos.

Se aprobó una reforma laboral que resta aún más el poder a los sindicatos , que perderán casi un 90 % de su recaudación.

El gobierno de Bolsonaro congeló el gasto público por 20 años.

Brasil se encuentra ahora en el cuarto lugar del mundo en recibir inversiones extranjeras.

Reforma jubilatoria, ya no será posible jubilarse con tan sólo 55 años.

En el mes de septiembre el Presidente anunció la eliminación de impuestos de importación, la mayoría de ellos relativos a medicamentos de última generación, instrumental médico y equipos modernos para hospitales.

El gobierno puso a la venta en estos últimos meses 600 inmuebles rescatados de los narcotraficantes convictos.

Esta es tan sólo una escueta lista de los innegables logros del gobierno de Bolsonaro que se niegan a reconocer y comentar las nuevas autoridades kirchneristas por el resentimiento que tienen con el exitoso país vecino.

Es evidente también que el Mercosur estará en peligro si Fernández quiere implementar medidas contra el libre mercado. En este caso Brasil se saldría. Además Argentina estaría más aislada que nunca porque hay un entendimiento tácito entre Paraguay, Uruguay y Brasil, partidarios del libre mercado, que fortalecería las democracias de la región.

Tiempos bien difíciles para la Argentina, cuyo nuevo gobernante busca un liderazgo latinoamericano entre los enemigos de sistemas democráticos y de libre mercado. Los riesgos para una prensa independiente, crítica serán enormes; ya los primeros arrebatos contra algunos de los mejores periodistas del país dejan entrever los peligros del futuro.

Jair Bolsonaro versus Alberto Fernández, dos modelos de países en medio de nuestro turbulento continente. Civilización o Barbarie del visionario estadista que fue Domingo Faustino Sarmiento. Afortunadamente la Argentina cuenta a través de su historia y aún hoy en día con prohombres y mujeres, gente decente, culta y valiente, que deberán luchar denodadamente para desplazar democráticamente del poder a las mafias kirchneristas y sindicalistas enquistadas en el poder, para tener un país mejor, digno, que ofrezca a sus ciudadanos un futuro promisorio y no el presente incierto y sombrío por el cual atraviesa.

# SÍNODO AMAZÓNICO EN ROMA

## Bergoglio versus Bolsonaro
## por el marxismo

*4 de noviembre 2019*

El Sínodo Amazónico organizado por el Papa Bergoglio, que tuviera lugar entre el 6 y el 27 de octubre pasados, puso de nuevo de manifiesto, y esta vez en forma dramática, la posición ideológica de extrema izquierda del Pontífice, bien cercana al marxismo de la llamada Teología de la Liberación de la Iglesia Católica, que surgiera y se desarrollara desde el Brasil, años atrás, y que con este Papa adquiriera de nuevo vigencia. Los organizadores del Sínodo, sus relatores, sus personajes principales, pertenecen sin lugar a dudas al ala más radical de la Iglesia Católica de hoy en día. Estos clérigos extremistas, todos afines a Bergoglio, han estado trabajando desde hace tiempo, en silencio, preparando esta reunión Pan-Amazónica, que afectaría enormemente la soberanía del Brasil y la de los otros 8 países que comprenden esta rica región selvática sudamericana. Brasil, al que le corresponde el 60 % de este territorio, sería el más afectado por esta conjura internacional, que pretende internacionalizar estos territorios con la excusa de ser el pulmón del mundo. Detrás de esta conjura se encuentran poderosas organizaciones globalistas, empresas multinacionales y oscuras ONG's, financiadas muchas veces por el multimillonario especulador George Soros. A todas estas organizaciones, que no representan para nada los intereses nacionales del Brasil, se ha sumado la Iglesia Católica del papa Francisco, que cuenta con el apoyo velado de las Naciones Unidas. La trayectoria y el accionar anti-democrático de Bergoglio deberían ser bien conocidos en nuestro continente como cómplice de los sátrapas latinoamericanos, llámense éstos Maduro, Kirchner, Ortega o Evo Morales. Su escandaloso, escabroso papado, lleno de casos de depredaciones sexuales y corrupción, su poco respeto por la teología tradicional de la Iglesia, su hipocresía y egolatría, darían sin duda material suficiente para un thriller que se transformaría seguramente en un best seller .

Entre los polémicos personajes que jugaron un rol importante, detrás de las bambalinas, en la organización de este Sínodo se encuentra la ya avejentada crema y nata de la fracasada Teología de la Liberación entre ellos los alemanes- brasileños Leonardo Boff, fundador de esta corriente ideológica, Paulo Suess y Erwin Kräutler, titular desde los años 80 de la diócesis del Xingú. Kräutler, que ha permitido la entrada a la zona amazónica de cientos de ONG's extranjeras que han radicalizado a los indígenas, ha patrocinado al cacique Roani Matukire del Alto Xingú, que pretende ser representante de todas las comunidades indígenas. Matukire se ha vuelto ídolo de los medios de comunicación en Roma por su cara pintada, sus plumas e indumentaria folklórica.

Más notorio y conocido por la prensa internacional es otro prelado bergogliano, el obispo brasileño, también de origen alemán, Claudio Hummes, elegido por el Papa por su cercanía ideológica como relator del Sínodo. Fue él quien le sugirió a Bergoglio que adoptara el nombre de Francisco como Papa. Tal es el grado de amistad que los une. Hummes es un sacerdote muy ligado a la figura del corrupto Lula da Silva y lo cobijó cuando éste era perseguido por la dictadura de Figuereido.

Kräutler y Suess, los autores del documento del Sínodo, han sido también los que en el año 2007 acusaran al entonces Papa Benedicto XVI, por haber pronunciado un discurso, durante su visita oficial al Brasil, en el que se refirió a las consecuencias positivas de la evangelización llevada a cabo en Sudamérica por misioneros católicos europeos. Suess le reprochó abiertamente al Papa Benedicto que éste no estaba en condiciones de entender la realidad de los indios y por lo tanto sus afirmaciones estaban equivocadas y eran indefendibles. En el año 2014 el mismo Suess se atrevió a afirmar que los indígenas deberían ser los nuevos agentes revolucionarios en Sudamérica, una perspectiva netamente marxista, en la cual los aborígenes sustituirían a los trabajadores. En la misma línea Bergoglio afirmó en una página publicada durante el Sínodo que "al final queremos construir una nueva sociedad, porque esta sociedad capitalista, el sistema que tenemos, no funciona, es un sistema que mata".

Los organizadores del Sínodo del Amazonas llevan una relación estrecha con la Conferencia Episcopal Alemana, que en su mayoría comparte la ideología del nuevo Papa Bergoglio y que ha financiado generosamente la realización de este Sínodo a través de las poderosas organizaciones católicas alemanas Adveniat y Misereor que tan sólo en los últimos años han donado unos 22 millones de euros para actividades en la Amazonia. Sus fondos provienen de los impuestos que recaudan de los fieles católicos alemanes. Así se han financiado todos los viajes de los aborígenes al Sínodo y su estadía en Roma para participar en esta mascarada amazónica.

Como me comentaba irónicamente un periodista vaticanista norteamericano que acompañó el Sínodo, parecería ser que en este evento católico de evangelización, que ha logrado neutralizar la evangelización católica para sustituirla por otra pagana, fetichista amazónica, se han mezclado las aguas del río Rhin de Alemania con los del río Amazonas y el Tíber de Roma creando aguas turbias que van a envenenar indefectiblemente el entorno.

Todas estas confabulaciones internacionalistas puestas de manifiesto por el Sínodo Amazónico de la Iglesia Católica del Papa Bergoglio, forman el escenario que enfrenta el gobierno brasileño de Jair Bolsonaro, en una Latinoamérica asediada por movimientos anti-democráticos. Bolsonaro ya en su discurso inaugural de las Naciones Unidas en septiembre pasado en Nueva York, puso bien en claro la política de su país relativa a la amazonia brasileña, afirmando en primer lugar que es una falacia sostener que esta región selvática brasileña sea un patrimonio de la humanidad, subrayando la soberanía absoluta de su país sobre esa región brasileña. Atrincherado contra el Papa y el Sínodo, no dejó de clasificar a éste como un problema de seguridad nacional de primer orden, que está amenazando al Brasil. Su Ministro de Relaciones Exteriores, Ernesto Araujo aduce que muy bien los terribles incendios que han ocurrido en los últimos meses en la Amazonia, pueden ser parte de una estrategia de grupos nacionales anti-patrióticos o de ONG's extranjeras para perjudicar al actual gobierno. Por su parte el actual Vice-Presidente del país, el general Hamilton Mourao, declaró que la soberanía del Brasil sobre la Amazonia debe ser agresivamente defendida. El propio Bolsonaro respondió en estas últimas semanas en duros términos a Bergoglio quien se refirió al presidente brasileño alineándolo "a aquéllas fuerzas que tienen una mentalidad ciega y destructiva frente al valor de las selvas amazónicas".

Tiempos difíciles enfrenta nuestro continente en estos días, con democracias asediadas por las "brisitas" totalitarias de los narco gobiernos de Venezuela y Cuba orquestradas por el Foro de San Pablo, y que se encuentran detrás de los levantamientos y manifestaciones en Chile, Colombia, Ecuador, Panamá. ¿Y el Papa que piensa? Bergoglio calla nuevamente. Está más preocupado por disputarle la soberanía amazónica al odiado gobierno de Jair Bolsonaro, elegido democráticamente, representante del libre mercado, que busca sacar de la pobreza a su país, creando una clase media que el Papa odia, porque mantener a los pobres en su condición actual es su gran capital.

Es sintomático que Bergoglio haya inaugurado su Sínodo Amazónico con un discurso que comenzara mencionando un libro clásico de la literatura de su país natal y de todo el continente, "Facundo - civilización y barbarie" del ilustre escritor, periodista, político visionario, educador , emblema del liberalismo de su país, Domingo Faustino Sarmiento. Acusa venenosamente a este libro de ser el origen de todo el mal, de toda discriminación, porque su concepto, por sí solo, explicaría el genocidio indigenista y los racismos posteriores que sufre el continente. La posición de Bergoglio es falsa por infinidad de motivos históricos, sociales, antropológicos, que el Papa se niega a evaluar en su ceguera intelectual. Desconoce la grandeza de Sarmiento como adalid en su época de la sociedad del conocimiento, de la cultura democrática, republicana, occidental, que el Sumo Pontífice tanto desprecia, abogando en el mismo discurso por un velado justicialismo, peronismo que considera como una forma actual de la doctrina social de la Iglesia, enmarcada en la teología de la liberación.

Bien lo dice el gran Jorge Luis Borges en un prólogo a una edición del año 1973 del "Facundo - Civilización o Barbarie": "El

Facundo nos propone una disyuntiva, que es aplicable, según juzgo, al entero proceso de nuestra historia. La barbarie no sólo está en el campo, sino en la plebe de las grandes ciudades y el demagogo cumple la función del antiguo caudillo, que era también un demagogo. La disyuntiva no ha cambiado. Sub specie aeternitatis, el Facundo es aún la mejor historia argentina" y seguramente del sufrido continente americano, y una respuesta al Papa Bergoglio y su Sínodo Amazónico.

# LA AMAZONIA BRASILEÑA Y LA HIPOCRESÍA AMBIENTALISTA

*14 de octubre 2019*

Pongámoslo bien en claro desde un principio. Pienso que hay dos formas de ambientalismo y de ambientalistas. Una la que representan los ambientalistas no-ideologizados tradicionales y por otro lado los ambientalistas ideologizados, radicalizados. Su motivación central es poder aplicar sus ideologías anti-sistema. Para ellos lo más importante es el término que acompaña al concepto de ambientalismo. Ellos pueden ser anarquistas, socialistas, progresistas, ecofeministas, anti capitalistas, miembros de partidos verdes, ecosocialistas, primitivistas, tribalistas, marxistas, anti patriarcales, etc. etc.. Son simplemente rebeldes en busca de una causa "social", y algunos de estos grupos politizados, marxistas, acuden a la violencia y llevan rasgos netamente fascistas. La diversidad de ideologías en esto ambientalismo ideologizado es tan grande como lo es ideológicamente diversa la sociedad moderna; la mayoría de ellos creen ser dueños de la verdad, los únicos correctos y todos son críticos severos de todos los demás. Rasgos fascistas que hacen un diálogo constructivo muy difícil, incluso en el marco familiar. Para los ambientalistas ideologizados los problemas ambientales son manifestaciones de cuestiones políticas, sociales, filosóficas, económicas, culturales y no pueden ser resueltos sin la realización de cambios radicales, revolucionarios en la sociedad. Para ellos el capitalismo, el libre mercado, las actividades empresariales, son el verdadero problema, y hay que acabar con ellos. Uno de sus lemas es "cambiemos el sistema".

El pensamiento de los ambientalistas no-ideologizados surge a fines del siglo 19 en los países desarrollados como una respuesta crítica a la revolución industrial, y llega a adquirir fuerza a partir de los años 70 del siglo pasado. La idea central de este concepto de ambientalismo se centra, aún hoy en día, en lo que llaman "nuestro futuro común", que plasma el concepto de un desarrollo sostenible como un tipo de desarrollo que atienda las necesidades de la actual generación sin comprometer las posibilidades de las futuras generaciones para satisfacer sus necesidades. No está atado a ninguna ideología radical o revolucionaria, y por lo tanto enfrentado dramáticamente al ambientalismo ideologizado.

La hipocresía, la peligrosidad y la manipulación de medios de prensa y gobiernos con respecto a este dramático enfrentamiento se pone claramente en evidencia a cómo se trató y se trata mundialmente el caso de la tragedia de los incendios en la Amazonia brasileña. La progresía internacional socialista aún no pudo tragar el hecho que en el Brasil haya podido ganar democráticamente un gobierno de centro-derecha, derrotando a uno de sus Ídolos, a uno de los mitos por excelencia del llamado progresismo, el gran Lula, ahora preso por sus fechorías, su corrupción. Sufren aún más porque les falta el apoyo financiero y estratégico del capo di tutti capi, del Foro de San Pablo, que agrupa a los sátrapas de nuestro continente. El sufrimiento es aún mayor al tener que confrontar el hecho que el gobierno de Bolsonaro, a pesar de sus dificultades internas y externas y al carácter poco diplomático, tosco, provocador del presidente, esté anotando progresos para el país como lo son la lucha contra la violencia generalizada, la corrupción de la justicia, además de obtener buenos logros económicos.

Se trataba entonces de aprovechar la tragedia de los incendios forestales Amazónicos maliciosamente, para sus fines, en este caso destruir la imagen de Jair Bolsonaro y su gobierno, ignorando hechos y datos fundamentales para su real comprensión. Se cargaron las tintas sobre Bolsonaro para destruir su imagen internacional y se ignoró lo que sucede con la Amazonia boliviana, porque simplemente este país está gobernado por Evo Morales, que responde internacionalmente a la línea "progresista" de otros impresentables como Maduro, Ortega, Castro, etc.

Los incendios en la Amazonia brasileña afectan vastas zonas de la selva periódicamente en las épocas de las sequías del verano. Las que asolaron al Brasil este año son de una magnitud comparable a lo ocurrido en el año 2016 que, sin embargo, no suscitó una alarma internacional tan espectacular, como la que hemos presenciado. ¿Pero a qué se debe este cambio de actitud por parte de los ambientalistas ideologizados? Muy sencillo. En el año 2016 estaba al mando del Brasil Lula, el compinche corrupto de la progresía internacional, y ahora el presidente es Jair Bolsonaro, el odiado nuevo líder del centro derecha brasileño, un amigo del capitalismo y del libre mercado y presa fácil para movilizar el odio visceral anti-sistema de la feligresía progresista internacional. Se ignoran hechos fundamentales como por ejemplo que los satélites de la NASA indicaron que la actividad de incendios en todo el Amazonas, en lo que va del año, se mantiene dentro de los promedios de los últimos años. Consideremos también que en Brasil la agricultura ocupa tan sólo el 7 % de todo el territorio, mientras que en varios países europeos llega hasta el 70 %. El rico territorio de la Amazonia es compartido por varios países sudamericanos, y al Brasil le corresponde un 60

%, otra gran parte le corresponde a Bolivia, gobernada por Evo Morales, alumno del socialismo del siglo 21 de Chávez. Es increíble confirmar que no hubo mayor o casi ninguna crítica internacional acerca de los vastos incendios ocurridos en la Amazonia boliviana, que incluso se propagaron a las zonas limítrofes con Brasil. Nuevamente la explicación es bien sencilla; el dictador Morales cuenta con el apoyo y la simpatía de los círculos de la izquierda caviar internacional. En Bolivia podemos muy bien hablar de un verdadero ecocidio del Amazonas, como lo afirma, con amplio conocimiento del tema, el abogado y politólogo boliviano, Carlos Sánchez Berzaín, director del Interamerican Institute for Democracy de Miami. En Bolivia se han visto devastadas por los incendios más de dos y medio millones de hectáreas de las selvas amazónicas. Esto equivale, de acuerdo a algunas estimaciones, a la deforestación de un área del tamaño de 204.000 canchas de fútbol. El cinismo de Morales relativo a los incendios es especialmente grave porque los ha incluso promovido con una ley, la Nr. 741, que ha permitido ampliar las plantaciones ilegales de coca. Es más en julio pasado aprobó el decreto supremo 3973, autorizando la quema controlada de bosques en los amazónicos departamentos de Santa Cruz y Beni, para ser utilizados para más plantaciones de coca. En Bolivia, de acuerdo a observaciones satelitales en la Amazonia, el número de focos de incendios aumentó en un 105% con respecto al año anterior, siendo el más alto de toda la región. Es así que Morales ha transformado a Bolivia prácticamente en un narcoestado. Todo esto importó un comino a quienes se escandalizaron clamorosamente por lo sucedido en la Amazonia brasileña.

Un capítulo aparte merece la increíble proliferación de ONG´s, principalmente extranjeras, que están actuando en los territorios amazónicos brasileños, sirviendo muchas veces a oscuras estrategias y no siempre en el interés de los países que los acogen. Según datos oficiales brasileños publicados por la agencia de noticias española EFE, tan sólo en el Brasil actúan unas 820.000 organizaciones no gubernamentales con diferentes fines. Por su parte el general Durval Nery, consejero del Centro Brasileño de Estudios Estratégicos del Ejército Brasileño (CEBRES), que comandó durante varios años un batallón de fuerzas especiales en la Amazonia, llega a cifras diferentes en sus estudios y habla de la presencia de 276.000 ONG´s extranjeras en el Brasil, 100.000 de ellas asentadas en la Amazonia. Muchas de ellas, como pudo comprobar, son simples pantallas para el lavado de dinero, tráfico de drogas, de armas y la extracción de metales y piedras preciosas, además de explotar la buena fe de las naciones indígenas que habitan la selva. Frente a este caos y para limitar la presencia e injerencia extranjera, Bolsonaro firmó un decreto ley para investigarlas y asegurarse que sus actividades estén de acuerdo con los lineamientos establecidos por el gobierno federal. Coordinador de esta nueva ley será el secretario de gobierno Carlos Santos Cruz, un general retirado del ejército con experiencia en temas amazónicos.

Otro factor importantísimo contra el que debe luchar el gobierno de Jair Bolsonaro, en búsqueda de mantener su independencia en la toma de decisiones referentes al Amazonas y terminar con la nefasta influencia hipócrita de tantas ONG s extranjeras, es la actuación del Papa Bergoglio que, como era de esperar, considerando que es cómplice de los sátrapas latinoamericanos, se ha enfrentado duramente al gobierno de Bolsonaro. Justamente en estos días de octubre, se realiza en Roma el llamado "Sínodo ecológico sobre el Amazonas", organizado personalmente por el Papa, y coordinado por el cardenal carioca Claudio Hummes, un conocido religioso ultra progresista y muy cercano a Bergoglio. El Sínodo reúne a 185 cardenales, obispos y religiosos de todos los continentes, auditores, expertos elegidos por el Papa e invitados especiales, entre los cuales se encuentran varios caciques amazónicos. Se montó un gran show mediático con las coloridas vestimentas y las correspondientes plumas de los indígenas marchando en peregrinación por las calles del Vaticano. Interesante es destacar que entre los organizadores del Sínodo se encuentran los progresistas prelados latinoamericanos Madariaga, Pineda, Parra, que están siendo investigados por la justicia de sus países de origen por serios delitos de abusos sexuales y malversación de fondos de ayudas internacionales. Nada de esto importó al Papa que de esta forma demuestra el llamado "colapso moral" del Vaticano, que mencionó recientemente el Papa Benedicto XVI. Las críticas dentro de la propia iglesia católica contra la realización del Sínodo, no son pocas. Tanto el cardenal Walter Brandmueller, como el cardenal Burke, acérrimos enemigos de Bergoglio, en el plano eclesiástico como político, dieron a conocer un comunicado donde alertan que "el Sínodo viola las verdades reveladas por la fe católica, que podría traer la autodestrucción de la Iglesia y transformar el cuerpo místico de Cristo, en una especie de ONG secular con un papel ecológico-social-sicológico".

Esta sería entonces otra ONG, esta vez papal, en contra del gobierno de Bolsonaro, buscando desprestigiarlo por razones ideológicas, ignorando la soberanía de un país y el deseo de poder desarrollarse y crecer, dentro de los parámetros de un respeto por la naturaleza, sin intervenciones colonialistas, mercantilistas, ideológicas, como hemos sufrido en siglos anteriores. Al gobierno de Bolsonaro le cabe la importante tarea de legislar y controlar no sólo las intromisiones de ONG´s globalistas ideologizadas, sino vigilar bien de cerca a ganaderos, agricultores y empresarios brasileños para que no invadan tierras selváticas. Al mismo tiempo tiene la significativa misión de conservar los territorios indígenas ayudando a que puedan desarrollarse aprovechando las innumerables riquezas de sus territorios para así poder salir de la pobreza, pero jamás permitir internacionalizar sus territorios que son parte soberana del Brasil.

El socialismo, el populismo, el progresismo, son por su inherente ideología, anti libre mercado, anti capitalistas, y jamás podrán solucionar el tema de la pobreza en nuestro continente. El número de habitantes del Brasil explotará inexorablemente en los próximos años y la mejor salvaguardia de los bosques amazónicos está en contar con gobiernos que abracen el sistema de libre mercado, al capitalismo humano, porque el mercantilismo y un socialismo al estilo de aquel llamado socialismo del siglo 21 representan pobreza con la subsecuente destrucción ambiental. Ese es el verdadero peligro ecológico que nos acecha. Pero esto poco importa a los hipócritas ambientalistas ideologizados que tenemos inexorablemente que enfrentar hoy en día.

# EL PELIGRO QUE ACECHA A LA PRENSA ARGENTINA ANTE UN EVENTUAL GOBIERNO KIRCHNERISTA

*16 de septiembre 2019*

La sabia reflexión del gran Borges de que el peronismo era incorregible ha sido confirmada por el tiempo y llevada al extremo por el kirchnerismo, que ha creado en la Argentina masas ideologizadas, fanatizadas, indiferentes a la rampante corrupción existente, y que hace que el país de hoy en día aparezca frente al mundo como una nación con un extraño pueblo que ama a sus ladrones y depredadores. Como reflexiona el mordaz e incómodo provocador politólogo uruguayo Washington Abdala: "La Argentina es una mujer golpeada. Además es una mujer sometida. Y además, todavía tiene el síndrome de Estocolmo, no se anima a denunciar a su agresor y hasta le dispensa respeto". Esta es la incomprensible realidad que no terminan de entender tantos analistas internacionales, que son testigos como un país se desangra debido fundamentalmente al accionar de una oposición kirchnerista formada en su mayoría por una camarilla criminal y corrupta que debería estar tras las rejas desde hace tiempo si el país contara con un sistema judicial honesto, un jefe de gobierno que no sea pusilánime, y una prensa combativa e independiente, que transmita la realidad como es y no poner en el mismo plano a los extorsionadores, a los piqueteros, a las mal llamadas organizaciones sociales que jaquean a un gobierno débil a cambio de una engañosa paz social. Extorsionar a las autoridades no es manifestarse libremente, y muchos de los periodistas de las grandes cadenas nacionales insisten con la cantilena de los derechos de estas organizaciones políticas de choque, antidemocráticas, que buscan el caos social para imponer sistemas totalitarios, como el marxista leninista Juan Grabois. Este agitador social es un amigo cercano del Papa Francisco, que abiertamente y no tan abiertamente lo apoya y promociona.

En caso de una victoria de la fórmula kirchnerista, y de la victoria de Alberto Fernández, un político salpicado, panqueque, lúgubre, venal, barato, casi penoso con su voz aflautada, y que todavía cree que no será un simple testaferro de la Nefertiti y de su hijo Máximo, y que cree equivocadamente que podrá ejercer cierto dominio de la situación escénica, cuenta, lamentablemente, con grandes chances de ser el próximo presidente del sufrido país, salvo que suceda un milagro electoral. La prensa argentina será la que bajo un nuevo gobierno de ese color, sufrirá los primeros embates. Ya las declaraciones del que se cree ya el seguro vencedor, dadas dentro y fuera del país, afirmando que en Venezuela no hay una dictadura, que se trata tan solo de un gobierno autoritario, hacen temer lo peor para la prensa independiente. Agreguemos a este hecho el peligroso factor del empoderamiento del extremista y mediático líder piquetero Juan Grabois, que ya está hablando de la "prensa canalla" que piensa combatir.

No debemos dejar de mencionar junto al nombre de Grabois, monagillo de Bergoglio , el nefasto papel que ha estado jugando el actual Papa en su país natal, y que con todo el poder que le da su investidura ha fogoneado la enorme grieta que padece la sociedad argentina, apoyando abiertamente a un régimen corrupto, fascista, "cuiden a Cristina", negándose cobardemente a visitar su país natal, dando su apoyo a instituciones democráticas, entre ellas a una prensa independiente. En diferentes artículos en este medio independiente y valiente he tratado de desenmascarar a este lamentable personaje hipócrita que tanto daño está haciendo a nuestras democracias. Juan Grabois, es hoy en día el asesor marxista leninista de Bergoglio en la Argentina. Gran admirador de Maduro, de la Revolución Rusa del 1917, y su gestor Lenin. Admira los hitos históricos de las revoluciones de Mao, Fidel Castro y el Che Guevara. También es un nostálgico de Perón y del justicialismo argentino. Sueña igual que el Papa con la utopía de grandes cambios sociales, rebeliones y gobiernos populares, al estilo cubano o venezolano, y ya sabemos cómo termina la libertad de prensa y la democracia con este ideario totalitario. El Papa lo ha nombrado asesor del Consejo Pontificio de Justicia y Paz del Vaticano, encargado de la organización de los "Encuentros de los Movimientos Populares".

La libertad de prensa será una de las primeras víctimas de un nuevo régimen kirchnerista, que se sumará a lo que estamos presenciando con los regímenes autoritarios, mafiosos, como los de Cuba, Venezuela, Nicaragua, Bolivia que azotan esos países. ¿Engrosará la Argentina a la triste lista de estos países que son el eje del mal en nuestro continente? ¿Prefiere el electorado argentino la esclavitud y el servilismo a la libertad y la democracia? Muy probablemente presenciaremos, como en esos países, un panorama bien difícil de la labor de un periodismo independiente y objetivo, más aún con los connotados periodistas oportunistas que pululan en el país y que igual que muchos de los jueces, no tendrán ningún empacho en cambiar de bando y venderse al vil precio de mantener su status económico y alimentar a sus egos. Y este espectáculo ya lo estamos viendo a diario. "Las aguas bajan turbias" para el periodismo independiente argentino a pocas semanas de las próximas elecciones. El país cuenta lamentablemente con un periodismo cobarde, salvo raras excepciones, con muchos periodistas bien llamados "panqueques", y son muy pocos los colegas independientes que luchan dignamente por mantener en alto nuestro oficio.

El tema central de este artículo se resume en dos palabras: la relación del periodista con el poder o con los poderosos, y desde mi punto de vista, con muchos años en este hermoso oficio, pienso que cualquier periodista que busque mostrar en su actuación profesional su grado de intimidad con el poder o de familiaridad con los poderosos, no importa quienes sean, resulta poco confiable. Los buenos periodistas son aquellos que a la larga, o a la corta terminan en malos términos con los poderosos, o los poderosos con ellos. Si terminan íntimos, de che y tú, siempre hay que mirarlos con desconfianza. La proximidad con el poder proporciona importancia, no cabe duda, pero la distancia da independencia, y luego está el hecho fundamental si el poderoso tiene credenciales de respetar la libertad de prensa y los valores democráticos. Otro factor importante que la prensa independiente argentina probablemente tendrá que enfrentar es a una muy probable y poderosa y subvencionada prensa militante.

El caso de la situación en los EE.UU., donde la gran prensa se ha vuelto en su mayor parte, casi en un 80 %, en militante del ala más radical del partido demócrata, en su brazo propagandístico, utilizando muchas veces fake-news, como se ha podido demostrar en varias oportunidades, es realmente lamentable, y no le hace honor a la prestigiosa y larga tradición de la libertad de prensa del vecino del norte. El periodismo militante es la negación de lo que debe ser el periodismo. Aquí cabe una acertada reflexión del ya desaparecido estadista alemán, que fuera también Canciller, Helmut Schmidt, que comentaba sabiamente: "Si lo pensamos bien, nos damos cuenta que hoy en día los periodistas que se dedican a temas políticos pertenecen más a la casta de políticos que a la de verdaderos periodistas". Es de desear que la Argentina se mantenga inmune a este virus. Vemos con preocupación a este respecto lo que está sucediendo en México bajo el gobierno populista de Manuel López Obrador, donde éste habría pagado 50 millones de dólares a Televisa en un convenio firmado que permitiría "modificar el formato de los programas noticiosos", como alega el prestigioso periodista Rafael Loret de Mola, quien advierte además sobre "una cacería de periodistas", de la cual ya fue víctima su hijo, Carlos Loret de Mola, quien trabajaba para Televisa. Así como la Revolución Francesa aplicó la decapitación a sus enemigos , cuidado con regímenes populistas con rasgos totalitarios, como lo es el kirchnerismo que permita que se guillotine a periodistas críticos, es decir que se lleven a cabo operaciones de limpieza o verdaderas cacerías a nuestros colegas que se atrevan a realizar un trabajo crítico.

¿Cómo hacer, cómo podría detenerse el próximo desenlace electoral en la Argentina que bien podría transformarla en una nueva Venezuela al estilo chavista poniendo a la prensa independiente en una situación precaria? Nos quedaría tan sólo esperar la intervención del "Deus ex machina", es decir un desenlace inesperado, completamente sorprendente, como en la tradición de la tragedia griega, según la cual gracias a la intervención del padre de los dioses, Zeus, el mundo volvía en un instante a estar ordenado de nuevo. Esto es lo que deseamos suceda en la Argentina en las próximas elecciones presidenciales.

# EL ÁGUILA O EL DRAGÓN

## El peligro del imperialismo chino

*19 de agosto 2019*

Actualmente asistimos a una encarnizada guerra comercial entre los EE.UU. y China comunista, con un final más que incierto. La rivalidad entre Washington y Pekín es mucho más que económica o comercial, es una lucha abierta por el dominio global, tan grande e inédita que en el Departamento de Estado y en el Pentágono, como así también en varios think-tanks del vecino del norte, creen que es incluso mayor que la que representó la guerra fría. Hoy en día están enfrentados ya no sólo dos gobiernos, sino dos civilizaciones ¿Logrará la democracia de los Estados Unidos imponerse al totalitarismo de la China comunista, como lo hiciera sobre el régimen totalitario de la Unión Soviética, bajo la valiente administración de Ronald Reagan? La respuesta no es simple, ni clara, ni precisa, y según importantes especialistas en temas de conflictos internacionales, no se excluye la eventualidad de un enfrentamiento mayor, de una guerra abierta, que tendría en jaque al mundo.

El águila o el dragón. Ambos países, EE.UU. y China comunista, no podrían ser más diferentes en lo que le ofrecen al mundo y a las próximas generaciones. El primero emergió como el gran guardián de la democracia liberal, un modelo que se impuso afortunadamente en el occidente. Con Xi, en nuestros tiempos, China se levanta como el modelo del Estado imperialista, totalitario, que no respeta los más mínimos derechos humanos. Debemos estar muy atentos, y tomar partido decididamente, sin titubear, no dejarnos embaucar por el dragón chino totalitario.

Trump es el primer presidente que se planta frente a la China comunista y llama a las cosas por su nombre en esta peligrosa guerra comercial. De la misma manera que el presidente Reagan tuvo el coraje de llamar a la Unión Soviética "imperio malvado", lo que cambió la percepción mundial frente al sistema totalitario imperante en Rusia. Trump es el primer presidente que se enfrenta al poderío imperial chino, luego que Nixon estableciera relaciones con la esperanza de que este país, por razones estratégicas a largo plazo, se separara de la Unión Soviética. Pero luego, la falta de enfrentamiento de George H.W. Bush ante los chinos por la masacre de Tianamen, resultó ser algo vergonzoso. Clinton criticó a Bush padre por su actitud frente a lo acaecido en Tianamen. Pero no bien asumió como presidente protegió a los chinos ayudándoles a entrar al organismo internacional OMC, como miembro pleno, disfrutando de todas las prerrogativas de país subdesarrollado, algo que aún hoy en día irónicamente las mantiene en pleno, hecho que fuera denunciado en repetidas ocasiones por Trump. Luego el presidente George W. Bush también tuvo un rol cómplice con los chinos, y el presidente Obama se dedicó a ofrecerles cenas y agasajos estatales a los sátrapas asiáticos, alabándolos, mientras éstos acentuaban su represión en China y se expandían militarmente.

La guerra comercial entre EE.UU. y China ha cumplido ya un año y en el país del norte se ha instalado la noción que es absolutamente necesario enfrentar el ascenso global imperialista del gigante asiático. Enfrentarlo también en el campo de las tecnologías de punta, como por ejemplo en las telecomunicaciones con su marca "made in China" Huawei que depende directamente del gobierno chino y sus servicios de inteligencia militar dándoles así un peligroso acceso a información sensible de países de la esfera occidental.

Con rápidos reflejos y el olfato tradicional para aprovechar crisis, y utilizando enormes cantidades de dinero fresco y explotando la endémica corrupción existente en nuestros países, ha logrado China en los últimos 15 años convertirse en un socio comercial estratégico en casi todos los países latinoamericanos, con impresionantes mega proyectos, buscando así afirmar su acceso a las materias primas que tanto necesita. Es así que el comercio de China con América Latina pasó de prácticamente 0 en 1990 a unos 270.000 millones de dólares ya en el año 2012. Hoy en día los países latinoamericanos y los del Caribe forman parte del proyecto chino "One Belt, one Road" ( Una franja, Una ruta), conocido comúnmente por sus siglas en inglés OBOR. Esta iniciativa constituye el mayor y potencialmente más dinámico corredor económico del planeta. Representa alrededor del 55% del PBI global, y alberga al 70% de la población mundial, concentrando el 75% de las reservas de energías conocidas. OBOR es así en opinión de reputados economistas el proyecto más ambicioso que promueve el actual liderazgo chino de Xi Jinping.

A Trump le preocupa enormemente esta masiva presencia económica China en su patio trasero, teniendo en cuenta la tradicional táctica comercial china de negociar con países endeudados para luego quedarse con importantes inversiones y territorios estratégicos para sus fines imperiales, como lo ha hecho en Camboya, Tailandia, Myamar. Y ahora, con esta misma metodología China extiende sus garras a nuestro continente. El presidente norteamericano y su equipo de gobierno tienen bien presente el llamado "Collar de Perlas del Pacifico", una estrategia geopolítica que combina la construcción de puertos comerciales con bases militares navales para asegurarse así el dominio sobre el Pacífico. Lo mismo podría suceder en nuestro continente, donde China ya tiene una base importante en el satélite que es la Venezuela de Maduro que depende totalmente del financiamiento chino.

Otro aspecto muy inquietante a destacar es el terrible record del gigante asiático en la violación sistemática de los derechos humanos, un tema que parece no estar presente en la preocupación de los grandes líderes mundiales, ni tampoco en la gran prensa internacional. Nuestros líderes democráticos, tanto sea Piñeira o Macri o Duque o Bolsonaro, muy prontos a criticar a los sistemas comunistas en el mundo, y en especial a la Venezuela de Maduro que es sostenida por el régimen chino, no tienen ningún empacho en extender sus manos pidiendo fuertes inversiones chinas para sus países sin mencionar o demandar una mejora en los derechos humanos en ese país ¡Cuanta hipocresía! Nadie habla del millón de uigures musulmanes y de los miles y miles de tibetanos disidentes, mayormente budistas y cristianos, encerrados en verdaderos campos de concentración. Nadie habla de la venta clandestina nacional e internacional de órganos provenientes justamente de estos campos de concentración, hecho denunciado ya en el año 2015 por un tribunal independiente en Londres, que habla de unos 60.000 a 100.000 extracciones forzadas de órganos. Nadie habla de las fábricas de chips, de computadores, de i phones, cuyos trabajadores son verdaderos esclavos, que trabajan en forma inhumana jornadas de 15 horas, bajo la mirada de inspectores que los castigan por cualquier error o demora. Un valiente periodista británico del diario The Guardian, que logró clandestinamente entrar en una de esas barracas, pudo ver con sus propios ojos la instalación de redes de contención alrededor de los muros que las rodean para evitar así los numerosos suicidios que allí suceden de trabajadores extenuados en sus labores. Logró hablar con uno de ellos que le contaba que pulía 1700 pantallas de teléfonos i Phone por día, es decir 3 pantallas por minuto durante un turno de más de 12 horas. Estos son los productos "made in China" que usamos diariamente.

Hoy en día China ha invadido con el visto bueno del Occidente nuestros mercados sin que nadie haya insistido en una mejoría de los derechos humanos. Nos hemos dejado engañar por los productos baratos contentos de tener algunos pesos más en nuestros bolsillos sin darnos cuenta que la política de Beijing va mucho más allá de lo comercial. La cruda realidad que tenemos que aceptar es que el principal objetivo de las relaciones exteriores de Beijing es expandir su esfera de influencia y no sólo a través de una masiva y desleal presencia comercial, sino a través de una infiltración sutil por medios propagandísticos y culturales, para afirmar su evidente imperialismo totalitario. Su objetivo final es el dominio global, más aún hoy en día, luego que el presidente Xi Jinping puso fin a las esperanzas que China se liberalizara y democratizara.

Una muy efectiva estrategia para lograrlo es el enfoque casi imperceptible en la infiltración y cooptación de comunidades intelectuales que sirvan para sus objetivos. Los codiciados intercambios académicos, las generosas subvenciones a universidades extranjeras, y las jugosas becas de estudio. A estos fines sirven los Institutos Confucio, supervisados por el Ministerio de Educación de

China, que son en realidad un caballo de Troya para no sólo comprar adeptos sino para realizar espionaje, censura y manipulación informativa. A esto se suma el hecho de que para finales del año 2018 el número de estudiantes chinos en universidades extranjeras ascendió a la suma de 800.000 que representan un aporte económico importante para las universidades, y cuyos alumnos cumplen la función también de ser los soldaditos infiltrados en el mundo occidental realizando pequeños y grandes trabajos de espionaje de todo tipo, y en muchos casos sabotajes. China está así restringiendo, censurando debates acerca de su maligno imperialismo, exportando su aparato de censura orwelliana sin que el ciudadano común se dé bien cuenta. Es un juego sucio, y debemos estar prontos a luchar contra este ataque contra nuestras sociedades democráticas. Las naciones tendrán que actualizar sistemas jurídicos para prevenir el abuso de los agentes de la guerra política, mejorar la supervisión de la inversión extranjera, mejorar los sistemas de identificación y seguimiento para combatir la desinformación y la guerra cibernética y coordinar mejor los organismos de Inteligencia del mundo libre. Debemos absolutamente tomar partido y movilizarnos antes que sea demasiado tarde, y apoyar al águila contra el dragón.

El águila o el dragón, tendrá de nuevo vigencia la famosa teoría del historiador griego del siglo V antes de Cristo, que se la conoce como "La Trampa de Tucídides", y que consiste en que cada vez que una potencia ya establecida se ve desafiada por otra emergente, si no se hacen dolorosas concesiones, terminarán inevitablemente en una guerra. Esparta y Atenas hoy en día. A lo largo de la historia según el prestigioso historiador Graham Allison, que lleva más de 34 años asesorando a secretarios de Defensa de los EE.UU, siendo además decano de la escuela de relaciones internacionales de la

Universidad de Harvard, nos explica en su Best Seller "The Thucydides Trap", que este tipo de situaciones de colisión de potencias, se han dado 14 veces a lo largo de la historia, 12 de las cuales terminaron en guerras.

# MANUEL LÓPEZ OBRADOR

## "Más balazos que abrazos"

*23 de julio 2019*

Después de su amplia victoria del año pasado, Andrés Manuel López Obrador, AMLO, nuevo presidente mexicano y un peligroso mesías de la izquierda radical del continente, prometió una gran transformación del país, comparable a la Revolución Mexicana. Pero lo que presenciamos tan sólo luego de 7 meses de asumir su mandato son nada más que promesas incumplidas, un drástico empeoramiento de la incontenible violencia que azota el país, el estancamiento de la economía y un drástico recorte de los gastos de la salud pública que afecta a los más pobres. El nuevo México, que dice mentirosamente estar construyendo, se parece mucho más al viejo México que juró solemnemente superar y para lo cual fue elegido por una población que le dio casi un 78 % de aprobación, siendo así el presidente mexicano más votado en la historia del país en los últimos 30 años. Bastaron sólo 7 meses de su "desgobierno" para que estas cifras de respaldo se redujeran prácticamente a la mitad. De acuerdo a datos de la Encuesta Nacional de "México Elige", publicada a inicios de julio, la aprobación de Amlo descendió al 44,6 %, bajando en junio pasado más del 5,1%.

Esta última disminución abrupta se debió mayormente por ser uno de los meses más sangrientos de la historia reciente de México. Sólo en la primera mitad de junio, se registraron 650 asesinatos. En apenas un día, el sábado 8 de junio, se reportaron 113 asesinatos. También en este mismo mes en el Estado de Jalisco, asolado por carteles de narcotráfico que se sienten prácticamente impunes bajo Amlo, fueron descubiertas 11 bolsas de basura con cadáveres descuartizados, arrojados a un canal de aguas pluviales. Este hecho, junto a tantos otros de extrema violencia, explica porque hoy en día el 60 % de los mexicanos piensa que bajo los primeros 7 meses del nuevo presidente Amlo la violencia ha aumentado en forma catastrófica.

Otro importante elemento que contribuyó a la drástica caída de la popularidad de López Obrador ha sido la reducción de un 44 % en los fondos para la salud pública, lo que ocasionó la renuncia del director del Instituto Mexicano de Seguridad Social IMSS, Germán Martínez, que se fue diciendo "yo no voy a despedir a los doctores mexicanos porque la gente se va a morir en las calles". Es así que ya han sido despedidos más de 10.000 médicos por falta de fondos. Además junto a la reducción de los médicos vino la reducción de los presupuestos de insumos para los hospitales, lo que afecta sobre todo a los niños y los recién nacidos, dado que son tantos los baleados y heridos por hechos de sangre que no hay ni personal ni camillas disponibles para ellos.

Por el otro lado, casi con total insensibilidad humana frente a esta situación realmente dramática, Amlo anunció el pasado 28 de junio, fiel a su agenda de extrema izquierda de toda su vida política y siguiendo su tradicional estrecho vínculo con la dictadura cubana, un acuerdo con el régimen castrista que prevé la entrada de un contingente de unos 6.000 médicos cubanos que se integrarán al sistema de salud del país. El acuerdo fue firmado por el Ministro de Salud Pública mexicano y su contraparte de Cuba José Portal Miranda, con la participación del Jefe de Asesores de la Presidencia mexicana, Lázaro Cárdenas Batel, mano derecha de Amlo. El esquema utilizado es el mismo que fuera aplicado en el Brasil por Lula bajo el nombre de

"Mais Medicos" y que fuera eliminado después por el nuevo presidente brasileño. Luis Almagro, Secretario General de la OEA, dijo hace muy poco en referencia a este sistema de esclavitud moderno cubano: "Es una máscara para la mayor fuente de ingresos en divisas del régimen cubano".

Lázaro Cárdenas, junto a su esposa, la activista cubana de extrema izquierda Mayra Coffigny, es el responsable de la presencia cada vez mayor de personal cubano en la administración de AMLO. Ya cuando se encontraba al mando de la gobernación del Estado de Michoacán, en la década pasada, impulsó la llegada de más de 400 funcionarios cubanos que fungieron como asesores en este Estado mexicano en las ramas de educación, seguridad, salud, etc. Este es el modelo que quieren aplicar hoy en día a nivel federal. El régimen cubano obviamente está muy interesado en ampliar su presencia en México, país que reemplazaría a Venezuela como salvavidas de su desastrosa economía. Evidentemente estas relaciones non sanctas con Cuba han desprestigiado a la actual administración causándole el alejamiento de amplios sectores de la población y de funcionarios calificados.

Aparte de esta dramática, caótica y peligrosa situación a la que ha llevado al país en sus primeros 7 meses de administración, Amlo enfrenta un evidente deterioro económico. Al menos el 48% de los encuestados por la prestigiosa empresa consultora Mitofsky, considera que la situación económica del país ha empeorado y que esta tendencia se acentuará en los próximos meses. Por otro lado un análisis económico del periódico Financiero afirma que ya podemos presenciar los primeros signos de una recesión económica en el país, teniendo en cuenta que la creación de nuevos puestos laborales en México disminuyó en un 39 % con respecto al año pasado. El desempleo es, como bien sabemos, uno de los indicadores macro económicos de una recesión. A esto se suma la renuncia del Secretario de Hacienda, aduciendo profundas diferencias ideológicas con el nuevo mandatario. Consideremos también que bajo el corto gobierno de Amlo, en el período comprendido entre abril y mayo de este año, la producción industrial sufrió la mayor caída en una década. A lo que se suma que Amlo con sus políticas económicas ha espantado la inversión extranjera.

Es evidente que ya luego de siete meses de gobierno, Amlo que se perfilaba como el nuevo ídolo de la izquierda latinoamericana, de la izquierda globalista mundial, que se considera genéticamente superior, ha sido un gran fracaso. ¿En que quedaron las promesas que hiciera el primer día de su mandato? Reducir drásticamente la violencia, reducir la corrupción, luchar contra el narcotráfico, sacar al ejército de las calles, defender el medio ambiente, crear nuevos centros hospitalarios a todo el ancho del país. Sus propuestas para solucionar los graves problemas de violencia del país han empeorado más la situación, como lo es su proyecto de dar una amnistía a los criminales narcotraficantes, y así bajar los índices de violencia del país. Amnistía para criminales, amnistía para corruptos, esas son las soluciones que está considerando, así como la creación de una Guardia Civil, al estilo venezolano, que, como bien sabemos, ha servido en ese país más para reprimir a opositores que para contrarrestar la violencia.

Como reacción a este descalabro y desgobierno amplios sectores de la población han empezado a movilizarse, hasta ahora en forma pacífica. "Fuera Amlo", "México no es tuyo", "Menos populismo", "Traidor", "Queremos que se vaya", lucían las pancartas de las multitudinarias manifestaciones de las últimas semanas que llenaron las calles de varias ciudades del país. Algunas de ellas fueron encabezadas por el ex presidente Vicente Fox. En la ciudad de México, una de las marchas fue organizada por los Chalecos Amarillos México, en coordinación con el Congreso Nacional Ciudadano. Muchos de los manifestantes lo hicieron también para expresar su hartazgo por la grieta social que está produciendo Amlo en el país, que en lugar de conciliar, unir a la población detrás de un proyecto común, divide a la sociedad en "chairos y fifís", fifís son aquellos pertenecientes a la clase pudiente y media, que critican su peligroso populismo. Las protestas se extendieron a colectividades mexicanas en el extranjero, como en Canadá, Estados Unidos y Alemania.

López Obrador ha confirmado ser el populista engañoso que fue siempre en su larga carrera política, y ya amplios sectores de analistas, periodistas e intelectuales se plantean el considerarlo simplemente como un demagogo con una ideología socialista de los años 70, y se preguntan también si se transformará en un peligro para la democracia mexicana. Existe ya en estos círculos la percepción de autocracia, autoritarismo y venganza relacionados a su persona. Temen al mesías que no tiene empacho en declarar "al diablo con las instituciones", cuando éstas se ponen en su camino.

Un futuro incierto para México y su población, que está recibiendo actualmente más balazos que abrazos, y no al revés, como gustaba repetir Manuel López Obrador en su campaña electoral.

# BERGOGLIO

## ¿Cómplice de los sátrapas latinoamericanos?

*6 de junio 2019*

El Papa Bergoglio representa sin lugar a dudas al prototipo del populista latinoamericano con todos sus nefastos vicios más la componente católica de la extrema izquierda de esa Iglesia, agrupada en torno a la Teología de la Liberación, con sus ingredientes marxistas, y con la cual simpatiza, una teología que durante años produjera violencia y un atraso colosal de los procesos de democratización en nuestro continente. Bergoglio, fiel al peronismo con sus tradicionales rasgos fascistas, no tuvo empacho en pasar de un pensamiento totalitario de derecha a otro de la extrema izquierda en el curso de su vida como sacerdote. Hoy fustiga, no bien puede, a la economía del libre mercado, al capitalismo y lanza guiños al socialismo, al marxismo y al comunismo demostrando su simpatía con los sátrapas que asolan nuestro continente. Nunca una crítica directa contra el comunismo, las dictaduras, y muchas veces cercano a los tiranos ofreciéndoles su apoyo. Es vergonzosa su actitud. Es falso, hipócrita, y no se condice con la lucha de las poblaciones por el respeto de los derechos humanos mínimos y por la libertad. El papa Bergoglio continúa sorprendiendo al mundo con su radicalismo político, un sello que trata de imponer sistemáticamente dentro de su Iglesia. Nunca se había visto un pontífice tan involucrado en asuntos políticos, marginando aquellos relativos a la fe.

Su elección como Sumo Pontífice, y en esto están de acuerdo un sinnúmero de vaticanistas, hombres de fe, prelados y periodistas investigativos, ha sido fruto de una verdadera conspiración mafiosa de grupos progresistas poderosos dentro de la Curia, urdida para lograr la "renuncia" del papa Benedicto, para que fuera reemplazado por el "progresista" Bergoglio. Para lograrlo formaron el llamado "Club de la Mafia de San Gallen", que se reunía periódicamente en esa ciudad suiza. Un verdadero escándalo, que si se investigara a fondo podría apartar a Bergoglio de su pontificado.

Mientras tanto durante su nefasto papado Francisco se ha dedicado en forma sistemática y pérfida a combatir a sus opositores asegurándose así su poder y manipulando desde ya su sucesión, en caso que tuviera que abdicar. Es así que ha nombrado a 17 nuevos cardenales que son fieles a su ideología, todos ellos menores de 80 años, o sea que podrán decidir cualquier votación futura. Entre ellos encontramos a los arzobispos de Madrid, de Brasilia, Mérida en Venezuela y el de Tlalnepantla en México. La sospecha es que solapadamente está realizando una verdadera purga ideológica, o como lo define el prestigioso periodista católico italiano Marco Tosatti, una "caza de brujas" dentro de su Iglesia. Un buen ejemplo ha sido la elevación de obispos norteamericanos simpatizantes de la Teología de la Liberación a rangos de cardenales, dejando fuera del Colegio de Cardenales a obispos de importantes arquidiócesis, como es el caso del arzobispo José Horacio Gómez de Los Ángeles, la más grande e importante de los Estados Unidos. Una movida sin precedentes que denota el giro radical que quiere darle el Papa a la Iglesia Católica del gran país del norte.

Con estos antecedentes no nos debería llamar la atención su descarada y siniestra actuación apoyando a los sátrapas de nuestro Continente. Tomemos los emblemáticos ejemplos de Venezuela, Nicaragua, Bolivia, y de su natal Argentina, sin olvidar su maléfica sombra en los sistemas políticos de Ecuador, Brasil y tantos más.

El caso de VENEZUELA es bien conocido, y es el que como latinoamericanos más nos duele actualmente. Aquí se revela Bergoglio en toda su mezquindad. Un silencio sepulcral lo rodea, se niega sistemáticamente a condenar abiertamente esta aberración política que asola al país caribeño. No oye el clamor de su pueblo, las miles de misivas de sus ciudadanos, en su mayor parte católicos de fe; no oye los incesantes pedidos de la capa de políticos honestos del país. Se enfrenta a su propia Iglesia, censura a los curas que quieren involucrarse en pro de los derechos humanos esenciales. En mayo del año pasado, un domingo, en la Plaza de San Pedro en el Vaticano y ante 30.000 fieles, hablando de su "amada Venezuela", como acostumbra nombrarla, decidió cambiar a último momento el mensaje previsto, preparado por la Secretaría de Estado Vaticana y revisado personalmente por Pietro Parolin, un cardenal con larga experiencia en temas venezolanos. En este mensaje original el Papa hubiera finalmente hecho referencia a los 300 disidentes políticos privados de libertad, pidiéndole también a Nicolás Maduro el respeto por la vida de todos los ciudadanos. Esta hubiera sido la primera vez que Bergoglio se hubiera referido abiertamente a estos temas. Pero no, desechando las páginas escritas que tenía por delante improvisó un discurso, lleno de lugares comunes, pidiendo solamente por la unidad del país. El escándalo fue aún mayor al saberse que el mensaje original ya se encontraba pronto para publicarse en el Boletín de Prensa de la "Sala Stampa" vaticana, habiendo creado gran expectativa por las palabras que iba a pronunciar Bergoglio. Este hecho nos muestra una vez más el verdadero pensamiento del actual Papa. Los esfuerzos de mediación del Vaticano bajo Bergoglio han sido un desastre. Ha legitimado al tirano del país, facilitándole a Maduro salvavidas para ganar tiempo, fortaleciéndolo a él y su camarilla de criminales narcotraficantes en el poder. ¡Qué vergüenza!

Personalidades políticas del continente se hacen eco abiertamente del desprecio que le tienen a Bergoglio. Andrés Pastrana, expresidente colombiano, calificó de "intolerable" su silencio papal. "El silencio de Bergoglio ante la perversidad del régimen de Maduro, es ya intolerable, es decir frente a la opresión, los crímenes, el hambre, la enfermedad y el destierro que sufren los venezolanos". José Vivanco Director de la ONG International Human Rights Watch, calificó como " impresionantemente negativo la falta de compromiso con los DD HH por parte del Papa Francisco", y la valiente bloguera cubana Yoani Sánchez expresa su gran desilusión con el Papa escribiendo "horrible silencio de alguien de quienes muchos le tienen tanta fe. Bergoglio se atreve a permitir que Maduro llame a valientes obispos venezolanos 'diablos con sotana', y ordene sancionarlos por 'delitos de odio'".

Lo mismo que sucede en Venezuela, lo vemos repetirse actualmente en NICARAGUA, con su actitud permisiva, colaboracionista con el binomio criminal-narcotraficante de los Ortega-Murillo. No le importa al Papa la opresión violenta que sufre el pueblo, la falta de derechos humanos, la represión criminal con 300 muertos documentados, casi un millar de desaparecidos, 800 presos políticos y miles y miles de nicaragüenses exiliados por el mundo. Bergoglio calla. En las últimas semanas asistimos al escándalo provocado por su decisión de retirar del cargo de obispo auxiliar de Managua al monseñor Silvio Báez, un fuerte, valiente opositor del binomio que tiene secuestrado al país. La decisión causó un terremoto de críticas en Nicaragua contra Bergoglio. No entienden esta decisión colaboracionista con el gobierno, tomada por el Papa Francisco. El propio monseñor Báez antes de dejar Nicaragua a su exilio forzado a Roma declaró enfáticamente: "No fue mi voluntad, me voy por la responsabilidad del Papa". Más claro imposible. De esta manera el pérfido Papa descabeza a la oposición de una figura central de la lucha por un cambio democrático en el país, un país profundamente católico que había encontrado en monseñor Báez una figura de esperanza para un cambio. En Miami, a su paso al exilio, se entrevistó con el obispo católico de la ciudad, Thomas Wensky, que manifestó toda su solidaridad con el monseñor depuesto declarando: "Actualmente Nicaragua es un país secuestrado por un grupo de poder que ha destruido la institucionalidad democrática, impuesto la mentira y la corrupción". Por su parte, el periodista más prestigioso del país centroamericano, Carlos Chamorro, ahora también en el exilio, expresó estas significativas palabras pocas semanas atrás: "Mi solidaridad con el obispo Silvio Báez, que se le ha impuesto un exilio forzado en Roma. Su salida es un golpe mortal contra el pueblo perseguido y representa un gran desafío para los obispos en Nicaragua". Y como si quedara alguna duda de la ignominia del Papa y de su cercanía ideológica al marxismo, pocos meses atrás resolvió rehabilitar al teólogo marxista nicaragüense, Ernesto Cardenal, una figura central de la Teología de la Liberación, y que fuera destituido por sus actuaciones políticas extremistas por el Papa Juan Pablo II, allá por los años 90. Bergoglio firmó una misiva personal eliminando todas las sanciones impuestas al ex obispo-poeta Cardenal.

Otra cuenta del rosario de apoyos y simpatías por sátrapas latinoamericanos, lo representa su relación con el dictadorzuelo Evo Morales en BOLIVIA, que ahora, y en contra de un plebiscito que le fuera adverso, se postula nuevamente como candidato a la presidencia del país, aplastando las estructuras democráticas y la constitución existentes. Bergoglio calla, porque es su aliado secreto. Aún tenemos presente las imágenes del regalo que le ofreció Evo, con motivo de una visita papal al país, en el año 2015, de un crucifijo adornado con una hoz y un martillo, que el Papa aceptó con una sonrisa cómplice en sus labios, expresando "yo entiendo esta obra, para mí no es una ofensa". Quedó más que evidente la sintonía política y amistad que los une. Bergoglio y Morales, que se refiere siempre a él como "hermano Papa", se han reunido por lo menos cinco veces para conversaciones políticas, algunas en el Vaticano. Como producto de esta cercanía debemos comprender el nombramiento en el año 2018 del primer cardenal indígena del país, Toribio Ticona, hombre de total confianza de Evo Morales, un nombramiento que no fue muy bien visto por la Conferencia Episcopal Boliviana.

En la ARGENTINA Bergoglio ha ayudado a destruir más que a construir instituciones democráticas sólidas, que combatan la injusticia social, la gigantesca corrupción y que lleven a la mafia kirchnerista, que la ha fomentado de forma escandalosa, a la cárcel, el lugar que les corresponde, comenzando por la ex presidenta Cristina Kirchner. Pero no ha sido así. Bergoglio es su compinche, su aliado, y resuena en nuestros oídos la repetida frase del Papa "cuiden a Cristina". ¿Porqué cuidar a un personaje siniestro de la historia del país? ¿Y porqué la ha recibido seis veces en el Vaticano? Y al democráticamente electo presidente Macri, ni siquiera lo felicitó, cuando ganó las elecciones. Apoya una mafia que se sirve de un corrupto sistema judicial, muchos de cuyos jueces reciben instrucciones directas de Bergoglio, o a través de impresentables jueces personeros de la mafia kirchnerista. Figuras políticas importantes del país, muchas de ellas incluso católicas practicantes, como lo es Lilita Carrió, se han distanciado abiertamente de él, afirmando que "el Papa no ayuda a pacificar al país sino que empodera a violentos".

La idea central que domina el pensamiento de Bergoglio es "el pueblo". Su pueblo es bueno, virtuoso y la pobreza le otorga una innata superioridad moral. Esta es la base del populismo del Papa, que desconfía de la democracia. Tiene una fijación pobrista, que lo lleva a pensar que ser pobre es una virtud. Si estos se emanciparan, se transformarían en clase media y perderían sus virtudes. El pobre tiene valores cristianos, en cambio la clase media tiene una visión egoísta, depredadora. Las economías populistas, con las que simpatiza el Papa, han fabricado pobreza en el mundo en nombre del pobre que él dice tanto amar.

El Papa político, amigo de los sátrapas populistas de nuestro continente, está creando una profunda grieta entre los católicos, y sus actitudes han llevado no sólo a la confusión de sus feligreses, sino a una decepción enorme con su pontificado que explica su progresivo desprestigio, bien lejos de la luna de miel que produjo al principio de su entronización. Hoy en día es un factor de división. "Quien crea grietas y divide la iglesia ya no puede ser considerado Papa", esta es la frase que pronunció el ahora difunto cardenal italiano Carlo Caffarra, un prestigioso teólogo italiano, cercano al Papa Benedicto, que fuera también arzobispo de Bologna y Ferrara, y muy crítico de las ideas y el papado de Francisco. Justamente esta profunda división actual de la Iglesia, es el motivo central por el cual cada vez son más aquéllos que consideran seriamente en el Vaticano un impeachment para Bergoglio.

# EL EJE VATICANO-WASHINGTON D.C.

## La mafia gay de Francisco

*13 de mayo 2019*

Los terribles y obscenos escándalos de masivos abusos sexuales perpetrados por una verdadera mafia gay, enquistada en la cúpula de la iglesia católica de Bergoglio y que es tolerada casi impunemente por él, duelen, y no sólo por profesar la religión católica, sino cuando uno comprueba la indolencia, complicidad e hipocresía de este Papa ante hechos criminales cometidos por miembros de su iglesia y de su entorno más cercano. Cada vez son más los fieles y los miembros decentes de su iglesia que demandan su dimisión y a la brevedad. Lo que sucede actualmente en el Vaticano, bien podría ser el escenario de una impactante novela policial, basada en hechos reales.

La situación es tan grave que el propio emérito papa Benedicto XVI tomó la decisión extrema de publicar semanas atrás unas reflexiones profundas, con contenido teológico, como era de esperar de su personalidad, condenando los hechos de abuso sexual en su iglesia y el casi nulo progreso que se ha logrado últimamente. Dicho en otras palabras, una fuerte crítica a la actuación de Bergoglio. Las 18 páginas de estos "Apuntes", como el mismo llamó sus reflexiones, fueron publicadas originalmente en la revista mensual católica alemana "Klerusblatt", y ya han sido traducidas a los más importantes idiomas del mundo. Son probablemente una reacción a la fracasada reciente reunión de obispos católicos, convocada por Bergoglio, durante la cual 190 prelados de todo el mundo trataron el tema de la pedofilia entre sus filas y de las mafias gays que han invadido el Vaticano y el clero católico de los EE.UU, sumado al tema de la actitud de la Iglesia frente a las víctimas. El resultado de la reunión ha sido lamentable porque no se llegó a ninguna resolución concreta. Lo único a destacar fue la expulsión definitiva del cardinal Theodore Mc Carrick, un depravado obispo norteamericano que irónicamente estaba encargado de controlar los abusos sexuales de la Iglesia, siendo el mismo un abusador serial. Benedicto, al saber de estos hechos, lo había suspendido de todas sus funciones, pero Bergoglio, por una amistad personal, lo rehabilitó y lo hizo figurar como el tercero en poder en la curia vaticana.

El Papa emérito en sus "Apuntes" habla del colapso moral de la Iglesia en nuestros días, un colapso que comenzó, de acuerdo a su opinión, con el mayo francés del 68, cuando la pedofilia hizo su impacto en la Iglesia. "Siempre me pregunté cómo en estas situaciones y con estas convicciones, los jóvenes seminaristas pueden abrazar el sacerdocio y aceptarlo con todas sus consecuencias". Sus reflexiones lo llevan a una visión pesimista, casi apocalíptica de su Iglesia y del entero Occidente. Nos habla de la formación de verdaderos "clubes homosexuales" que se formaron dentro de los seminarios de su Iglesia, tolerados por muchos obispos, especialmente en los EEUU, en nombre de una especie de "modernidad católica". "Debería escandalizarnos, sacudirnos profundamente toda esta situación. ¿Cómo ha podido la pedofilia alcanzar tales dimensiones dentro de la Iglesia? El motivo está en la ausencia de Dios".

Uno de los primeros documentos que valientemente destapa el sórdido mundo de abusos sexuales ha sido el llamado "Pennsylvania Report" del ex nuncio apostólico en los Estados Unidos, el arzobispo Carlo Maria Vigano, que en resumidas 1000 páginas nos presenta detalladamente los impactantes delitos sexuales de por lo menos 300 sacerdotes. El arzobispo afirma que la figura central que toleró todos estos abusos ha sido el Papa Francisco. Tal es el caso del obispo de Washington DC, Theodor Mc Carrick, suspendido de sus funciones por Benedicto en el año 2009, justamente por estos delitos y denuncias que solía dormir en el mismo lecho con varios seminaristas. Francisco, con pleno conocimiento, lo rehabilitó y lo hizo ocupar el tercer puesto en importancia en la Curia Vaticana hasta que, como dijéramos, se vio obligado a separar de sus funciones a su degenerado compinche. Muchas más han sido las acusaciones documentadas del ex arzobispo Vigano, que obviamente fue despojado de todas sus funciones por el vengativo Bergoglio y vive confinado al sur de Francia temiendo por su vida.

Luego de la renuncia obligada de Mc Carrick la situación en la capital norteamericana se empeoró aún más. Su sucesor, cardinal Donald Wuerl, de acuerdo a lo documentado por el arzobispo Vigano y círculos católicos de la ciudad, es un mentiroso compulsivo y se encuentra actualmente en el centro de un gran escándalo de pedofilia, ocurrido cuando era obispo en la ciudad de Pittsburg, entre los años 1988-2006, convirtiendo a la iglesia local en un foco de abusos sexuales seriales.

En la mafia gay católica que domina el horizonte de Washington DC aparecen varias otras figuras preponderantes implicadas en delitos de abusos sexuales masivos. Entre ellos el cardinal John Wright, un activo pederasta de acuerdo a un libro publicado por el periodista Rudy Engel, titulado " The Rite of Sodomy". Una figura clave de la mafia gay en los EEUU es Monseñor Walter Rossi, que dada su conocida buena relación con el Papa espera que Bergoglio bien pronto lo nombre Obispo. Monsignore Rossi cuenta para sus escapadas sexuales con seminaristas con un confortable "nido de amor" en el estado de la Florida, en el renombrado balneario Fort Lauderdale, que comparte con otros depravados religiosos. Para tapar a último momento todos estos escándalos Francisco, acorralado, acaba de nombrar a un nuevo cardenal para Washington D.C., el arzobispo Wilton Gregory, un afro-americano que cuenta con la fama de ser un buen pastor de la iglesia.

Dejemos ahora la ciénaga mal oliente de Washington DC. y acerquémosnos a Europa y al Vaticano, donde la situación no es menos deprimente y horrible. El renombrado periodista francés Frederic Martel, especializado en temas vaticanos, afirma en su libro de 570 páginas "En el Closet del Vaticano" que será publicado en estos días después de cuatro años de arduas investigaciones, que 80% de los curas que ofician en Roma son homosexuales aunque no necesariamente activos y son los mismos que públicamente a menudo vociferan contra la homosexualidad en la Iglesia. La conclusión central del autor es que el Vaticano hoy bajo Bergoglio es un antro de corrupción e hipocresía.

Pasemos al enfoque que nos toca más de cerca en nuestra Latinoamérica referente a esta plaga, y que el periodista francés deja de lado. Un amigo muy cercano y consejero de Bergoglio, que lo promovió en el año 2013 como coordinador general del Consejo de Cardenales Vaticanos y que se había hecho una fama en el continente por ser un incansable luchador contra la corrupción y un defensor a ultranza de los pobres, resultó ser un hábil estafador, embaucador e hipócrita. Se trata del arzobispo hondureño Oscar Madariaga, más conocido hoy en los medios vaticanos como "el cardinal de los 35.000 euros al mes", suma que recibía de la caja vaticana, a la que se agregaban en diciembre de cada año unos 54.000 euros en concepto de aguinaldo. Además, como arzobispo de Tegucigalpa, manejaba casi medio millón de euros de ayuda para este empobrecido y sufriente país centroamericano, que debían ser utilizados en programas de educación a través de la Fundación Suyapa, que él dirigía. La mayor parte de estos terminarían en sus bolsillos, de acuerdo a las investigaciones de las autoridades financieras de Honduras y de las investigaciones llevadas a cabo por la propia iglesia por el obispo argentino Jorge Pedro Casaretto. Se ha demostrado que Madariaga invertió gran parte de este dinero mal habido en sociedades financieras londinenses, como la Leman Wealth Management. El Papa Bergoglio bien sabía de las actividades de su compinche, y ahora no le quedó otra que separarlo de su cargo, después que en el año 2013, aduciendo su talento intelectual y sus dotes administrativas, lo nombrara como encargado del grupo de consejeros que está preparando una reforma de la curia romana. También el obispo auxiliar de Tegucigalpa, Juan José Pineda, íntimo de Madariaga y del Papa, tuvo que renunciar en vista de escándalos financieros y abusos sexuales.

Bien de cerca nos toca las fechorías y las aberraciones sexuales y la corrupción del obispo Gustavo Oscar Zanchetta , un compinche de Bergoglio desde la época que el Papa era arzobispo de Buenos Aires. Allí ayudó a su protegido a escalar posiciones dentro de la Iglesia hasta nombrarlo obispo. Zanchetta estuvo envuelto en la Argentina en actividades "non sanctas", y tuvo que abandonar su país en forma abrupta, sin haber celebrado una misa de despedida porque se demostró que durante sus funciones como obispo en la provincia de Salta estaba envuelto en abusos sexuales con niños y seminaristas, y que usaba drogas para estos fines, aparte de malversar fondos de la Iglesia para acallar denuncias de sus víctimas. Bergoglio de inmediato, siendo ya Papa e ignorando todos los cargos en contra de su protegido, lo nombra como administrador del patrimonio apostólico de la Iglesia, conocido como APSA, Esta oficina administra más de 5.000 propiedades de la Iglesia y estaba a cargo de otro cura abusador serial, el tristemente famoso George Pell, ahora preso por sus delitos en Australia.

Bergoglio tolera en su propio vecindario vaticano fiestas gays, como la que se desarrolló en el Palazzo della Congregazione per la Dottrina della Fede, en la que participaba el cardenal Francesco Coccopalmerio, estrecho colaborador del Papa, interrumpida por la Gendarmeria de la Santa Sede ante la comprobación del uso de drogas y los desórdenes y desmanes que estaban sucediendo. Fue detenido junto a Coccopalmerioi, también un secretario del Papa, monseñor Luiggi Capozzi.

Es hora que los círculos honestos, de fé religiosa cristiana que existen dentro y fuera del Vaticano pongan fin a este papado de Bergoglio que está desangrando a la Iglesia y transformándola en una especie de ONG en favor de depredadores sexuales con sotana. Es hora que se realice un "impeachment" contra Bergoglio, y si bien este mecanismo no está previsto bien podría hacerse a través de una acusación de herejía, esto antes que se produzca un cisma dentro de la Iglesia católica. ¿Renunciará eventualmente Bergoglio o saldrá por medio de una forma de impeachment? El descontento en el Vaticano crece día a día y los signos de una próxima catástrofe parecen estar ya a la vuelta de la esquina. De todas maneras en mi próximo viaje a Italia lo primero que haré es procurarme una camiseta con el logo "Benedetto é il mio Papa".

# USA - EL INFORME
# DEL FISCAL MUELLER:

## La credibilidad de la prensa norteamericana cae a pedazos

*6 de abril 2019*

Después de dos años de investigaciones exhaustivas, la fiscalía general norteamericana publicó las conclusiones del fiscal especial Robert Mueller, determinando que no se encontraron pruebas que incriminen al presidente estadounidense Donald Trump, ni por haber conspirado con Rusia en las elecciones del 2016 ni por haber obstruido la justicia. Después de la divulgación de las conclusiones, la portavoz de la Casa Blanca consideró que esto supone la "total y completa exoneración de Trump". El informe del fiscal Mueller costó más de 30 millones de dólares, contrató a más de 16 abogados de primera línea especializados en temas tan diversos como lavado de dinero, temas impositivos, corrupción o narcotráfico (la mayoría de ellos opositores acérrimos de Trump) , realizó además 280 citaciones de testigos, 500 allanamientos en casas particulares, 230 escuchas telefónicas secretas, 13 pedidos de informes a países extranjeros. Analistas políticos independientes comentan que fue la mayor caza de brujas para un presidente americano, en toda la historia del país, asegurando que desde un principio se intuía que iba a conducir a la nada, como finalmente ocurrió.

Pero esta encarnizada investigación terminó siendo un tiro por la culata para el establishment del partido demócrata que hipotecó seriamente sus chances de ganar las próximas elecciones del año próximo. El nuevo Fiscal General de la Nación William Barr, una figura intachable en su larga carrera , que lo llevó a servir bajo Ronald Reagan, Bush padre, ha anunciado que tendrá prioridad ahora la investigación de la actuación partidaria de funcionarios de alto rango del propio departamento de Justicia, del FBI, de la CIA y de otras agencias oficiales por corrupción y falsos testimonios, incluso por traición a la patria. Entre los que se encuentran en la cuerda floja figuran la ex fiscal general Loretta Lynch, el director de la Agencia Nacional de Seguridad, Brennan, Susan Rice, ex embajadora ante las Naciones Unidas, y el propio ex director de la CIA, James Clapper. Y no serán los únicos a ser investigados.

Las maniobras encubiertas detrás de la investigación de Mueller fueron acompañadas, fogoneadas, incentivadas durante los 675 días que éstas duraron, por gran parte de la gran prensa estadounidense, cuyos periodistas no tuvieron ningún empacho en publicar fake news, informaciones de oscuras fuentes sin corroborarlas, incluso de espías extranjeros, y todo esto en deprimento del actual mandatario. La divisa era acabar con Trump, sea como sea, derrocarlo, tal era y es el odio y el ensañamiento que tienen. No han podido tragar aún el triunfo inesperado de Trump y demostraron ser una lamentable prensa militante, nunca antes conocida en los EE.UU. No hicieron periodismo honesto, hicieron política deshonesta. Una vergüenza para la democracia más grande del mundo. Aún hoy en día se niegan a reconocer su derrota y que su imagen de malos periodistas haya llevado a que su reputación esté por el suelo.

En esta caza de brujas por parte del mal periodismo han participado tanto las grandes cadenas de televisión como la CNN, la MSNBC, ABC, CBS, como los periódicos Washington Post y New York Times, que han hartado durante meses a su público con titulares alarmantes, la mayoría de ellos falsos, acerca de la evolución de la investigación, repitiendo como loros los mismos titulares bombásticos una y otra vez. Dejaron de analizar, informar acerca de temas de suma importancia para el país centrándose en una condena previa al tan odiado presidente de los "deplorables", como los calificó a los seguidores de Trump la candidata demócrata perdedora Hillary Clinton.

Varios de estos connotados periodistas, que con gran arrogancia se consideran aún hoy en día como guardianes de la verdad, se niegan a aceptar su derrota y que sus televidentes y lectores se están alejando de ellos en masa. Se niegan a disculparse por el terrible servicio que le han prestado a la prensa, desprestigiando este noble oficio. Se niegan a aceptar frente a sus colegas honestos que han actuado como hipócritas y mentirosos. Por ejemplo, el veterano periodista de MSNBC Chris Matthews, que hace años ya ha perdido toda credibilidad, no termina de entender como el fiscal Mueller "lo dejó escapar a Trump", y su colega Rachel Maddock, al anunciar la declaración de inocencia de Trump, no pudo aguantar las lágrimas de furia por el resultado adverso a su ideología. Nick Ackerman, también de la cadena MSNBC, afirmó que seguramente no se lo condenó a Trump porque la acusación de traición a la patria se castiga en los Estados Unidos con la pena de muerte, y Douglas Brinkley de la cadena CNN aseguró que si no fue traición lo que cometió Trump, por lo menos actuó en el espíritu de la traición y debería haber sido inculpado. Joy Behar de la cadena ABC aseguró en un programa de TV que tarde o temprano "Trump y toda su familia van a terminar en la cárcel, y esto estaría muy bien". Comentarios similares de periodistas del Washington Post y del New York Times, que se niegan a aceptar el veredicto de inocencia para con el primer mandatario, podemos leer diariamente en las páginas de estos periódicos.

Esta dramática situación del desprestigio de gran parte de la prensa estadounidense no la encontraremos en otras partes del mundo .En Europa consideremos tan sólo el caso del periodista alemán Claas Retorius de 33 años y largo colaborador de la renombrada revista política Der Spiegel, a quien sus propios colegas lo acusaron que en sus reportajes no tenía empacho en utilizar fakenews, fuentes no fiables, fabricando a gran escala hechos inexistentes. Por su actuación, considerada como una desgracia para la prensa, fue despedido de inmediato. Claas Retorius es el mismo periodista que fuera declarado "periodista del año" en el 2014, por la cadena norteamericana CNN. ¡Cuánta ironía¡ Este ejemplo de la revista Spiegel debería ser seguido por los periodistas honestos que aún quedan en los medios de comunicación norteamericanos, ahora en gran descrédito.

A todo esto el presidente Donald Trump, limpio ahora de toda sospecha de un contubernio con Rusia, pidió hace pocos días a los responsables de los Premios Pulitzer que retiren el galardón entregado el año pasado al The New York Times y al The Washington Post por su cobertura de la "trama rusa", aduciendo que "es muy gracioso que ambos medios de comunicación obtuvieran un premio por su cobertura (100 % negativa y falsa) de la colusión con Rusia y que no hubiera colusión. Entonces los engañaron o fueron corruptos? En cualquiera de los casos el comité debería retirarle los premios". La Universidad de Columbia, que es la que entrega los premios, fundamentó entonces su decisión con el argumento de que se trataba de "una cobertura sin descanso, profundamente documentada y de interés público que mejoró sustancialmente la comprensión del país de la interferencia rusa en las elecciones de 2016 y sus conexiones con la campaña de Trump, el equipo de transición del presidente electo y su eventual gobierno".

La nube negra provocada durante tantos meses por los grandes medios de comunicación se está disipando, y la credibilidad de tantos periodistas, auto-nominados "guardianes de la verdad", ha caído a pedazos. Mientras tanto el único importante canal conservador de los Estados Unidos, el FOX NEWS, permanece, como lo comprueba el Nielsen Media Research, como el canal más visto, y esto consecutivamente durante las últimas 11 semanas, contando con 2.8 millones de tele-espectadores en las horas pico de información, comparados con los 1.7 millones de MSNBC y los 889.000 de CNN.

Umberto Ecco, el gran filósofo, escritor y periodista de opinión italiano, antes de su muerte acaecida 3 años atrás, publicó su último libro titulado NÚMERO CERO , una novela que se centra en la crítica al mal periodismo, manipulador, mentiroso, chantajista. Es un latigazo a los malos periodistas que no cumplen su rol imparcial en épocas tan difíciles para las democracias liberales occidentales. Ecco afirma en su libro que estos periodistas y los medios de prensa escrita y muchas de las cadenas de televisión y la internet, son hoy, simples "máquinas de hacer fango". Ecco parece haber tenido ya una tremenda premonición, se anticipó en forma visionaria a lo que estamos presenciando con los medios de comunicación en los EE.UU, para vergüenza de nuestra profesión y para vergüenza de la que otrora fuera una guía del buen periodismo.

Hoy en día enfrentamos en los medios norteamericanos una prensa militante, que defiende a un partido, a una ideología. Es un periodismo que ha perdido rumbo e informa estrictamente sobre temas que calzan en la agenda política de un solo partido. No se investiga a fondo; las fuentes, como hemos visto muchas veces, no son fidedignas, se las falsea, incluso se acude a la mentira. Este sería, entonces, la labor de "las máquinas de hacer fango" que nos describe Ecco en su premonitorio libro y que destruye el verdadero periodismo independiente por el que luchamos denodadamente en nuestra importante profesión. Parafraseando Hanna Arendt, la libertad de opinión se convierte en farsa cuando se ignoran los hechos en función de la ideología o el poder, y eso es lo que está aconteciendo con la gran prensa de los EEUU hoy.

# "SEAMOS REALISTAS, PIDAMOS LO IMPOSIBLE"

## El giro radical de la izquierda norteamericana

*21 de abril 2019*

El gran George Washington se equivocó talvez en el año 1790 al decidir el lugar donde se emplazaría la capital de la Federación, y que hoy se conoce como Washington D.C. La elección recayó en un terreno pantanoso, con suelo movedizo, pajonales y muy húmedo. Estaba ocupado mayormente por ciénagas. Aún hoy en día los veranos aquí son agobiantes por la humedad reinante. Últimamente parece ser que de la profundidad de estos pantanos están surgiendo personajes siniestros de la actual política norteamericana, seres horribles que tratan maléficamente de influenciar la democracia más grande del mundo y que nos traen a la mente personajes mitológicos malignos, como los minotauros, monstruos con cuerpo de hombre y cabeza de toro o los dragones negros, de gran tamaño y muy astutos que escupen acido como método de ataque o también los dragones verdes, que poseen gran inteligencia y maldad y les encanta perseguir a sus presas. Son crueles y disfrutan con la agonía de sus víctimas. Luego tenemos a Lamia como personaje femenino mitológico griego, de potente belleza, cabellera negra cuya particularidad es la de cambiar de forma, poder predecir el futuro y utilizar brujerías. Es además metamorfa, puede desprenderse de su piel de serpiente y tomar la forma de una mujer joven, impecablemente hermosa y peligrosa. Y sí, hoy encontramos seres similares ocupando bancadas en el Senado y en la Cámara de Diputados. Se ve que los pantanos, ciénagas aún no han sido eliminados del todo en Washington D.C.

El giro radical hacia la izquierda, hacia políticas netamente de carácter socialista que ha sufrido el tradicional y centrista Partido Demócrata es difícil de comprender. Una muestra de esta dramática transformación la encontraremos en la lista provisoria de candidatos que ha presentado el partido para las elecciones presidenciales del año próximo. La mayoría de ellos, mejor dicho de ellas, por la gran cantidad de candidatas femeninas, suscriben al demencial proyecto del "New Green Deal" cuya implementación de acuerdo al analista político Ben Stein "haría que la gran depresión que sufriera el país, allá por los años 30, apareciera como un simple picnic".

La promotora principal de esta revolución socialista, "una revolución profunda que ya ha comenzado en este país", como lo confesara a viva voz el veterano senador demócrata, Edward Markey, es la nueva versión de la mujer maravilla de los tradicionales comics norteamericanos, que ha eclipsado el clima político de la capital norteamericana. Se trata de la joven diputada, de tan sólo 29 años , la más joven en la historia de los EE.UU, Alexandra Ocasio Cortez, conocida ya como AOC, para simplificar su nombre. Fue elegida pocos meses atrás como diputada del distrito 14 de la ciudad de Nueva York, con la apabullante cifra del 78 % de los votos emitidos, derrotando al candidato republicano Anthony Pappas envuelto en escándalos de violencia doméstica. Es considerada hoy en día como la sucesora del viejo candidato a la presidencia, el marxista Bernie Sanders, ex rival de Hillary Clinton en las últimas elecciones. De tener ya 35 años, la edad mínima prevista por la Constitución para presentarse al cargo de la Presidencia, Ocasio Cortez integraría seguramente el primer puesto entre los futuros candidatos presidenciales. En tan sólo un año pasó de ser camarera en una taquería en Manhattan, a ser la estrella mediática y política del país. Su vida vale ya 10 millones de dólares, que es la suma que Netflix ha invertido en la realización de un documental dedicado a ella.

La nueva mujer maravilla de la política norteamericana es el ídolo de los millenials que ven ingenuamente al socialismo como la cura de todos los males que aquejan a su país. Latina, nacida en el pobre barrio neoyorquino de Bronx, el padre fallecido de cáncer cuando ella era muy niña, su madre, de origen portorriqueño, para mantener la familia hacia limpiezas en varias casas vecinas, y ella misma se ganaba la vida como camarera en una taquería de su barrio, hasta que lograra su asiento como diputada por el distrito 14 de Nueva York. Representa en primera línea el ala más radical de su partido. Es militante feminista, ambientalista, con su caballito de batalla el llamado New Green Deal.

¿Y en qué consiste este proyecto cuya denominación rememora el otrora New Deal de Franklin D. Roosevelt para luchar contra la gran depresión que azotó los EE.UU? El New Green Deal de Ocasio, apoyado por la mayoría de los candidatos demócratas a las elecciones presidenciales del año próximo, prevé un control total y completo de la economía por parte del Gobierno Federal. Se impondría la eliminación de las fuentes de energía provenientes del gas y el petróleo. Se revisarían y se derribarían, de ser necesario, todos los edificios habitacionales que no puedan utilizar las fuentes futuras de energía, o sea la solar o la eólica. Tan sólo estos dos proyectos de ser realizados llevarían al país a una crisis económica inimaginable. Se impondría un impuesto de hasta el 70 % para los ingresos mayores de 10 millones de dólares anuales, propuesta apoyada por toda el ala radical que domina al Partido Demócrata hoy. Además se plantea la apertura absoluta de las fronteras, la eliminación de la Policía Fronteriza, conocida por sus siglas en inglés ICE, la gratuidad de las universidades y de la salud pública.

El New Green Deal, que llevaría el país a una segura bancarrota económica, contiene también proyectos tragi-cómicos, como aquél de eliminar la existencia del ganado vacuno porque con sus emisiones de gases las "vacas pedorreras" contaminan peligrosamente el medio- ambiente. Entonces adiós para los norteamericanos a las hamburguesas, a los tradicionales barbecues y. . . ¿la leche para los niños de dónde vendría? Nosotros, mientras tanto, seguiremos apostando a las "vacas pedorreras" en nuestras latitudes. Ya hoy en día el alcalde de Nueva York, un simpatizante sandinista y militante de la izquierda radical, ha ordenado que en los comedores de las escuelas públicas de la ciudad sirvan a los niños sólo una vez a la semana carne. ¡Pobrecitos!

Y para terminar con la locura de este peligroso movimiento del radical chic norteamericano, mencionemos un punto que le es muy caro a la Ocasio, el control de natalidad con rasgos fascistas, desenterrando las teorías neo-malthusianas que, como somos muchos los habitantes en la tierra, 10 mil millones para el año 2050, no tengamos más hijos y así salvamos al planeta, y como ella misma lo formula, "los jóvenes deberían hacerse la pregunta si es justo continuar a tener hijos". Alejandra Ocasio Cortez, la Mujer Maravilla va aún más lejos al apoyar decididamente a aquellos senadores demócratas de su movimiento ( 6 de ellos son candidatos firmes a la presidencia) que bloquearon en el senado un proyecto de ley llamado "Born-Alive Abortion Survivors Protection Act" que buscaba evitar que en el país se practicara la atrocidad del infanticidio, es decir que mujeres embarazadas después del parto puedan decidir con el médico si dejar al recién nacido con vida o no. Uno de los promotores de este macabro proyecto es el actual gobernador del Estado de Virginia Ralph Northam que en un comentario emitido el 30 de enero de este año afirmó, sin la más mínima verguenza: "Cuando un bebito llega a nacer se lo mantiene en forma confortable y entonces la familia, la madre decide si el baby vivirá o morirá; esto después de una discusión entre la madre y el médico". Esto en nuestra cultura occidental, cristiana se llama simplemente asesinato. En Nueva York, ya se estaría practicando. Pero la mayoría de la población norteamericana, de acuerdo a encuestas serias, estaría en un 71 % definitivamente en contra, y tan solo el 25 % estaría a favor. Este proyecto de ley, tenebroso, impulsado por los candidatos demócratas debería ser un signo de alarma de la moralidad obscena que hay detrás de todo el movimiento Green New Deal.

"Seamos realistas, pidamos lo imposible", es una frase de uno de los tantos grafitis más populares que acompañaron la revuelta del mayo francés del 1968. Una revuelta que les encanta aún hoy en día a los progres y a los millenials norteamericanos envueltos en un nuevo mayo francés, el New Green Deal de Alexandra Ocasio Cortez. Quieren más y más Estado, cambiar de raíz la educación, no más fronteras, controlar la alimentación, etc. etc. etc. En realidad de todo un poco, pero con un envoltorio light y multicolor y multiétnico, sin los mitos de las pancartas del mayo francés con fotos de Mao, del Che Guevara, de Ho-Chi-Min y otros asesinos seriales. La narrativa progre que sufrimos actualmente es como una puerta giratoria por donde entran y salen los sospechosos e hipócritas de siempre, ese pequeño grupo bien organizado que disfraza su condición individual con relatos colectivos, populistas, con el apoyo de una gran parte de una prensa militante, que no cumple con su misión verdadera, la de informar, creando la doctrina de lo políticamente correcto, una especie de pensamiento único dictatorial al que hay que someterse a la fuerza, impidiendo que nadie pueda recorrer sendas libertarias sin ser tratado como un proscrito. Esta interpretación revisionista de la historia es peligrosa, degradante y orwelliana ¡Seamos realistas, pidamos lo imposible!

# VENEZUELA:

## El fin del socialismo del siglo XXI

*24 de febrero 2019*

Se han utilizado ríos de tinta tratando de describir la actual tragedia política-social venezolana, a la que ha sumido al país, durante ya casi 20 años, una camarilla asesina de narcotraficantes con la benevolencia, silencio y muchas veces complicidad de muchos de los gobernantes de nuestro continente, también de los EE.UU, de Europa, de varios organismos internacionales, que han hecho poco o nada para evitar este previsible holocausto del sufrido pueblo venezolano, sin hablar de la vergonzosa actitud del Papa Francisco. Finalmente la mayoría de nuestros líderes políticos han reaccionado y han comprendido que es imposible seguir buscando el diálogo civilizado con esta satrapía que no reconoce los mas fundamentales derechos humanos universales y lo único que busca es ganar tiempo para permanecer en el poder.

El importante apoyo que le están brindando actualmente la nueva administración norteamericana bajo Donald Trump y su excelente equipo de asesores, junto a la decisiva actitud de la nueva OEA, dan esperanzas a que se pueda considerar que la dramática situación venezolana llegue finalmente a buen puerto. Esta lucha frontal de la Casa Blanca no sólo se dirige a la situación en Venezuela, porque, como lo expresara uno de los más importantes asesores gubernamentales, John Bolton, "ya no se trata sólo de democratizar Venezuela sino también a la llamada 'troika de la tiranía' del continente, que incluye la Cuba castro comunista y la dictadura cruel de Daniel Ortega en Nicaragua". Bolton define claramente la nueva estrategia de la Casa Blanca cuando dice "la época de la 'appeasement-policy' frente a dictadores y déspotas que se encuentran cerca de nuestras costas ha terminado".

En contraste es más que vergonzosa la actitud del Papa Francisco y su "neutralida positiva" frente al éxodo masivo de la hambreada población venezolana, en su gran mayoría católicos practicantes. En su reciente viaje a Panamá para celebrar la llamada Jornada Mundial de la Juventud, se negó nuevamente a hablar de Venezuela, lo que causó una gran decepción y un fuerte cuestionamiento a su figura, llevando a que un grupo de veinte ex presidentes latinoamericanos le escribieran un mensaje expresando sus críticas por su increíble actitud. Bergoglio, durante su estadía en Panamá, encontró sí el tiempo para redactar un documento para anular el matrimonio de la vieja actriz italiana Gina Lollobrigida. ¡Cuánta frivolidad y cobardía!

Vergonzosa también la ambigüedad y los intentos hipócritas de insistir en buscar aún algún tipo de diálogo con el sátrapa venezolano por parte de la ministra de Relaciones Exteriores de la Comunidad Europea, Federica Mogherini, que simplemente prolongarían el calvario que sufre el pueblo venezolano. Esta burócrata de origen italiano pertenece a la ultra izquierda caviar europea. Es una persona muy rica que encima recibe un salario mensual de 25,845 euros por mes mientras que un ciudadano común italiano tiene que arreglárselas, él y su familia, con tan solo 1.500 euros al mes.. Mogherini defiende los intereses de las elites globalistas del especulador George Soros y busca solamente mantener su estatus no importándole de prologar la miseria del pueblo venezolano. ¡Cuánta hipocresía a nivel europeo que encuentra ahora a un continente en pie de guerra, justamente contra este tipo de burócratas! Los chalecos amarillos ganan cada vez más las calles en señal de una rebelión profunda.

Lo importante en estos momentos es considerar cómo llegó y se desarrolló este aberrante Socialismo del siglo XXI, esta nueva versión, surgida en nuestro continente, del fracasado socialismo mundial, que hace aguas por todos los lados y que ha llevado a la pauperización y destrucción de numerosos países y es lo que estuvo en el fondo de la hecatombe venezolana. Bien lo formuló años atrás la renombrada filósofa y escritora norteamericana, nacida en Rusia, Ayn Rand, pilar de la filosofía objetivista, que es la base del movimiento libertario internacional y cuya obra más influyente fue la ficción "La rebelión de Atlas": "No hay diferencia entre comunismo y socialismo, excepto en la manera de conseguir el mismo objetivo final: el comunismo propone esclavizar al hombre mediante la fuerza, el socialismo mediante el voto. Es la misma diferencia que hay entre asesinato y suicidio". Y esto es justamente lo que ha sucedido en Venezuela.

Bajo el socialismo del siglo XXI de Chávez-Maduro, se perdió en el país el incentivo de crear nuevas empresas, nuevos puestos de trabajo. Los funcionarios públicos de la nueva rica boliburguesía se dedicaron a expropiar, corromper, robar y dejaron caer la producción y los ciudadanos de una nación rica pasaron a vivir en forma paupérrima, a sufrir hambre y a huir del país en forma masiva.

La versión venezolana del socialismo del siglo XXI, que vemos hoy en día dar sus últimos estertores, tiene nombres y apellidos.

Por un lado el sociólogo argentino nazi, fascista, montonero , marxista, peronista, anti-semita , Norberto Cerésole, fallecido en el año 1993, y por el otro lado al también sociólogo y politólogo alemán-mexicano, profesor desde hace años de la UNAM, Heinz Dieterich, un fanático, prepotente e engreído marxista-leninista, que aún hoy en día encuentra, lamentablemente, eco en la prensa de la extrema izquierda internacional , definiéndose a sí mismo como el "Che Guevara alemán". En los medios académicos de Alemania nadie lo conoce, y debe su fama solamente por haber asesorado a Hugo Chávez y haberle convencido de su nefasta idea de un nuevo socialismo latinoamericano.

Hugo Chávez y Norberto Cerésole cultivaron una estrecha amistad, siendo el argentino uno de sus primeros asesores políticos. En una entrevista Cerésole confiesa que Chávez, al comienzo de su carrera, adoptó el modelo político que él mismo había diseñado en la década de los 60 para los países latinoamericanos. "Es como un novelista que inventa un personaje y luego se lo encuentra por la calle". Norberto Cerésole estudió en Alemania, Italia y Francia sociología y ciencias políticas. Figura controversial, contradictoria y extremista, que negó siempre la existencia del holocausto. Asesoró al gobierno militar de Juan Alvarado en Perú entre los años 1969-1974, producto de un golpe militar. Luego pasó a España a ser portavoz del exilado Juan Perón. Regresa a Buenos Aires donde se incorpora al grupo guerrillero ERP. Luego viene su acercamiento a la entonces Unión Soviética, llegando a ser miembro de la Academia de Ciencias de la URSS, especializado en América Latina. Se relacionará con Salvador Allende y presta servicios al jefe de la inteligencia cubana, Manuel Piñeiro. En el año 1987, de nuevo en la Argentina, asesoraría a los Carapintada de Aldo Rico. En los últimos años de su vida se convierte en el mentor ideológico de Hugo

Chávez y se acerca al gobierno Iraní y al grupo Hezbollah, estableciendo nexos estrechos con la Venezuela de Chávez. Un año antes de su muerte, asesora la candidatura a la presidencia del peronista Rodríguez Sáa.

Cerésole ha escrito infinidad de libros, entre ellos "Caudillo, Ejército, Pueblo: La Venezuela del Comandante Chávez", obra que caló hondo en los estratos militares nacionalistas latino-americanos. La admiración de Cerésole por Chávez surgió a raíz del frustrado golpe que éste último encabezó contra el gobierno de Carlos Andrés Pérez, en el año 1992. En los años 1994 y 1995 Chávez visitó, por lo menos dos veces, la Argentina para encontrarse con su amigo y recorrer el territorio en su compañía. Años más tarde, en Venezuela recorrieron juntos en coche casi todos los rincones del país, haciendo proselitismo político. La influencia de Cerésole en los primeros años del Chavismo han sido muy importantes y algunos rasgos se mantienen aún hoy en día. Con su presencia como asesor político y con sus escritos lo convenció de construir un partido cívico-militar para "pulverizar a los partidos políticos existentes". Su concepto de una simbiosis de caudillo-ejercito-pueblo caló hondo en la ideología chavista. Finalmente, presionado por el ala marxista del régimen chavista, se ve obligado a dejar el país y Chávez decide sustituir a su amigo y gurú por otro fanático, éste de rasgos mucho menos brillantes, pero no menos peligrosos e influyentes, Heinz Dieterich, un sociólogo alemán que treinta años atrás encontró un nicho marxista en la universidad mexicana UNAM, desde donde propaga sus desaforadas teorías, charlatanerías y pronósticos políticos a futuro que nunca se cumplen. Eso sí, logró convencer a Chávez de aplicar su trasnochado "Socialismo del siglo XXI". La idea era hacer una revolución radical, incendiar el continente a través de las urnas contando con el dinero del petróleo venezolano. El resultado, en pocos años, fue la eliminación de la clase dominante empresarial, hostil a su proyecto, que se marchó del país, llevando consigo millones y millones de dólares, radicándose en tierras seguras como EE.UU, principalmente Miami, o en países europeos. Luego fueron confiscados poco a poco empresas y medios de comunicación, surgieron grupos paramilitares, conocidos como "colectivos bolivarianos", para hostigar a la oposición de manera violenta, y desapareció todo vestigio de libertad. Surgiría entonces otra clase dominante, menos productiva, menos preparada, muy corrupta, con muchos narcotraficantes dentro y fuera del alto mando militar. Todo esto como resultado del nefasto "Socialismo del siglo XXI". Es decir, como en Cuba, la única igualdad visible actualmente en Venezuela, es la igualdad en la miseria, con una pequeña elite privilegiada de matones narcotraficantes, que criminalmente desconoce la espantosa crisis sanitaria que atraviesa el país, y agreguemos todavía la terrible crisis que enfrenta el país en cuanto a la situación de los derechos humanos.

En estos días, ojalá le esté llegando el tiro de gracia a este vergonzoso "Socialismo del Siglo XXI". El puntapié inicial lo dio un valiente grupo de expertos de la OEA, que ya el 30 de mayo del 2018 determinó que el gobierno de maduro cometió "crímenes de lesa humanidad". Un documento de 400 páginas de ese grupo registra, ya en aquel entonces, denuncias de 8000 homicidios, 12000 personas detenidas arbitrariamente en los últimos dos años, 289 acusaciones constatadas de torturas y 192 casos de violencias sexuales contra hombres y mujeres, que llegaron en muchos casos a sufrir descargas eléctricas en sus genitales. Este terrible panorama se ha agravado en los últimos meses, con asesinatos a opositores, la mayoría jóvenes, a plena luz del día.

El mundo ha visto claramente el brutal tipo de sistema que rige en Venezuela y ha dicho "¡Basta Ya!" En estos días esperemos estar presenciando la caída de este régimen podrido; quedará entonces al descubierto quiénes y qué organizaciones se han mantenido ajenas a este holocausto del pueblo venezolano y quiénes y qué organizaciones tendrán que rendir cuentas en un futuro próximo por su criminal indiferencia.

Momentos difíciles, dramáticos está viviendo Venezuela en estos días. Es de desear que bien pronto y sin más derramamiento de sangre logre finalmente liberarse de esa tiranía, de esa pesadilla llamada "Socialismo del Siglo XXI", encarnada por el sátrapa asesino Maduro, porque como bien decía el Quijote: "La libertad, Sancho, es uno de los más preciosos dones que a los hombres dieron los cielos. Con ella no pueden igualarse los tesoros que encierran la tierra y el mar. Por la libertad, así como por la honra, se puede y debe aventurar la vida".

# ¿QUO VADIS BRASIL?

## Los primeros 30 días del gobierno de Jair Bolsonaro

*31 de enero 2019*

El nuevo gobierno brasileño de Jair Bolsonaro no pierde tiempo para comenzar a impulsar las profundas reformas tan necesarias que le ha pedido su pueblo, eligiéndolo en forma masiva. (El apoyo popular actualmente llega al 75 %, de acuerdo a la conocida encuestadora Ibope) Su gobierno de corte conservador-neo liberal está orientado a mejorar la dramática situación económica y de seguridad que vive su pueblo, luego de trece años bajo un sistema socialista corrupto, y esto a la brevedad posible.

Pero ya los primeros 30 días de Jair Bolsonaro al frente del nuevo gobierno no han sido nada fáciles. Por un lado, personalmente, enfrenta las consecuencias del atentado que sufrió durante su campaña por parte de un extremista fanático de la oposición que lo acuchilló en la vía pública, brutalmente, y que lo llevó a estar entre la vida y la muerte. En estos días deberá ser internado nuevamente para realizarle diferentes intervenciones quirúrgicas, entre ellas una colostomía, para repararle los órganos dañados, y que de acuerdo a los resultados, lo mantendrá hospitalizado por lo menos

10 días, asumiendo el mando el vice-presidente del país, su hombre de confianza, el general Hamilton Mourao. A esto se suma el escándalo provocado por las sospechas de manejos fraudulentos de fondos bancarios de su hijo primogénito Flavio Bolsonaro, senador de la República, a través de actuaciones de su asesor financiero de nombre Queiroz. A todos estos factores se agrega en estos días la tragedia del rompimiento de un dique de contención de desechos de minerales en la localidad de Bramadinho, al sureste del país en el estado de Minas Gerais, que ha provocado ya un sinnúmero de muertos y desaparecidos. Sumemos también las incipientes tensiones políticas dentro de su gabinete por definir claramente las prioridades en el importante sector de la economía, lo que requerirá una hábil intervención de su parte. O sea nada de una supuesta luna de miel en sus primeros 30 días de su presidencia.

Jair Bolsonaro y su gabinete han delineado y nombrado diferentes equipos en los ministerios claves con tareas bien definidas que tienen absoluta prioridad al inicio de la nueva presidencia Estos deberán actuar en forma coordinada consultándose mutuamente, un hecho que requerirá del Presidente una gran habilidad en su manejo, dado que muchas veces los ministros tienen sus propias agendas que no siempre coinciden con las de sus colegas. He aquí su gran desafío para el éxito de su administración.

El primer equipo está actuando junto a Paulo Guedes, el Chicago-boy que es el encargado de las profundas reformas económicas neoliberales previstas. Para el ministro la única forma de sacar al Brasil de su estancamiento suicida es un choque fuerte de liberalismo económico, que disminuya la intervención del Estado en la economía y privilegie los instrumentos del libre mercado. Según sus palabras es necesario pasar de un sistema económico totalmente cerrado a uno totalmente abierto. "Brasil es la economía más cerrada del mundo, después de Sudán". "Piratas del sector privado, burócratas corruptos y criaturas del pantano político han conspirado contra el pueblo brasileño". El ideario de Guedes está en lo aprendido en la Universidad de Chicago, donde estudió con economistas como George Stigler y Milton Friedman. Allí se formaron también varios de sus estrechos colaboradores. Dentro de sus reformas económicas ocupa un lugar muy importante aquella del sistema de jubilaciones, considerada esencial para bajar el gasto público, junto con una reforma tributaria que estimule nuevas inversiones, y una privatización masiva de las corruptas e inoperantes empresas estatales. Guedes defiende, para el régimen de jubilaciones, una fórmula que asocie el actual modelo, por el cual los trabajadores activos contribuyen a las jubilaciones ya dadas, con un modelo de capitalización parecido al utilizado en Chile. No será fácil su tarea; ya ahora varias corporaciones están buscando introducir excepciones a las leyes previstas. Guedes no está solo en esta lucha, cuenta con el consenso de la cúpula económica del país representada por el presidente del Banco Central, de la Caixa Economica Federal , del presidente del Banco do Brasil, del presidente de BNDES ( Banco de Desarrollo) y del nuevo presidente de Petrobras.

Otro equipo de coordinación está presente en el Ministerio de Relaciones Exteriores, cartera ahora a cargo de la mano experimentada y polémica de Ernesto Araujo. Existe una variada gama de temas muy relevantes que Araujo tratará con el equipo de coordinación, temas tales como la postura del país ante el Tratado de Paris sobre el cambio climático, la virtual salida de Brasil del Consejo de Derechos Humanos de las Naciones Unidas, el abandono del Pacto Mundial para la Migración de este mismo organismo internacional, etc. Quienes, junto a ARAUJO, van a determinar la orientación general de la nueva política exterior de Brasil son en realidad cinco experimentados diplomáticos provenientes del corazón de Itamaraty, todos ellos relegados por la política de extrema izquierda llevada a cabo por Lula, y sostenida durante los 13 años de su mandato, haciendo concesiones a la dictatura chavista, castrista y otros países con sistemas políticos reñidos con la democracia. En el "Nuevo Itamaraty", como se lo llama hoy, tendrán funciones importantes Luis Fernando Serra, quien estuvo detrás de la eliminación del programa de médicos cubanos, un infame programa para financiar al alicaído gobierno Castrista, Roberto Abdenur, ex embajador en Washington y fuerte crítico del gobierno chavista de Venezuela y del acercamiento de Lula con Irán, y Sergio Amaral, también ex embajador en Washington, y con una vasta influencia en sectores empresariales, así como Paulo Bretas, ex embajador en Canadá y hombre de confianza del nuevo canciller, quien declarara recientemente "dejaremos de alabar dictaduras asesinas y de despreciar o incluso atacar democracias importantes, como Estados Unidos, Israel e Italia". Es previsible que al nuevo ministro Ernesto Araujo, lo mismo que al presidente, le sigan cayendo una lluvia de críticas venenosas por sus posiciones que molestan, especialmente en el exterior, a los sectores de la progresía política atrincherada en partidos políticos europeos y estadounidenses, y a gran parte también de la prensa militante de la izquierda internacional. Es de prever que un texto de unas 35 páginas que publicara el diplomático de 51 años, meses antes de asumir la cancillería y titulado "Trump y el Occidente", dé munición para interminables y encarnizadas críticas. En el texto Araujo hace elogios al presidente de los Estados Unidos, a quien ve "como un caballero cruzado que pelea para rescatar la identidad de occidente en el mundo moderno". Araujo se posicionó así claramente como un trumpista, partidario de la visión altamente nacionalista y anti-globalista, que el presidente de los Estados Unidos representa y en parte también su propio presidente. Su pensamiento cuadra perfectamente con las ideas del ministro de Economía, Paulo Guedes, el otro puntal del gobierno de Bolsonaro.

Mientras tanto el ministro estrella del gobierno de Bolsonaro, el ex fiscal federal Sergio Moro, al frente de la importante cartera de Justicia y Seguridad Pública, sigue adelante y en forma independiente con su sistemática campaña en contra de la endémica corrupción brasileña, así como lo hiciera como juez federal con la famosa Operación "Lava Jato", la versión brasileña del "Mani Pulite" italiano. Dicho de paso, en estos últimos días Sergio Moro junto a Sergio Araújo y las fuerzas de Seguridad brasileñas lograron un gran éxito internacional al extraditar al terrorista italiano Cesare Battisti, condenado en Italia a cadena perpetua en el año 1987 por pertenecer al sangriento grupo terrorista "Proletarios armados del Comunismo" y al que Lula le otorgara la condición de refugiado político.

En su discurso de toma de mando Sergio Moro explicó claramente su profundo respeto por las leyes vigentes y su punto de vista cómo combatir las bandas criminales organizadas, y expresó que el remedio es simple y es universal, pero no siempre de fácil aplicación en el marco de una democracia: "Prisión para los delincuentes, aislamiento carcelario para los jefes, identificación de sus estructuras y confiscación de todos sus bienes".

La colaboración de Moro desde su Ministerio con las carteras que se encargan de la Seguridad a nivel estatal y nacional es excelente, tanto como con el general Augusto Heleno Ribeiro del Ministerio de Seguridad Institucional como con el general Fernando Acevedo de Silva, encargado del Ministerio de Defensa, y también el jefe de la Secretaria de Gobierno, el general Carlos Alberto Dos Santos Cruz. Todos ellos, militares de alto rango, han participado en misiones de paz de la ONU, tanto en Haití como en el Congo y en Zaire, y como bien podemos imaginar cuentan con una enorme experiencia en temas de seguridad y orden público. Las situaciones vividas tanto en Cité Soleil en Haití como en el Congo, venciendo a la temible milicia Tutsi M23 o los enfrentamientos en Rutshuru-Kiwanja en el Congo, son en gran parte similares a cualquiera de las situaciones que enfrentan miles de favelas aglomeradas en las grandes ciudades brasileñas.

Si bien es cierto que un tercio de los 22 Ministerios con que cuenta la república están ocupados por militares , conviene tener en cuenta que Bolsonaro es un experimentado político, pero no cuenta con un partido importante detrás suyo, y que el panorama a nivel de partidos y del Poder Legislativo está fracturado y desprestigiado. Para abordar esta problemática Bolsonaro no tiene otra opción que recurrir a generales e ingenieros militares en situación de retiro. Tengamos también en cuenta que las FF.AA brasileñas gozan de un prestigio inigualable a nivel sudamericano. Los militares son aquí la institución más respetada en el país, de acuerdo a encuestas fiables.

Bolsonaro lidera un gobierno constitucional con militares en cargos relevantes, como sucede en épocas de crisis, y así lo entiende la mayoría del pueblo brasileño, que vive en un contexto pavoroso con 63.000 homicidios registrados tan sólo en el año 2017, algo que presenciamos sólo en países envueltos en cruentas guerras civiles.

¿Quo Vadis Brasil? ¿Cuáles son las señales y lecciones que nos vienen del Brasil? La señal más importante para nuestro continente y para el resto del mundo es que los políticos, los partidos políticos tendrán que volver su mirada a lo que realmente importa a la gente y no a las elites dirigentes enquistadas en el poder. La otra lección es para gran parte de la prensa internacional, militante, ideológica y para sus periodistas que tantas veces niegan u ocultan la realidad o en otros casos fabrican fake-news. A nivel internacional la descripción correspondiente a Brasil y a Bolsonaro muchas veces no pasa de tres o cuatro clichés, y muy pocos tuvieron en cuenta sus programas de gobierno, sus proyectos, ni el difícil escenario que encontrara su país. Los electores brasileños vieron y ven una realidad bien distinta. La realidad es como es, nada más: Bolsonaro es simplemente brasileño. No puede ser traducido o interpretado con lógica europea o norteamericana, o la de muchos países latinoamericanos, desde culturas muchas veces más moderadas y contenidas, menos intensas. Ser brasileño significa que convives con el carnaval, el sincretismo religioso y las favelas, con una idiosincrasia única que se refleja obviamente en su idioma, que es diferente al resto del continente.

# BRASIL: ORDEM E PROGRESSO

## El fenómeno político Jair Bolsonaro

*12 de enero 2019*

En la bandera y el escudo del Brasil aparece el logo "Ordem e Progresso", en alusión al filósofo francés Auguste Comte, exponente del positivismo del siglo XIX. "El amor por principio, el orden por base, el progreso por fin".

En su discurso inaugural como nuevo presidente del Brasil, Jair Bolsonaro hizo referencia obviamente a este lema recalcando que ninguna sociedad se desarrolla sin respetar esos principios. Fiel a lo anunciado en su campaña electoral tuvo frases contundentes de sus principios como "Este es el día en que el pueblo comenzó a liberarse del socialismo" o "Poner fin a la mayor crisis ética y moral de la historia del Brasil" o "Liberar al país de la corrupción, la criminalidad y la ideología de género", cerrando su discurso con su ya conocida frase "Brasil encima de todo, y Dios encima de todos".

Como era de esperar, luego de este discurso marcando un giro de 180 grados en la política del país hacia una posición de centro derecha, ha producido un pánico entre los progresistas de izquierda del mundo, que los ha puesto en un estado de ansiedad e incertidumbre pocas veces visto con anterioridad. Se ven cuestionados, más aún en vista de los fracasos políticos de regímenes corruptos y criminales como lo son en Cuba, Venezuela, Nicaragua y Bolivia. Y ya pusieron en marcha, como era de esperar, una orquestada campaña de difamación y desprestigio del recién inaugurado nuevo gobierno brasileño. Desconocen y desprecian la voluntad soberana del pueblo brasileño que se expresó en forma clara y contundente y democráticamente, dándole al candidato del centro-derecha, Jair Bolsonaro el 55% de sus votos. Ya en estos primeros días de su mandato, con su nuevo gabinete en plena actividad, el apoyo popular a su gobierno se encuentra en un 75 % de acuerdo a cifras de la afamada encuestadora Ibope.

La población ha centrado grandes expectativas en su nuevo presidente y su giro radical de la política del país, mostrando al mismo tiempo el tremendo rechazo al corrupto y legendario líder Lula y su partido PT que han traicionado a la masa trabajadora del país. Gran expectativa ha creado también el nombramiento, ya en las primeras horas de la presidencia de Bolsonaro, del valiente fiscal Sergio Moro como ministro de Justicia y Seguridad Pública, en un país asolado por la corrupción y la inseguridad. Bien recuerda la población que fue él justamente quien, luego de una larga lucha, logró poner a Lula tras las rejas y acelerar el impeachment de Dilma Rousseff. Estos hechos marcaron el comienzo de una nueva era para el Brasil, que podría servir muy bien de ejemplo para otros países del continente que se debaten en un pantano de corrupción y criminalidad, con gobiernos elegidos democráticamente, pero con mandatarios pusilánimes.

Los ataques contra el nuevo presidente y su gabinete son virulentos por parte de la izquierda que se sirve de todos los instrumentos imaginables para descalificarlo desde un inicio. Los fake news en la gran prensa internacional campean a sus anchas. Frases sueltas dichas del ex militar hoy presidente en ruedas de amigos, con compañeros militares, muchas veces expresadas sin pensarlas, sirven para sus fines. Los clichés baratos, mal intencionados están a la orden del día. ¿Piensan tal vez que el pueblo brasileño es tan tonto como para elegir y apoyar tan masivamente a un líder que los llevará al abismo, y que antes estaban mejor con un presidente que era amigo y financista de criminales dictadores del continente y que ahora afortunadamente está tras las rejas para dicha de su pueblo y del continente? ¡Qué arrogancia y falta de solidaridad con el sufrido, vapuleado pueblo brasileño! Señalan a Bolsonaro hasta el cansancio como homofóbico, racista, misógino, violento, fascista, populista. Esta última acusación, dicho en passant, sería quizás la única que le cuadraría, porque es una persona de origen muy humilde, que conoce la calle, que habla un lenguaje directo sin tapujos. Su padre fue un inmigrante italiano, un "perachado", es decir una persona que andaba descalzo por las calles, o sea una persona realmente pobre. Bolsonaro y sus 5 hermanos se criaron en la pobreza extrema y aceptaban todo tipo de trabajos para ayudar a la familia. Luego Jair entró en la Academia Militar y llegó al grado de capitán.

Si vamos a creer lo que escriben muchos de nuestros colegas nos encontraríamos frente a un tirano, el país enfrentaría un futuro sombrío, apocalíptico. Brasil para ellos dejó de ser fútbol, carnaval, alegría, caipirinha, samba. Si les creyéramos, el 55 % de los brasileños han elegido vivir bajo una brutal dictadura militar, un régimen que implantaría nuevamente la esclavitud, que castigaría a los homosexuales en plazas públicas, y quien sabe, prohibiría a las mujeres a conducir. ¿Acaso Brasil es un país de locos? ¿Por qué ganó en las urnas un monstruo, que no tenía ni siquiera espacios en la televisión nacional? Es cierto que a veces los pueblos se equivocan. Pero es cierto también que determinada "inteligencia cultural", políticamente alineada con la extrema izquierda, construye mitos y anti-mitos, exagera caracteres, expande leyendas, muchas veces distorsionadas detrás de lo "políticamente correcto". Bolsonaro molesta enormemente a estos círculos con su discurso y accionar contra el marxismo cultural que está echando raíces en el Brasil y en Latinoamérica. Mucho de esto que podemos leer u oír en múltiples medios en su contra es simplemente inverosímil, pura fantasía. Demuestra el desconocimiento del hecho que Brasil dentro de nuestro continente es algo especial, diferente y hay que empezar por conocer su historia, sus tradiciones, su lenguaje, para poder escribir objetivamente sobre la situación real del país y su gente y por lo que luchan.

Estos medios, tanto en Europa, como en los EE.UU y en nuestro continente también, ignoran la situación límite en la que se encuentra el país, la terrible violencia que azota sus ciudades, algunas de ellas prácticamente en manos de mafias narcotraficantes. Ignoran la pobreza que aumentó con el socialismo corrupto del ídolo caído que es Lula, junto a la decadencia moral y la falta de justicia que imperan en el país. En el año 2016 fueron asesinadas unas 62.000 personas. Esto significa una cuota 30 veces mayor que la de todos los países europeos juntos en un decenio, y una cuota más alta que las víctimas de la cruenta guerra en Siria. En los últimos diez años fueron asesinadas 553.000 personas a manos de gangsters, de mafiosos con conexiones políticas y policiales de alto nivel, todo esto en la época socialista Lula-Rousseff. En este recuento horroroso que presentamos, ni siquiera contamos las numerosas víctimas de violaciones, secuestros y otros hechos de sangre.

Otro aspecto del desalentador panorama que han dejado los gobiernos populistas es la enorme corrupción que azota el país y que ha llevado al juzgamiento y encarcelamiento de la cúpula PT, incluso su jefe, gracias a la incansable labor del fiscal Sergio Mora, hoy en día ministro de Justicia y Seguridad de Jair Bolsonaro. Interesante es destacar en este contexto la excelente serie brasileña del año pasado "O Mecanismo", presentada por Netflix, que se ajusta a la horrenda realidad del Brasil de los últimos años.

A la población brasileña, hoy en día, poco importa si su presidente encaja o no en los cánones de lo políticamente correcto; quiere hechos concretos que solucionen sus dramáticos problemas dentro del marco de la constitución y las leyes vigentes. La realidad es que el sistema democrático en el Brasil es aún sólido, a pesar de la violencia y corrupción, y tendrá que enfrentar el caos reinante con las herramientas constitucionales a disposición. Bolsonaro cuenta con un partido minoritario, el Partido Social Liberal, y estará obligado a acordar sus proyectos con las otras cuarenta organizaciones políticas representadas en el congreso, o sea que tendrá un férreo control parlamentario. Para intentar dar vuelta a la página política del Brasil, el país más grande de nuestro continente, Jair Bolsonaro y su gabinete han decidido rechazar al socialismo y la idea de un Estado todo-poderoso, que los ha llevado a la ruina, y han elegido el libre mercado y el capitalismo en su versión moderna. Es de esperar y desear que triunfen en este titánico esfuerzo, teniendo en cuenta los poderosos enemigos que enfrentan a nivel nacional e internacional. En la medida que el gobierno de Jair Bolsonaro pueda ir resolviendo los problemas concretos, contando con el apoyo masivo de la población, bien podrá Brasil retomar nuevamente el rol importante que le corresponde en el futuro de nuestro continente. Brasil votó al futuro, no al pasado.

# MÉXICO: AMLO PRESIDENTE

## "O cumplo con lo prometido o me voy a la chingada"

*13 de diciembre 2018*

Ni el propio nuevo presidente mexicano Andrés Manuel López Obrador, conocido popularmente como AMLO, cree en realidad poder cumplir con todo lo prometido durante su campaña electoral; de lo contrario no hubiera terminado uno de sus tantos discursos con una frase muy mejicana, algo vulgar, que expresa su incertidumbre: "Si no puedo cumplir con mi agenda, me iré a la chingada", dicho de otra forma, me iré al carajo, a la mierda. Algo más diplomático lo afirmó nuevamente al decir en otro de sus discursos: "En dos años y medio me someteré a la renovación de mi mandato para demostrar que el pueblo es el que tendrá el poder en sus manos.(…) Porque el pueblo pone y el pueblo quita, y es el único soberano al que debo sumisión y obediencia".

El discurso de AMLO de toma de posesión de mando realizado el primero de diciembre ante unas 160.000 personas en el Zócalo de la Ciudad de México, principal plaza pública del país, tuvo rasgos impactantes por sus simbolismos, su dramatismo y su demagogia, comparado con otros cambios de mando que pude presenciar en el pasado en la capital azteca. Es así que un momento muy especial lo marcó la ceremonia de purificación por parte de los pueblos indígenas. AMLO se arrodilló durante el ritual al recibir el bastón de mando, que lo purificaba, frente a un indígena hincado, que le llevaba también un crucifijo.

Desconfianza e incertidumbre reina en el México de estos días, a pesar del rotundo triunfo de AMLO, en julio pasado, con el 53 % de los votos, con lo cual obtuvo también una mayoría absoluta en el congreso. Desconfianza e incertidumbre porque nadie sabe exactamente qué rumbo definitivo tomará el gobierno. Hasta ahora las señales son erráticas y ambiguas, a veces contradictorias y si no llega a hacer los cambios sustanciales que prometiera en sus 100 puntos al asumir el mandato, podría ya en el año 2021 , en las elecciones intermedias, perder la mayoría en la Cámara de Diputados.

México es hoy en día un Estado semi-fallido, y será muy difícil superar los males endémicos del país: la corrupción, la violencia, las devastadas estructuras institucionales, los poderosos carteles de la droga, el sistema judicial muchas veces en manos de jueces ligados al narcotráfico y una fuerza policial prácticamente al servicio del crimen organizado. Pero el mayor peligro futuro de su gobierno estriba en su visión de ejercer el poder en forma vertical, y poco democrática. Todo diseño político parte sólo de él y vuelve sólo a él. Creó así la posición del "delegado político", especie de comisario político, uno para cada Estado del país federal, que será un verdadero representante popular de su ideario. Además ya avisó de hacer amplio uso del recurso de las llamadas "consultas populares". Indicios peligrosos del autoritarismo del nuevo presidente, un autoritarismo capaz de arruinar aún más al país en pos de una ideología fallida, como lo fuera el caso de Hugo Chávez en Venezuela, un autoritarismo que ya lo pudimos observar en él, en el transcurso de su trayectoria política de 30 años, y su militancia siempre en las filas de la extrema izquierda latinoamericana. Durante sus campañas electorales, recordemos que con esta última, ha sido la tercera en intentar llegar a la presidencia del país, ha tratado de revivir el poco democrático corporativismo mexicano, afín a aquel de Mussolini. Y como el Duce ha utilizado en infinidad de veces la presión de la calle, de sus fanáticos, cuando las instituciones republicanas del país bloqueaban sus designios.

Ya en sus primeros días vemos señales muy perturbadoras y erráticas para su nuevo gobierno. El hecho de haber invitado a la ceremonia de cambio de mando al genocida, capo narcotraficante venezolano Maduro, nos da ya una señal de mal augurio. Otros indicios de preocupacíon se encuentran en los sectores de la seguridad pública, de la lucha contra los poderosos carteles del narcotráfico, en el sector de la economía, en las importantes relaciones con el "vecino distante", los EE UU.

Luego de haber pregonado en su campaña electoral que sacaría de las calles de Méjico a las fuerzas armadas, anuncia la creación de una especie de Guardia Nacional con una tropa de unos 50.000 hombres, siguiendo el ejemplo de la Guardia Civil española y Gendarmerie francesa, y que será justamente formada por el muy cuestionado ejército mexicano, que otrora retirara de las calles. Esta especie de Guardia Nacional tendrá como misión combatir a los poderosos carteles de la droga, que prácticamente se han adueñado del país. El giro inesperado de AMLO en militarizar aún más la lucha contra el narcotráfico ha cosechado ya, en tan sólo un par de días de su mandato, fuertes críticas por parte de organizaciones nacionales e internacionales de derechos humanos. Por el otro lado anunció que está considerando crear un aparato que dé amnistía a capos del narcotráfico a cambio de la búsqueda de una pretendida pacificación del país, un anuncio que ha causado un fuerte rechazo en la sociedad y que pone en duda la seriedad de sus proyectos. Considerar tan sólo esta propuesta justamente en un país que necesita fortalecer su estado de derecho, es algo insólito, por no decir altamente peligroso, y más aún considerando el ejemplo cercano y fresco del fracaso en Colombia de los Tratados de Paz con la narcoguerrilla de las FARC, que luego del tramposo acuerdo del ex presidente Santos, a espaldas del pueblo colombiano , no logró que la guerrilla terminara con sus actividades criminales, continuándolas ahora con una nueva generación, asesinando, secuestrando y traficando, mientras sus viejos líderes, ya jubilados, perdonados de sus atroces crímenes, ocupen incluso curules en el congreso colombiano. ¿Será este el ejemplo a seguir por AMLO para su país?

Mas señales de preocupación en estos primeros días del nuevo mandatario, y esta vez en el sector de la economía, nos han dado múltiples gestos y declaraciones de AMLO que no sólo inquietan a los importantes capitales extranjeros, sino a los propios empresarios mexicanos. En una de sus consultas populares, subrayando así su clara política anti-capitalista, decidió parar por completo el gran proyecto de la construcción de un nuevo aeropuerto para la ciudad de México en Texcoco, y en plena construcción, causando turbulencias financieras. Por otro lado es obvio que AMLO está atado inexorablemente al poder casi absoluto del poderoso capitalismo mexicano si desea seriamente un progreso económico para el país , y ya se echó para atrás anunciando que en su gobierno no habrá ninguna reforma fiscal en los primeros tres años!

En cuanto a su política exterior será fiel a la tradicional doctrina Estrada de neutralidad extrema que incluye la autodeterminación de los pueblos y la no intervención en asunto que atañen a otros países. O sea que descarta completamente cualquier tipo de intervención en Venezuela. El álgido tema de la inmigración ilegal descontrolada en la frontera norte con los EE.UU , con los casi 8.000 centroamericanos que se encuentran en territorio mexicano, principalmente en la ciudad de Tijuana, causando serios problemas de seguridad y salubridad a la población de esa ciudad, es probable que los dos hombres fuertes, Trump y López Obrador, lleguen a algún tipo de acuerdo que sirva a ambas partes en un futuro bien cercano. De acuerdo a estadísticas mexicanas el pueblo de este país rechaza casi en un 50 % la presencia de la caravana en su país, mientras que en EE.UU., las cifras de rechazo llegan a porcentajes similares. Un arreglo sensato en este conflicto les conviene a ambos presidentes.

Se dice en México que el mayor obstáculo para que AMLO termine su mandato presidencial sin grandes turbulencias es él mismo, o sea su estilo autoritario, populista, que hasta ahora le ha favorecido en un país cuya población considera sólo en un 37 % sistemas democráticos como la mejor forma de gobierno y que le da lo mismo vivir bajo un gobierno democrático o no. Tan sólo 12 años atrás, en el 2016 estas cifras llegaban a índices bien diferentes, cuando el 54 % de los mexicanos preferían vivir bajo sistemas plenamente democráticos.

El futuro político del país es incierto. Ojalá logre AMLO, eso sí dentro del marco institucional republicano, tan sólo disminuir los altos grados de corrupción, de extrema violencia y de extrema pobreza que azotan el país y devolverle al mexicano común la sensación de que el gobierno es suyo, que lo representa, que es honesto; tan sólo esto ya significaría para el país un gran cambio cultural y político. Estamos frente a una gran oportunidad histórica para un cambio trascendental. ¿Logrará AMLO realizar este cambio? ¿Y si fracasa, se irá realmente a la Chingada? ¿O sumirá al país en una crisis aún mayor a la actual? El resultado será decisivo no sólo para la izquierda mexicana sino para el socialismo democrático de todo el continente, devaluado actualmente por lamentables ejemplos de la extrema izquierda totalitaria, blindada en reductos patéticos como lo son Venezuela, Nicaragua, Bolivia. Los próximos meses ya nos darán más pistas sólidas.

Buena suerte México, y ¡que la Virgencita de Guadalupe los ampare!

# ANTIFA:

## Un desafío para la democracia norteamericana

*26 de noviembre 2018*

El grupo de choque de la izquierda radical norteamericana ANTIFA aparece cada vez más a menudo con sus acciones violentas, intimidatorias, especialmente a sectores políticos republicanos o conservadores, en el complejo y peligroso escenario político del país del norte. Un muy mal síntoma para la democracia más importante del mundo. ANTIFA es la abreviación de antifascista, y es el término usado en los Estados Unidos para definir un grupo amplio y heterogéneo de personas, cuya visión política se sitúa en la extrema izquierda, muy próxima a grupos terroristas. En su encarnizada lucha contra todo lo que ellos consideran de derecha o conservador o capitalista, este movimiento se ha aliado con colectivos locales de rasgos extremos como el Black Bloc, un grupo anarquista particularmente violento, o Black Lives Matter, supremacistas negros que dispararon el año pasado a policías, además de perseguir a blancos por un supuesto privilegio racial, erigiéndose en verdaderos sheriffs sociales. El único objetivo de ANTIFA es confrontar y combatir violentamente las políticas y las personas que ellos consideran fascistas, racistas, homofóbicas, etc., etc. Por supuesto en la palabra fascista se engloba todo aquello que no sea de izquierda o de extrema izquierda. Creen luchar contra el totalitarismo, cuando en realidad son ellos la personificación de lo fascista en la política, no permitiendo la libertad de expresión ni de movimiento de los demás. Sus últimas acciones terroristas estuvieron dirigidas contra senadores, diputados, periodistas, intelectuales de renombre, que ellos consideraban conservadores y que debían ser combatidos sea como sea.

El movimiento ANTIFA no tiene un líder oficial o una cara reconocible; tampoco dispone de un centro de mando o de sede. Dispone sí de varias redes diseminadas por todo los Estados Unidos, con un perfil muy agresivo y activista. ANTIFA quiere hacer creer que está luchando contra el totalitarismo, y esta máscara le sirve porque es también utilizada por la militante oposición política del país que los trata con una peligrosa benevolencia igual que gran parte de la gran prensa y amplios sectores de izquierda, cada vez mayores, dentro del propio partido demócrata. Un juego muy peligroso. Con la excusa de la protección de sectores vulnerables de la sociedad, los ANTIFAS, junto a los grupos políticos y periodísticos progresistas, se están erigiendo como una autoridad que decide lo que debe pensarse y como deben organizarse los ciudadanos estadounidenses. Toda esta atmósfera malsana que está invadiendo a los EE UU, nos lleva inevitablemente a pensar en el terrorífico mundo descrito en esas magníficas novelas del siglo 20, como lo son Fahrenheit 451 de Ray Bradbury o 1994 de George Orwell, novelas distópicas con muchas semejanzas al mundo nuestro de estos días, donde la mediocridad se está estableciendo como norma, un mundo apático, insulso, conectado por infinidad de medios electrónicos que nos manipulan y hacen que no nos atrevamos a enfrentarnos decididamente a estos terribles brotes fascistas como lo son los ANTIFAS.

Desde que este movimiento se llenó de anarquistas, los ANTIFAS prefieren más y más la acción directa, como bloquear carreteras y avenidas para combatir y evitar concentraciones legales de adversarios políticos o presionar a las empresas para que despidan a trabajadores y empleados de diferentes rangos que no tengan el perfil que ellos determinen. Sus intervenciones se cuentan en estos días por decenas, y se vuelven cada vez más violentas, utilizando métodos propios de la guerra urbana. Desde la proclamación de Donald Trump, su archi-enemigo, como el presidente número 45 de los Estados Unidos, los ataques y acciones se han multiplicado exponencialmente y expandido por todo el territorio norteamericano.

Con la expansión de sus acciones por todo el territorio norteamericano llegó su diversificación y con ella la multiplicación de sus símbolos tomados de épocas anteriores de activismo político: la bandera negra clásica del anarquismo del siglo XIX , a la que se unió la roja del comunismo, y a la que se sumaría la "A" del anarquismo, de los años 50 y 60. Con la llegada del New Age y de las nuevas luchas sociales desde los años 70 se agregaron otras, como la estrella soviética y engranajes de fábrica que reinvindican un pretendido carácter obrero, más el gato negro, símbolo del anarco sindicalismo. Para hacer aún más diversa su imagen encontraremos también elementos representativos de la paz de los hippies, el anarquismo verde o ecoanarquismo surgido bajo la influencia del escritor norteamericano Henry David Thoreau, y últimamente símbolos del anarco feminismo y el anarquismo LGBT. Obviamente encontraremos siempre la infaltable imagen del Che. Los ANTIFAS se presentan casi siempre de negro y encapuchados para ocultar cobardemente su identidad y actúan como una verdadera guerrilla urbana.

Registremos ahora tan sólo algunos de los enfrentamientos y acciones más recientes de este grupo terrorista-fascista. Las víctimas son casi en su totalidad miembros destacados del gobierno republicano o círculos conservadores del país, periodistas críticos, independientes, muy pocas veces personajes del Partido Demócrata. Es más varios senadores y diputados de ese partido incluso llegan a azuzar a grupos ANTIFA en sus peligrosas acciones, como es el caso de la impresentable congresista afro-americana por el Estado de California, que ocupa el cargo desde hace 34 años, Maxine Waters , que tiene bastantes seguidores en el partido, y que declaró pocas semanas atrás: "Si Uds. ven algún miembro republicano del gabinete en un restaurant, en un negocio, en algún super mercado o en una gasolinera, deben juntar gente para echarlos del lugar, y darles a entender que allí no son bienvenidos, ni allí ni en otros lugares". Un discurso incendiario, completamente fascista y antidemocrático, que hasta el momento no se había visto en los EE UU con esta crudeza. Además palabras emitidas por una congresista que tanto ella como su marido están siendo investigados por la justicia por fraudes económicos contra el Estado. Hostigar, difamar, amenazar a los opositores políticos que no comparten su ideología, esa es su divisa. Y cada vez son mayores los círculos dentro del ala izquierda del Partido Demócrata que permanecen callados ante semejantes atropellos. Esta congresista, como otros que comparten sus métodos, debería ser enjuiciada y condenada ejemplarmente en nombre de la buena salud futura de la democracia norteamericana.

En febrero del año 2017, grupos de ANTIFA secundados por estudiantes universitarios, terrorizaron y destruyeron parte del campus de la Universidad de Berkley en California para impedir una

conferencia del polémico editor Milo Yiannopoulos de origen grie-
go-británico , conocido por sus posturas anti-progresistas y contra
la ideología del género y el feminismo.

En marzo del mismo año, agredieron al científico y político conservador Charles Murray mientras impartía una charla en la Universidad de Middlebury, en Vermont.

En julio del 2017 en Charlottesville, Virginia, se enfrentaron con
activistas de la derecha norteamericana al tratar de derribar allí
una estatua del aclamado General confederado de la Guerra Civil
estadounidense Robert E. Lee.

Más recientemente, en los últimos meses, miembros de ANTIFA
interrumpieron la cena del senador republicano Mitch Mc Connell,
que estaba disfrutando junto a su esposa, la Secretaria de Transporte, Elaine Chao, en un restaurant de Louisville, arrancándole los
platos y tirándolos a la calle.

En junio pasado simpatizantes de una célula terrorista, pertenecientes al grupo ecologista Clean Virginia, junto a los dueños de un
renombrado restaurant en Lexington, impidieron servirle la cena
que había pedido la actual Secretaria de Prensa, Sarah Huckabee
Sanders que se encontraba acompañada por su familia, obligándo-
la a dejar el local en forma vergonzosa.

Días después le sucedía algo parecido a la Secretaria de Seguridad Nacional Kirstjen Nielsen, en un restaurant a pocas cuadras de
la Casa Blanca.

A principios de este mes de noviembre le tocó el turno en estas
vergonzosas acciones fascistas de elementos simpatizantes o integrantes de ANTIFA al conocido periodista conservador Tucker
Carlson, que mientras estaba en el aire con un programa de TV por
cable, su casa ubicada en la zona noroeste de Washington DC, fue
atacada por un grupo ANTIFA, denominado Smash Racism D.C.,

conocido ya en la zona por otras acciones terroristas similares, y que en esta oportunidad pudo bloquear las calles adyacentes, pretendiendo derribar la puerta de la vivienda en la cual se encontraba sólo su esposa, aterrorizada, pudiendo ser salvada por la policía a último momento.

Ben Stein, un renombrado economista, abogado y periodista independiente, de origen judío, comentó días atrás en el marco de una entrevista, amargado y sorprendido por todas estas acciones evidentemente de corte totalitario que "repugnantes métodos fascistas, las bandas de Antifa se están transformando en copias de los camisas pardas de los primeros días de las acciones del partido nazi alemán. Es muy desagradable, horrible. La democracia en acción se muestra votando, y no usando la violencia. Estas bandas son simples gangsters, y la gente decente debería condenarlos fuertemente. Soy un gran estudioso de la segunda guerra mundial y de la llegada al poder del Partido Nazi, y bien puedo decir que lo que contemplamos ahora, es como todo comenzó en la Alemania de aquella época".

EE.UU. vive actualmente una gran división política, un gran enfrentamiento en el seno de su sociedad, con peligros de rasgos totalitarios como lo son los que caracterizan ANTIFA. Hasta el momento los principales medios de comunicación norteamericanos han presentado en forma banal, superficial este peligro para la democracia; no le han dado la importancia que merece. Muchas veces muestran a este peligroso grupo fascista como un grupo de jóvenes inconformes desahogando su ira; pero con un poco de investigación periodística seria, rigurosa e imparcial, bien podrían saber que ese no es el caso.

El periodismo investigativo independiente está llamado a jugar un rol preponderante en informar y prevenir males mayores a nuestras instituciones, porque especialmente en la importante democracia del norte la gran prensa, en muchos casos, está manejada por empresarios multimillonarios, verdaderos zares, sin ningún vínculo con el periodismo, y lo ven como un simple negocio rentable. Es por esto que me gustaría citar nuevamente al gran maestro polaco del periodismo, Ryszard Kapuscinski que acertadamente afirmó: "Cuando se descubrió que la información era un negocio, la verdad dejó de ser importante".

# OTRA VEZ GEORGE SOROS

## La caravana de inmigrantes centroamericanos

*12 de noviembre 2018*

> *El trabajo de los periodistas no consiste en pisar*
> *las cucarachas, sino en prender la luz, para que la*
> *gente vea cómo las cucarachas corren a ocultarse.*
> Ryszard Kapuchinski
> Periodista, historiador, ensayista polaco.

El líder más joven del mundo, Sebastián Kurz de tan solo 31 años de edad, Canciller de Austria, ha informado semanas atrás que George Soros, una de las cucarachas más ponzoñosas de la actualidad, un especulador inescrupuloso de las finanzas con piel de filántropo, tiene 28 días para cesar con las actividades en Austria o enfrentar acciones legales por "intentar socavar la democracia de la nación". "La situación se ha vuelto crítica en varios países del mundo", dijo Kurz. "Soros está arrojando todo lo que tiene detrás de su impulso por el control global. La desinformación y la manipulación de los medios gracias a los dineros de Soros, han aumentado exponencialmente de la noche a la mañana. No tenemos lugar a la complacencia". Ante la noticia que Soros últimamente decidió lanzar el 75% de su vasta fortuna, o sea unos aproximadamente 18.000 millones de dólares, a sus aparentes operaciones filantrópicas en todo el mundo a través de su poderosa Open Society Foundation, con sede en Washington D.C., que maneja cientos de filiales distribuidas por todo el mundo, es que el joven Canciller austríaco va aún más lejos, al afirmar "el espectro de Soros es el mayor desafío al que se enfrenta la humanidad, insertando implacablemente su embudo de sangre en todo lo que huele a dinero, usando este dinero para comprar políticos corruptos, periodistas y el sector público, y tratando de crear el mundo a su imagen. El pueblo de Austria ha rechazado el Nuevo Orden Mundial que trata de imponer Soros, y es mi deber y mi privilegio defender su voluntad". Esta clara posición es compartida plenamente por otros países europeos como Hungría, Polonia, Croacia, Eslovaquia e Italia, que también han prohibido las fundaciones de Soros y su presencia, en sus respectivos países, por el peligro que representan para sus democracias y culturas.

El hecho es que Soros a través de su Open Society Foundation y su centenar de organizaciones satélites busca desestabilizar los países donde operan. Financia todo lo que vaya a favor de eliminar fronteras y la identidad de las naciones para crear un nuevo orden universal que recuerda muy bien al libro clásico de Aldous Huxley "Brave New World", donde un gobierno central llamado "World State" controla todo el mundo, un mundo sin fronteras, sin naciones y donde el individuo desaparece como entidad. Es el mundo de Soros y para ello se sirve de masas de inmigrantes, manipulados, ilegales que irrumpen en los diferentes países creando el caos. Financia todo lo que rompe el núcleo familiar, los valores y principios sobre los cuales se ha cimentado tradicionalmente la familia. Ataca a través de sus fundaciones el matrimonio, la natalidad, la religión cristiana, fomenta el uso de las drogas, el aborto, el matrimonio homosexual, la diversidad de género, la legitimación de la pedofilia, etc., etc. Y tantos jóvenes y no tan jóvenes, idealistas e ilusos, caen redondos fascinados con esa "tolerancia falsa" pero no toleran a quienes no piensan como ellos, pero exigiendo, eso sí, que ellos no sean cuestionados, o sea una forma de fascismo contemporáneo.

Un buen ejemplo de las maquinaciones maquiavélicas de Soros lo vemos claramente hoy en día en el llamado "Soros Express", la caravana de inmigrantes centroamericanos que se dirigen desesperadamente hacia la frontera sur de los EE UU, para tratar en forma totalmente ilegal de entrar al país del norte, desconociendo todo tipo de leyes nacionales referentes a una inmigración ordenada, de acuerdo a la constitución vigente. Soros busca el caos, busca provocar un conflicto no sólo fronterizo, sino internacional, para debilitar a su archienemigo Donald Trump. Todavía no digirió la amarga píldora que su candidata a la presidencia Hillary Clinton, a la que apoyara con sumas multimillonarias, haya sido derrotada. No lo puede tragar, y se trata de perjudicar al presidente electo, sea como sea, creándole conflictos por todo el mundo. El objetivo final es buscar el impeachment de Trump. La caravana de inmigrantes centroamericanos, que comenzara su marcha partiendo de la ciudad de San Pedro Sula, al norte de la República de Honduras, con un contingente inicial de unas 2.000 personas, a las que se fueron sumando durante la caminata más contingentes de desesperados inmigrantes provenientes de otros países centroamericanos, como Guatemala, El Salvador, Nicaragua, suma ya hoy en día, casi a las puertas de su destino, la frontera con los EE UU, unas 7.000 personas.

Para el financiamiento de la bien organizada invasión de caravanas migratorias anti Trump desde Centroamérica hacia el vecino del norte en desafío a la ley de inmigración vigente en los EE UU Soros está utilizando parte de su enorme fortuna calculada en unos 23.000 millones de dólares. Fundaciones conservadoras calculan que el costo de la movilización de cada inmigrante en esta caravana podría llegar hasta los 7.000 dólares. Previo al comienzo de las caravanas Soros invirtió fuertes sumas de dinero en los países centroamericanos, estableciendo filiales de sus ONGs, comprando periódicos, canales de televisión y un sinnúmero de periodistas, todo esto para preparar el terreno. Tan sólo en el año 2017, el magnate depredador invirtió un total de 2,5 millones de dólares en Centroamérica, recibiendo Honduras 500.000, El Salvador 660.000, Guatemala 918.000, Belice 105.000, fundamentalmente para trabajos en el campo de los medios de comunicación. Estas cifras, confiables, provienen de medios de prensa guatemaltecos que investigan el tema.

Otros importantes fondos fueron a parar a organizaciones dentro de los EEUU, como PICO, organización comunitaria, y la FPL, un grupo progresista que trabaja junto a varios medios de comunicación para promover la causa de "justicia social" de la ultra izquierda norteamericana. Además juegan un rol importante en la organización del desarrollo de la caravana un grupo llamado "Pueblo sin Fronteras", como así también la coalición de Soros llamada "Cara", las iniciales en inglés de diferentes organizaciones que forman este acrónimo, entre ellas agrupaciones de abogados defensores de inmigrantes ilegales. Esta grosera intervención de Soros en el desarrollo de la caravana hizo que muchos especialistas en política internacional ya la nombran como "la caravana Soros Express".

¿Qué pasará en los próximos días en la frontera sur de los EE UU, cuando finalmente llegue la "Caravana Soros"? El Presidente americano Donald Trump ya ha enviado a la zona fronteriza un contingente militar de unos 5.200 hombres, el mayor en la historia reciente en el plano doméstico, para cerrarles el paso. Está además ya prevista la instalación de múltiples carpas en suelo mexicano. ¡Pero cuidado con estas multitudes manipuladas por esbirros de Soros que pueden desencadenar reacciones explosivas, descontroladas! También debemos considerar el apoyo interno desde los EEUU de activos grupos radicalizados y un sector importante de la gran prensa progresista norteamericana, aliada de George Soros, este especulador de las finanzas con piel de filántropo, que afirmara de sí mismo a su biógrafo Michael Kaufman "soy un tipo de loco que quiere tener impacto mundial y que lo reconozcan. (… ) Soy una especie de Dios ex machina, un ser providencial, todopoderoso, que aparece para solucionar todos los problemas del mundo".

Enorme el peligro que enfrentan las democracias ante el poder de estas criaturas, estas "cucarachas", y como bien afirmaba el gran periodista polaco Kapuchinski, la prensa independiente debe absolutamente prender la luz para que la gente honesta vea cómo las cucarachas corren a ocultarse, y así poder fumigarlas más fácilmente.

# BRASIL EN UNA
## ENCRUCIJADA HISTÓRICA

## Bolsonaro y Hadad camino a la presidencia

*16 de octubre 2018*

Faltan muy pocos días para que quizás podamos ver al candidato a la presidencia del Brasil, Jair Bolsonaro, desfilar en el tradicional Rolls Royce, por la Esplanada de los Ministerios en Brasilia, para luego subir a pie los pocos peldaños que lo conducirán al Palacio do Planalto, para ocupar la silla presidencial de ese enorme, poderoso y orgulloso país latinoamericano. Actualmente la mayoría de las encuestadores y analistas políticos coinciden en darle a Bolsonaro el 58 % de los votos y a su contrincante Fernando Haddad el 42%. La encuestadora Paraná, que es considerada seria, habla en estos días de una relación de votos del 59,1 % contra el 25,5%. Esto después de la paliza electoral recibida por el candidato impuesto por el corrupto ex presidente Lula, hoy en prisión, y que obtuviera en la primera vuelta electoral, tan solo el apoyo del 27% de los votantes contra el 48% de Bolsonaro.

Las posibilidades que Bolsonaro ocupe el sillón presidencial en Brasilia son muy grandes, pero siempre puede aparecer el factor sorpresa el 28 de octubre próximo, y sería arriesgado afirmar, como lo hiciera el propio candidato Bolsonaro frente a una rueda de periodistas, días atrás, asegurándoles que el 28 podrían ir tranquilamente a la playa a festejar su triunfo.

Pero cómo explicar el éxito aplastante de este candidato de derecha sin la poderosa maquinaria electoral y el dinero sucio con el que cuenta su adversario, producto de años y años de una despiadada corrupción. Además no contó con la posibilidad de presentarse en los medios de comunicación, como le correspondía. No pudo utilizar la jugosa tarta de la propaganda electoral oficial en la televisión y prensa. Algunos aspirantes tenían hasta cinco minutos para explicar sus mensajes y pedir el voto. Bolsonaro en cambio se debía conformar con tan sólo ocho segundos. Compensó esta desventaja utilizando ampliamente las redes sociales y con mucho éxito mostrando una característica que se ve también en Donald Trump de preferir comunicarse directamente con el electorado ignorando la prensa, creando así un vínculo estrecho, emocional con la población. Solamente así se puede entender que al mismo tiempo que se lo acusa de racista y enemigo de las mujeres por sus exabruptos, encuentre justamente en ellos un gran potencial de votantes a su favor. Solamente así se puede entender que en tan poco tiempo los votantes del ultra izquierdista Lula se hayan volcado a un candidato de derecha, viéndolo como un salvador para los tiempos duros que están atravesando.

El contrincante de Bolsonaro, Haddad, enfrenta actualmente nada más ni nada menos que 33 procesos en su contra con acusaciones de fraude, malversación de dinero público y tantos otros delitos que lo colocan como uno de los campeones de la corrupción pública. A esto se suma el estar rodeado por muchos políticos procesados, lo que equivaldría en un eventual gobierno suyo a un retroceso ético para el país. Haddad es un lobo con piel de cordero, y gran parte de la prensa nacional e internacional, manejada por personajes de la izquierda caviar, ha perdido toda mesura e imparcialidad encubriendo la parte oscura del candidato de Lula y centrando todas sus municiones en contra de Bolsonaro. Como afirmaba el gran historiador, periodista y humorista brasileño Millor Fernández "Jornalismo é oposicao. O resto é armazem de secos e molhados", o sea el periodismo siempre debe ser de oposición, de crítica, todo lo demás es como lo que encontramos en un viejo almacén de abarrotes.

¿Y cuáles son los temas que causaron este tsunami de votos en favor de Bolsonaro? En primer lugar la escalada de inseguridad nunca antes conocida en el país que llevó a que la población se identificara con Bolsonaro y su política de tolerancia cero para con la delincuencia, y la implementación de medidas severas, como la reducción de la mayoría de edad penal a los 16 años, etc. etc. En segundo lugar que Bolsonaro representa el anti establishment, es un candidato anti sistema que supo interpretar el sentimiento de profunda decepción de los brasileños con los partidos políticos tradicionales, que lejos de solucionar los problemas candentes del país lo hundieron en una corrupción generalizada. En tercer lugar encontraremos el fuerte sentimiento antipetista de la población, sobre todo de los más humildes que se sienten traicionados por Lula y su camarilla, una profunda desilusión, que quieren manifestarla en el voto. Buscan en Bolsonaro una onda fresca de moralización y un futuro mejor. Y relacionado a este tema el deseo de amplios sectores de la población, sobre todo de la clase baja y media, de ver un retorno al conservadurismo, es decir a los valores tradicionales de la familia, a una educación lejos de los programas progresistas impuestos por Lula y Haddad, cuando era ministro de Educación pública, aplicados sin consentimiento popular en las escuelas del país. Y last but not least destaquemos algo esencial para explicar este cambio brusco de la percepción popular a favor de Bolsonaro: la economía, el bolsillo y los estómagos vacíos de tantos brasileños desempleados, que se sienten profundamente engañados por el populismo mentiroso de Lula. "Es la economía, estúpido", afirmaba en forma poco educada en el año 1992 James Carville, el estratega de la campaña de Clinton, el demócrata que buscaba la presidencia de la gran nación del norte. Lo mismo se podría decir hoy en el Brasil, a lo que podríamos agregar, "Es la política, estúpido", ante la realidad de un país destruido por las lacras de la corrupción de una mafia enquistada en el poder. Este sentimiento popular anti Lula-Haddad lo manifiesta muy claramente el popular ídolo del fútbol brasileño Ronaldinho llevando constantemente una camiseta con un logo a favor de su candidato favorito, Bolsonaro.

El fenómeno político brasileño atrae obviamente una enorme atención fuera de las fronteras del país. Es algo insólito lo que está sucediendo en la democracia más grande de Latinoamérica, y la quinta en el mundo y cuya economía ocupa el sexto lugar de las naciones de nuestro planeta. Dentro de nuestro continente la novedad que supone el ascenso del candidato de la derecha del Brasil Jair Bolsonaro, generó posturas que van desde el rechazo al guiño, pasando por el silencio. Uno de los comentarios más favorables de gobernantes de nuestro continente provino del presidente chileno Sebastián Piñera, quien comparte el enfoque económico del candidato para "el desarrollo futuro del Brasil", aunque dijo discrepar en otros temas con el candidato. De visita en España, durante un foro económico, manifestó que conoce el equipo económico de Bolsonaro y que su "plan es muy concreto, muy específico sobre cómo van a enfrentar los problemas de Brasil, y que apunta en la dirección correcta". Manifestó además haber sentido un "legítimo orgullo" porque Bolsonaro habló de seguir el modelo chileno y usar la transparencia en el combate a la corrupción. En el otro extremo de los comentarios se ubicó el gobierno del Frente Amplio del Uruguay. El ex presidente José Mujica sostuvo que un triunfo de Bolsonaro sería peligroso para la región, y la actual vice presidenta del país y esposa de Mujica, la ex guerrillera tupamara Lucía Topolansky, sostuvo por su parte que "hay toda una tendencia conservadora en la región, esto es casi un retorno a la dictadura". Anotemos que estas declaraciones contrastan con el silencio que el gobierno de izquierda del Uruguay guardó durante las elecciones en Venezuela, consideradas ilegítimas por otros países. La Cancillería argentina emitió un comunicado felicitando al gobierno y a todo el pueblo brasileño por la realización de las elecciones, que constituyen una reafirmación de la fortaleza de las instituciones democráticas del Brasil.

En Europa, mientras tanto, el líder derechista italiano, vice-presidente de su país y ministro del Interior, celebró enfáticamente el triunfo de Bolsonaro. "También Brasil cambia! - La izquierda derrotada y aire fresco!" escribió en twitter. Matteo Salvini además vaticinó que los partidos de centro derecha europeos culminarán una revolución en las elecciones del próximo mayo en la Unión Europea. "La revolución del sentido común está recorriendo toda Europa y también otros puntos del planeta, como es el caso de Brasil", fueron sus palabras en una rueda de prensa en estos días celebrada en Roma.

También en los EE UU no quedó inadvertido el fenómeno brasileño, que algunos describen como "una guerra cultural". El periódico Wall Street Journal reconoce en una editorial que los progresistas en el mundo entero, entraron en un "estado de ansiedad", desde el momento en que los brasileños dieran una votación tan expresiva y contundente a favor de Bolsonaro en la primera vuelta electoral, agregando que es el propio elector brasileño, quien mejor que nadie sabrá que candidato será el más indicado para su país.

La democracia brasileña tendrá que pasar en los próximos meses por un test inédito, quizás el más importante de su historia. En el Brasil funcionan las instituciones, especialmente la Justicia. Hubo y hay agujeros negros, que son una especie de oportunas excepciones que confirman la regla. La Justicia logró encarcelar a la gavilla de ladrones que se habían apoderado del partido PT, entre ellos a un ex presidente, que es simplemente uno más de los cientos de condenados a la cárcel por corrupción en una larga lista en la que figuran políticos de todos los partidos y empresarios de los más altos niveles. Ejemplo a seguir para varios países vecinos sudamericanos. Es que la realidad es un poco diferente a lo que le gusta contar a muchos corresponsales, periodistas y organizaciones internacionales, que creen que son las encargadas de tutelar a su antojo y sesgo los derechos de diferentes naciones con diferentes culturas. Y si hoy el pueblo brasileño para salir de su atolladero quiere aplicar el lema de su escudo, "Orden y Progreso", que así sea.

Como fan, desde niño, del maravilloso comic Asterix, recuerdo aquel titulado "Asterix en Córcega". Cuando le preguntan por el sistema electoral que rige en la isla, el jefe responde espontáneamente "metemos las papeletas de votación en la urna correspondiente, y luego la tiramos al mar. Después organizamos una pelea, y el más fuerte será el jefe". Esta forma tosca de tomar decisiones no será seguramente la que viviremos en Brasil en los próximos días, teniendo en cuenta el historial democrático de ese gran país.

# BRASIL EN TERAPIA INTENSIVA:

## Elecciones 2018 "Deus e brasileiro"

*2 de octubre 2018*

El próximo 7 de octubre hay elecciones presidenciales en el Brasil, probablemente las más decisivas de la historia del país y las más insólitas. El favorito, Lula da Silva, no podrá participar porque se encuentra preso. El segundo candidato en popularidad Jair Bolsonaro fue salvajemente acuchillado en el transcurso de un evento de campaña política, y se encuentra aún hospitalizado debido a la gravedad de las heridas sufridas. El candidato del PT, del partido de Lula, Haddad sigue tan sólo órdenes del caudillo desde la cárcel. Y en el medio una masa de votantes aún indecisos que es calculada en por lo menos un 25 %.

El panorama político del país es hoy en día más que incierto. La democracia más grande del continente con sus 200 millones de habitantes , y con una economía que ocupa el sexto lugar en el mundo, vive momentos de zozobra, y el resultado de las elecciones de este domingo, o los resultados de la probable segunda vuelta prevista para el 28 de este mismo mes, marcará el futuro del país políticamente y económicamente: o bien tomará aquella ruta del crecimiento con la aprobación de reformas estructurales necesarias para rescatar la economía que se encuentra en el limbo. O bien retrocederá a la antigua matriz populista de Lula, responsable del desempleo, la inflación, el total desastre de las cuentas públicas, sin hablar de la astronómica corrupción nunca antes vista en el país que caracterizó a los gobiernos populistas del corrupto Lula.

Se enfrentarán en la contienda electoral por un lado el discípulo del caudillo, elegido a último momento, a regañadientes, Fernando Haddad, que no cuenta con el perfil carismático ni populista de su maestro, representando la extrema izquierda de salón, de la elite universitaria, sin la más mínima pátina del "presidente obrero", llevando como candidata a la vice-presidencia, a Manuela Dávila, importante militante del Partido Comunista Brasileño. Haddad cuenta con un caudal de votos de aproximadamente 18%. Por el otro lado su contrincante, el ex militar de derecha Jair Bolsonaro, ex paracaidista, propenso a una política de Law and Order, afín al lema del escudo brasileño que estipula "Ordem y Progresso". Bolsonaro es actualmente el favorito en las encuestas con un porcentaje de 28% de los votos. Se plantean unas elecciones muy complejas, con un final abierto y que repercutirán fuertemente no sólo dentro del país, sino que gravitarán en el clima político del futuro del continente.

Lula hasta último momento se aferró a presentarse a las elecciones sabiendo que tendría todas las chances de ganar. Digan lo que digan o afirmen lo que afirmen el coro nacional e internacional de progresistas, y se va a decir mucho y se va a discutir mucho, Lula no pudo ser candidato por la aplicación correcta y estricta de una ley que aprobó su propio gobierno hace ocho años. No fue una ley inventada para impedir que Lula se presentara como candidato en estas elecciones, sino que fue hecha y sancionada por él mismo. Es así que Lula fue condenado a doce años y un mes de prisión por los delitos de corrupción y lavado de dinero, y es tan sólo uno de los cientos de condenados a la cárcel por esos crimenes en una larga lista en la que figuran políticos de todos los partidos y empresarios de todos los niveles. Es más, muchos analistas políticos brasileños opinan que Lula debería haber sido preso mucho antes, por tantos otros delitos graves, como por ejemplo la compra de congresistas, el famoso "mensalao".

Lula está preso desde hace seis meses en la cárcel federal de Curitiba. Transformó su celda en un cuartel de campaña política manejando desde allí la maquinaria de sobornos y compra de candidatos en favor de su sucesor. Tiene muchos privilegios, puede dar entrevistas a la prensa, y aprovecha esta oportunidad para asumir el rol de víctima, de perseguido político. Incluso ha logrado interceder ante el Comité de Derechos Humanos de las Naciones Unidas para que a último momento pueda ejercer sus derechos políticos, ignorando así la decisión democrática del Tribunal Superior Electoral brasileño que prohíbe a los condenados en segunda instancia a postularse a cargos públicos. Increíble el desprestigio que acarrea este organismo internacional al tratar de imponer una medida de tal tipo en un país democrático con una Justicia funcionando. Anotemos a título de información que EEUU renunció a su membresía de esta organización el 19 de junio del 2018.

El candidato elegido a dedo por Lula, Fernando Haddad pertenece a la clase alta urbana de San Pablo. Hijo de ricos comerciantes libaneses se formó en leyes en la Universidad de San Pablo y también en Canadá. Su tesis doctoral muestra su clara ideología, "De Marx a Habermas - el materialismo histórico y su paradigma". Fue ministro de Educación de Lula y como la mayoría de los políticos brasileños estuvo envuelto en escándalos de corrupción durante su gestión en la municipalidad de San Pablo con la constructora de obra pública UTC. Es evidente que Haddad se vale del legado de Lula para impulsar su candidatura presidencial, pero al mismo tiempo no puede liberarse del tutelaje del caudillo. Hoy se encuentra en segundo lugar en las encuestas del país, con un 18 % de intención de votos , pero para ganar tendría que entrar en alianzas con otros partidos políticos. Haddad habla en tono didáctico y pensado, herencia de sus tiempos de profesor, completamente opuesto al rey de la oratoria, Lula, capaz de inflamar y emocionar a las masas con sus discursos acalorados, demagógicos. Como abogado, Haddad tiene acceso a la celda de Lula y ahí puede recibir sus instrucciones de cómo mejor cooptar la voluntad de otros partidos, repartiendo cargos a futuro y sabrosos "sobrecitos".

Jair Bolsonaro, el hasta ahora favorito en las encuestas para ganar la presidencia de Brasil, con un 28% de intención de votos, pero con un 60% de rechazo por sus posiciones y declaraciones extremas, se encuentra aún hospitalizado, y se espera que en cualquier momento le den el alta. Algunas encuestas sugieren que bien podría imponerse ya en la primera vuelta del próximo domingo. Pero hay otras que ven que podría consolidar la victoria recién en la segunda vuelta electoral el próximo 28 de octubre, más aún si se sumara a sus filas algún otro partido de los 25 representados en el congreso y si lograra moderar su discurso extremo.

La profunda cuchillada que recibió el candidato Jair Bolsonaro fue una cuchillada a la democracia brasileña, en un país donde no son comunes tales actos de violencia. El hombre que cometió el atentado y que se salvó de ser linchado, Adelo Bispo de Oliveira de 48 años, es un viejo militante del partido de extrema izquierda PSOL y actuó por motivos políticos y religiosos. Su perfil en

Facebook, analizado por la policía, demuestra un profundo odio tanto al Presidente Temer como al candidato Bolsonaro, surgiendo además el hecho de su gran simpatía por el gobierno venezolano de Nicolás Maduro.

Bolsonaro interpreta el sentimiento de frustración actual del orgulloso pueblo brasileño que en gran parte pasa por alto sus declaraciones tendenciosas de extrema derecha y piensa que es producto de la dura campaña política y que una vez en el gobierno se volverá más moderado. Si Bolsonaro es elegido Presidente, seguramente renacerá en Brasil el discurso oficial nacionalista, proclive al proteccionismo y al intervencionismo estatal.

Muchos analistas políticos consideran a Bolsonaro como un peligro para el futuro democrático del país. Pero en las calles de Brasil sus seguidores llevan la voz más fuerte y se oyen frases como "Es el único político decente" o "La línea de Bolsonaro siempre nos ha gustado, una línea clara y fuerte, conservadora, que defiende los valores de la familia" o "Es un patriota, y es lo que necesitamos hoy en Brasil". Bolsonaro es una caja de sorpresas y es difícil de pronosticar cómo será su actuación como presidente, y si dejará de lado todo su discurso provocador y extremista.

Brasil pocos días antes de las elecciones presidenciales se encuentra en una encrucijada entre dos extremos, el peligro de la ultra derecha y el peligro de la ultra izquierda, ambas con rasgos fuertemente populistas. Para entender mejor al Brasil, hay que aceptar que es una nación especial en el continente. Habla un idioma diferente al resto de la región, cuenta con una cultura política propia que no está caracterizada por la confrontación, sino por el consenso, por arreglos pacíficos en la trastienda. El colonialismo, la esclavitud, las dictaduras militares desaparecieron sin grandes tragedias. Esperemos que esta vez, en esta verdadera locura electoral suceda lo mismo y el país vuelva milagrosamente a la normalidad y que el dicho tan popular en el Brasil "Deus e brasileiro" ilumine el futuro del país para que su democracia pueda salir de la terapia intensiva en la que hoy se encuentra.

# EL OCASO DE ANGELA MERKEL Y SU NEFASTA HERENCIA PARA EUROPA

*26 de septiembre 2018*

La canciller alemana Angela Merkel con su política inmigatoria de puertas abiertas, su llamada "Willkommenskultur", que trajo una oleada de 1,5 millones de refugiados, en tan solo los últimos 3 años a su país, la mayor parte de ellos por motivos económicos y de cultura musulmana de muy difícil integración , ha generado en su país y en toda Europa una serie de movimientos tectónicos de gran escala a nivel político, económico y social cuyas dramáticas consecuencias es aún difícil de calibrar en toda su magnitud.

Lo reprochable de esta decisión es que la tomó sin consultar a su pueblo ni a sus pares europeos, que ahora están sufriendo ya los impactos negativos en el enorme crecimiento de los partidos políticos de ultra derecha, que ponen en peligro las otrora solidas democracias europeas. Es casi inevitable que estas ondas tectónicas la arrastren también a ella, y no pueda terminar su cuarto mandato como canciller de su país. Encuestas serias señalan que el 47 % de la población alemana quiere que renuncie lo más pronto posible. Merkel ha envenenado no sólo el clima político de su país, sino el clima político de Europa, donde se enfrentan diferentes grupos políticos siendo aquellos que quieren dar un giro radical a la política de asilo, para llegar a una inmigración 0, cada vez más numerosos.

La imagen política de Merkel está hoy en día por el suelo, negándose ella aún a reconocer su tremendo error. Se aferra al poder, y sin tener el menor escrúpulo trata de salvarse sea como sea, buscando de corregir el curso de su política a último momento. Ya son muchos los analistas políticos que consideran que "la mujer más poderosa del mundo", como la definían hasta hace poco muchos de los medios más importantes de su país, ha fracasado rotundamente en su política inmigratoria, y que su era política de 16 años acabará en un desastre, justamente por el tema de la inmigración.

Cada vez son más las voces que reclaman su renuncia, hasta desde los Estados Unidos. El renombrado periodista del New York Times Bret Stephens, que hasta hace poco tiempo se refería a ella como una leona de la democracia europea, titula un largo artículo dedicada a Alemania, publicado en julio pasado, "Why Merkel must go", y habla de la profunda crisis que está padeciendo el país por la problemática inmigratoria, de la cual ella es responsable, mencionando además el rol negativo de los burócratas de Bruselas, que los denomina "sonámbulos" por no haber actuado a tiempo. Esta pérdida de credibilidad de la canciller ha sido aprovechada por la nueva presidenta del partido Social-Demócrata Andrea Nahles, que haciendo alusión a la famosa composición de Richard Wagner "El Ocaso de los Dioses", afirma que el ocaso de la diosa Merkel ha comenzado definitivamente.

Merkel durante toda su actuación política ha demostrado ser una oportunista afirmando hoy una cosa y al no convenirle, optar por lo contrario cuando sentía que los vientos cambiaban. Tan sólo un ejemplo del zigzag que la caracteriza. En el año 2010, en una reunión cumbre de su partido, la CDU, afirmaba textualmente que "la idea del multiculturalismo como la simple convivencia pacífica de personas con diferentes raíces culturales no está funcionando, nos hemos engañado a nosotros mismos. Pensamos que los inmigrantes no se quedarían, en algún momento se irían, pero esto no es así, el multiculturalismo en Alemania es un fracaso total". Cinco años después, en el 2015 "Mutti Merkel", como la llamaban entonces los inmigrantes en forma afectuosa, hizo un giro de 180 grados abriendo las puertas de su país de par en par para recibir tan sólo en doce meses más de 800.000 extranjeros en forma completamente descontrolada. Y ahora en el 2018, acorralada por las críticas en su país y en Europa, decide hacer nuevamente un giro radical declarando que es partidaria de una inmigración 0 para su país. ¡Cuánta hipocresía! ¡Cuánto oportunismo político, tan sólo para poder perpetuarse en el poder!

Lejos han quedado aquellos días de septiembre del 2015, llenos de euforia, de buenas intenciones. Merkel sorprendìa al mundo con su Willkommenskultur, convirtiéndose en el referente político mundial por su valentía ética de mantener sus puertas abiertas a sirios, afganos iraquíes, paquistaníes, que entraran por las frontera sur del país, al Estado federado de Baviera. Ahora esa euforia inicial que promovió sin haber considerado tan sólo por un momento hacerse la pregunta crucial de cuántos inmigrantes podrá soportar el país, cuál sería el costo, cuál sería la política de integración a aplicar, ha llegado a su fin. Esa decisión suya se ha transformado en una profunda crisis que amenaza cada vez más con llevarse a la propia canciller por delante. Su Ministro del Interior, justamente proveniente del Estado de Baviera, el conservador Horst Seehofer, líder del poderoso partido CSU, aliado de toda la vida de la CDU de la canciller, le ha dado plazos para que logre a nivel europeo algún tipo de acuerdo para cerrar las fronteras, de lo contrario lo hará él unilateralmente junto a su partido. Esta disputa puede terminar en una ruptura de la coalición gobernante, dejando a la Canciller en minoría parlamentaria, lo que significaría su fin político.

La CSU de Baviera está interpretando actualmente mejor que otros partidos el sentimiento popular entre los alemanes que viven en un estado de inseguridad, de decepción con su actual gobierno que los dejó solos ante un mundo que los rodea y que les es cada vez más extraño, bombardeados por estadísticas dadas a conocer por el propio gobierno: en el año 2050 este país puede convertirse en un estado musulmán, en tan solo 40 años el islam será la religión más practicada en Europa, actualmente el 30 de los bebes nacidos en Francia son musulmanes, y tantas otras informaciones estadísticas que traen inseguridad y miedo. Ni siquiera los especialistas del país pueden ponerse de acuerdo cómo se debería enfocar la integración ilegal incontrolada que llegara al país. Sobre este trasfondo se deben entender las palabras del líder del partido de la CSU de Baviera Horst Seehofer: "Debemos llegar a una inmigración incontrolada 0 para proteger el interés de la nación y de la población alemana". La CSU de Baviera ha tomado actualmente la bandera de la defensa de los intereses y valores nacionales, tratando de hacerle frente a la extrema derecha del partido AfD, que en este panorama de incertidumbre se extiende más y más, habiendo obtenido ya el 15% de los votos configurando la tercera fuerza política dentro del país.

Horst Seehofer no está solo, ni a nivel nacional, ni a nivel europeo. Semanas atrás se reunió en la ciudad de Innsbruck con su colega italiano, Matteo Renzi, con su colega austríaco Herbert Kickel y con el canciller del mismo país, Kurz, decidiendo la formación de "un eje de voluntarios en la lucha contra la inmigración ilegal". Al final del encuentro el Canciller austríaco Kurz declaró, satisfecho de la reunión, "me alegra la buena cooperación entre Roma, Viena y Berlín, creo que es importante no esperar una catástrofe como en el 2015 y actuar a tiempo". Este eje antiinmigratorio en la Unión Europea cuenta además con el apoyo irrestricto del llamado Grupo de Visegrado, que abarca los Estados de Hungría, República Checa, Eslovaquia y Polonia. Este hecho es una cachetada más para la política llevada a cabo por la Canciller alemana, que busca ahora en forma desesperada comprar nuevos socios y mantener a los antiguos como al autócrata de Turquía, Erdogán, que recibirá próximamente adicionales 6.000 millones de Euros, para frenar el flujo de inmigrantes ilegales, principalmente hacia Alemania. También la España socialista de Pedro Sánchez, con el que hace muy buenas migas últimamente, recibirá una abultada suma por cooperar con la regulación de las migraciones ilegales. Y lo mismo sucederá con Grecia, Marruecos, Argelia, Libia, sin tener en cuenta el criminal sistema que se ha apoderado de este último país. Medidas desesperadas.

Es obvio que la aún rica Europa no podrá recibir los 50 a 100 millones de seres humanos, la mayoría musulmanes de Africa, que con las mochilas prontas esperan en sus países la oportunidad de iniciar su peregrinación hacia Europa. Ya hoy en día vemos que la presencia de unos 25 millones de musulmanes, en los 28 Estados miembros de la Unión Europea, está planteando un duro debate, polémica, miedo y hasta odio, como nunca antes visto. La generosidad es una virtud, pero cuando es ilimitada y en función de fines políticos y de imagen está destinada tarde o temprano al fracaso. La Canciller Merkel debe renunciar y dejar paso para que comience una nueva era en Europa. Una era en la que la Unión Europea sea capaz de implementar una política inmigratoria común en base a la legalidad, capaz de reconstruir el tejido social dañado y que represente realmente los intereses de los ciudadanos respetando sus tradiciones, su rica cultura, su democracia que tanto le ha costado desarrollar y mantener en su larga historia. De lo contrario Europa caerá en pedazos por el peso de una combinación de cambios demográficos, económicos, políticos, culturales, tecnológicos, cuyas consecuencias deberían haberse previsto a tiempo, pero que la mayoría de las dirigencias políticas del continente y los burócratas atornillados en Bruselas, prefirieron pasar por alto, hasta que ya fuera demasiado tarde. Ojalá que no sea así, los próximos años lo dirán.

# NICARAGUA:

## Se desmorona el clan de sátrapas sandinistas ortega – murillo

*19 de agosto 2018*

*Pará ya esta barbarie, en nombre de ese Dios, Daniel
Ortega, con quien te llenas la boca y el alma.
En nombre de ese Dios que está viendo este holocausto,
¡Dejá de matar ya Daniel, ya !*

Estas líneas fueron escritas hace pocas semanas y son parte de una carta abierta dirigida a Daniel Ortega, una larga y dramática misiva redactada por Carlos Mejía Godoy, el más destacado cantautor nicaragüense de todos los tiempos, que atravesó fronteras con sus canciones testimoniales, de protesta , y que compartimos en nuestra juventud en nuestro continente, víctimas de espejismos románticos.

Activo militante sandinista de toda la vida, toleró los rasgos totalitarios y la corrupción de este movimiento que quiso ser revolucionario. Mejía Godoy en estos días se vio obligado finalmente a reconsiderar su amistad con el sanguinario clan Ortega, y romper definitivamente con ellos. El asesinato a mansalva por parte de los esbirros del sátrapa nicaragüense, fuertemente armados por la policía y el ejército, enfrentándose a indefensos estudiantes, les ha abierto tardíamente los ojos. Miles y miles de jóvenes nicaragüenses han tomado las calles de su país, manifestando su hartazgo con el régimen totalitario de la dinastía sandinista de los Ortega, pagando con su vida esta valiente rebeldía. Hasta el momento, de acuerdo a cifras de la Comisión Interamericana de Derechos Humanos, son ya 264 los muertos, en tan solo 86 días, y en su mayoría jóvenes. Estos asesinatos han sido la chispa inicial que ha movido al cantautor y a varios adherentes sandinistas tradicionales a reconocer, finalmente, el carácter totalitario y criminal del actual régimen.

En realidad el Sandinismo , desde su inicio, cuando victorioso en julio del año 1979 entró en Managua derrotando la cruel dictadura Somocista, que se había perpetuado en el poder por casi 40 años, tuvo siempre un rasgo totalitario, lo mismo que el modelo que siempre trató de imitar, el modelo autoritario cubano de los hermanos Castro. Y hoy presenciamos en que terminan estos regímenes de terror, entre los que se cuentan el sandinismo y el chavismo de Venezuela con modelos de partidos únicos, autoritarios, corruptos y criminales, que han destruido países y tiranizado a sus pueblos. El mismo camino que intentara implantar en la Argentina el Kirchnerismo.

El sufrido y valiente pueblo nica en las calles ya no hace más diferencia alguna entre la dictadura de los Somoza y de los Ortega, que los han sometido a su modelo despótico. Así podemos presenciarlo en las calles de los diferentes pueblos del país. En pancartas improvisadas podemos leer "Ortega, Somoza, son la misma cosa", o "No es un Presidente, es un delincuente" o "Ortega peor que Somoza". Pobre Nicaragua que en su historia política no ha podido conocer largos períodos de gobiernos democráticos, republicanos. La única excepción fue bajo la presidencia de Violeta Chamorro, entre los años 1990 al 1997, años bien difíciles para el país y para toda Centroamérica, pero logró fortalecer la paz, la democracia y fomentó principios de libre mercado en la economía del país.

Los 21 años en total que gobernó el país el sandinismo, reformando la constitución a su antojo para poder eternizarse en el poder en forma totalmente fraudulenta, tuvieron siempre un rasgo totalitario, y nunca fueron un aporte democrático para el país. Menos en estos días cuando Daniel Ortega y su esposa Rosario Murillo, que ocupa el cargo de vice presidenta y que maneja prácticamente todos los hilos del gobierno, proclaman en forma fiera que no piensan separarse de sus cargos en forma pacífica.

Durante la mayor parte de esos caóticos gobiernos sandinistas tuve la oportunidad de presenciar como corresponsal de medios europeos para América Latina el verdadero rostro cruel, criminal de Daniel Ortega y las mafias con las que gobernó. Durante su mando Nicaragua se transformó, especialmente en la década de los ochenta, pero aún hasta hoy en día, en un importante centro internacional del narcotráfico que sostuvo siempre su alicaída economía con el asesoramiento de Cuba y su Cartel de La Habana. La conexión Nicaragüense de los hermanos Ortega hizo que el país se transformara en un oasis del narcotráfico internacional. Allí entraban y salían los más sonados narcos de la época como Pablo Escobar, que aportó 50 millones de dólares a la causa Sandinista para que las conexiones aéreas de los cargamentos de droga a los EE UU pasaran por Nicaragua sin ningún tipo de problemas. Todo esto llevó, en el año 1985, al funcionario de más alto rango del Servicio de Aduanas de los Estados Unidos, William von Raab, a declarar en una audiencia del Senado norteamericano relativa a la conexión sandinista con el narcoterrorismo internacional que "el narcotráfico y el terrorismo son gemelos siameses de la muerte y la destrucción. Personalmente creo que estos gemelos cuentan con padres en este hemisferio, y estos son el régimen sandinista por un lado y el gobierno cubano por el otro". En el año 2007, y producto de mis reportajes e investigaciones, publiqué en la Editorial Intermedio de Bogotá un libro titulado "El gran engaño - Fidel Castro y el narcotráfico internacional", en el cual dediqué un capítulo a la importancia de la Nicaragua sandinista en este muy rentable negocio ilegal.

Aun hoy en día el clan Ortega mantiene discretamente vínculos con el hampa narcotraficante que opera en la costa caribeña del país, donde de acuerdo a informaciones de la organización internacional Insight Crime, están activos grupos remanentes del colombiano Cartel del Norte del Valle , como el de Alberto Ruiz Cano que desde su base en la remota población costera de Walpasiksa opera con lanchas cargadas de cocaína provenientes de Colombia, Panamá y la Isla San Andrés, sin ser molestado por las encubridoras autoridades sandinistas.

La dinastía criminal sandinista de los Ortega presenta no sólo rasgos de una endémica corrupción, sino que es altamente inmoral. Es conocido el caso de abusos sexuales, violaciones, por parte de Daniel Ortega con menores de edad, y el más sonado es el protagonizado con su propia hijastra Zoilamérica, siendo esta menor de edad, allá a finales de la década de los 90. Su madre, la compañera de toda la vida de Daniel, Rosario Murillo, lo encubrió siempre en contra de los testimonios de su hija y de testigos fiables. Este silencio se lo cobró Murillo al déspota durante toda su vida, chantajeándolo y ascendiendo a un poder político que la hace hoy en día la persona más influyente en Nicaragua. Actualmente es vicepresidenta de la nación, secretaria de comunicaciones, aparte de investir muchos otros cargos, siendo como dijéramos el verdadero poder político del país. Nombra y destituye a altos funcionarios, es controladora, escandalosa y opina en sus discursos de todos los temas que se le ocurren, de política, del tiempo, de detalles del ornamento público y miente y miente. Practica además el esoterismo y cree en brujerías y maleficios y para ahuyentarlos utiliza casi a diario 7 collares, brazaletes y un sinfín de joyas, más 28 anillos en los dedos de la mano. El periodista francés Francois Musseau, después de haber pasado una estadía en Nicaragua, publicó un artículo sintomático en la renombrada revista Elle, bajo el título "La primera dama de Nicaragua es una hechicera".

Rosario Murillo, es responsable en gran medida que en el país se haya instalado una verdadera dinastía criminal en torno a los 9 hijos de la pareja. Así es que a sus vástagos los ha hecho todopoderosos y manejan hoy en día todos los resortes claves del país, Tino, Laureano, Daniel, Edmundo, Juan Carlos, Camila, Luciana, Maurice y Rafael se han adueñado del país. Una dinastía, la de los Ortega-Murillo, amantes del lujo, de los negocios ilícitos, del contrabando y el narcotráfico internacional. Así, por ejemplo, Laureano Ortega, adicto a los trajes de lujo y relojes caros, está encargado como asesor en inversiones estatales. Visitó China varias veces y está atrás del controvertido mega-proyecto de la construcción de un canal interoceánico, cuyas obras están detenidas actualmente. El proyecto tendría un costo final de unos 50.000 millones de dólares y es una fuente enorme de corrupción manejada por el millonario Chino Wang Jong junto a la mafia sandinista. Camila Ortega dirige un importante canal de televisión y su hermano Rafael Ortega es dueño de la emisora YA, la de mayor influencia en el país, aparte de estar involucrado en el lucrativo negocio de la distribución de petróleo.

¿Y cómo pudo suceder todo esto? ¿Cómo hacen para mantenerse en el poder durante tantos años? Resulta que los insaciables planes de dominio de la criminal pareja, blindados ya por los poderes de un Estado usurpador, más el dominio de la mayoría de los medios de comunicación a sus servicios, contaron con el apoyo de dos instituciones que fueron decisivas para su sobrevivencia: por un lado el COSEP, o sea el Consejo Superior de la Empresa Privada que reúne la mayoría de los empresarios nacionales, y por el otro lado la cúpula de la iglesia católica, justamente en un país extremadamente creyente. La mayoría de los empresarios reunidos en el COSEP toleraron y apoyaron la creación de un capitalismo no-democrático, un capitalismo de compadres corruptos guiados por manuales del corporativismo autoritario, que encuentra sus raíces en la Italia de Mussolini. Una idea que acepta que el Estado está encarnado en un líder máximo, en este caso Daniel Ortega. Han pensado sólo en sus intereses y nunca en una estructura democrática para el país Recién ahora intentan alzar la voz, afectados en sus negocios por la ola de descontento nacional y la pésima imagen internacional del país. Y lo mismo sucede con la cúpula de la iglesia católica, el segundo pilar importante de la satrapía Orteguista. Aquí también vemos un marcado distanciamiento con el gobierno sandinista. Así es que por ejemplo ha surgido un cura contestatario, con ideas democráticas, que se opone a la farsa del diálogo que aún defiende la Curia y el Papa Francisco.

Líder de esta nueva tendencia rebelde dentro de la iglesia, no más ligada a las oligarquías corruptas del país ni a la satrapía sandinista, es Monseñor Silvio José Báez, Obispo auxiliar de la Arquidiócesis de Managua. Para muchos Monseñor Báez es el obispo más crítico de Ortega. Fue perseguido, amenazado y golpeado en varias ocasiones, una de ellas dentro de una iglesia, por parte de para- militares sandinistas que intentaron acuchillarlo, buscando acallarlo así definitivamente. Monseñor Baez fue nombrado obispo en el año 2009 por el Papa Benedicto XVI y es considerado como el más culto de todos los prelados que sirvieran en Nicaragua.

Estamos asistiendo afortunadamente al desmoronamiento del clan de sátrapas asesinos sandinistas en Nicaragua. Lamentablemente la tragedia que atraviesa este sufrido país no cobra la atención internacional que debería, como sucede con el caso de Venezuela. La gran prensa es todavía demasiado condescendiente con el clan Ortega, lo mismo los organismos internacionales, como la ONU y la OEA, que albergan todavía muchos ex simpatizantes sandinistas. Además muchos jefes de Estado de nuestro continente no se deciden aún a tomar decisiones más severas contra esta satrapía. Esto está por cambiar, y es de desear que así sea, y a la brevedad.

Evidentemente juega en contra de un proceso rápido y profundo de democratización del país la actitud hipócrita y traidora del Papa Francisco, que hace lo mismo que ha estado haciendo con la desesperante situación en Venezuela, no actúa, se esconde cobardemente ignorando la inmolación de jóvenes cristianos. Prefiere apoyar a líderes mafiosos, criminales, enviándoles rosarios bendecidos, como a Lula y tantos otros de su especie. Es vergonzoso ver el apoyo que da todavía al corrupto y criminal Kirchnerismo de su propia patria; es una bofetada a las democracias de nuestro continente. Hace pocos días oímos la reconfortante y valiente voz del senador uruguayo de la oposición, del Partido Blanco, Jorge Larrañaga pronunciar estas palabras en el seno del parlamento de su país: "Nos causa indignación y es lamentable que el

Papa Francisco se lave las manos. Muestra falta de autoridad al no condenar lo que pasa en Nicaragua". Condenar enérgicamente la satrapía asesina que domina Nicaragua debe ser nuestra divisa primera en estos días

# ¡MUY MACHO!

## El retorno del caudillismo de izquierda en México

*25 de julio 2018*

"Hoy es urgente que haya un cambio de gobierno, necesitamos un valiente con agallas, un gallo fino de pelea con espolones afilados para acabar con las lacras indeseables, y a ver si así se acaba la corrupción. No nos falles López Obrador, estamos contigo, alma, vida y corazón".

Éste es sólo uno de los cientos de corridos muy populares entonados en Mé.xico en favor del recientemente electo nuevo presidente del país, Manuel López Obrador, conocido comúnmente por su acrónimo, Amlo . Corridos, estas baladas, generalmente con contenido social-político con larga tradición en el país, con más de 200 años de vigencia y que hoy en día le rinden loas a famosos narcotraficantes, criminales y bandidos, se vuelcan actualmente a rendirle culto al recientemente elegido nuevo presidente de México ¡Muy macho!

La victoria de Amlo y su partido, Morena, creado y dominado por él mismo, fue aplastante. No sólo obtuvo el 53% de los votos sino que su coalición dominará en 31 de los 32 estados federales y

López Obrador se transformará así en el primer presidente mexicano en los últimos 24 años que tendrá una mayoría absoluta en el Congreso. Tan sólo en la Cámara de diputados su fracción ocupará 300 de los 500 asientos existentes. También dominará al país a nivel local, a través de alcaldías y municipios, muchas veces ocupados por títeres de los poderosos carteles del narcotráfico, que han sembrado el terror en el país para que fueran elegidos sus candidatos, a menudo simpatizantes de Amlo. Los candidatos independientes que se atrevieron a postularse han pagado con sus vidas. Según cifras oficiales 114 de ellos, hombres y mujeres, han sido asesinados brutalmente por los narcotraficantes, y esto tan sólo en los últimos meses, sembrando con sangre el transcurso de la campaña electoral. A esta cifra se sumarían las alrededor de 200.000 personas asesinadas en el país desde el año 2016, aparte de otras 30.000 que aparecen como desaparecidas.

¿Y que hará Manuel López Obrador, este nuevo caudillo de izquierda, que se considera a sí mismo como el Mesías de un nuevo México, con este terrible flagelo que azota a su país y con tantos otros gravísimos problemas a resolver, teniendo en sus manos esta concentración de poder político? Esta pregunta se traduce en una gran inquietud e incertidumbre no sólo en el país sino en todo el continente. Sus credenciales democráticas no son las mejores y en México es vox populi que con él se ha votado al mal menor. Su elección ha sido el resultado de una situación límite con la corrupción y la violencia que asolan al país, y que los partidos tradicionales no han sabido darle respuestas efectivas.

Sí, sus credenciales democráticas no son las mejores. No esconde su admiración por el sistema castrista de Cuba. Admira a Che Guevara, y por eso, su más joven hijo lleva el nombre de Jesús Ernesto. Se ha sentido siempre cercano al Chavismo de Venezuela y amigo de los desastrosos gobiernos populistas de nuestro continente, como los de Correa en Ecuador, Evo Morales en Bolivia, Lula en Brasil, los Kirchner en la Argentina, los Ortega en Nicaragua, José Mujica en el Uruguay. A la arrogancia, la soberbia, el autoritarismo y el machismo que lo caracterizan, se suma en López Obrador la mentira permanente de exaltarse como depositario de la honestidad y la verdad. Ha mentido sobre su forma de vida e ingresos, sobre los casos de corrupción en los que estuvo involucrado, también siendo alcalde de la ciudad de México, sobre sus valores y su verdadera ideología. Político corrupto y rodeado de corruptos que lo acompañarán en el nuevo gobierno. Ya anunció que bajo su gobierno no habrá ninguna persecución, ni judicial ni política, para con los miembros del gobierno actual, muchos de los cuales ya se han podido acomodar en la nueva nómina estatal. Y lo que es más grave aún, ha anunciado que piensa realizar una amplia amnistía para con los criminales capos de los carteles mexicanos, como lo intentara hacer el cuestionado presidente Santos en Colombia, que está terminando su mandato con un total fracaso, y que así, sin quererlo, le facilitara el triunfo al nuevo presidente de ese país, representante del centro-derecha, Iván Duque que ha prometido revisar los Tratados de Paz cerrados en La Habana. López Obrador aparece así no sólo como un gran peligro para su país, que bien puede llevarlo a convertirse en una nueva Venezuela, como muchos centros políticos bien informados temen, sino para todo el continente dándole nuevos impulsos a la alicaída ideología populista del socialismo del siglo 21, que hasta ahora estaba en pleno retroceso en el continente americano.

Una renovación de México debería estar centrada fundamentalmente en el campo del combate frontal a la corrupción y a la extrema violencia que está desgarrando el país. Y en ninguno de estos aspectos Amlo tiene respuestas concretas. Nadie sabe cuáles son sus planes. Todo es demagogia e incertidumbre. En cuanto a la violencia, que junto con la corrupción ha sido uno de los temas más importantes que posibilitaron su elección, las cifras existentes son realmente escalofriantes. De acuerdo a un informe del Citizen Council for Public and Criminal Security tan sólo en el año 2017 se han registrado en el país 25.339 asesinatos, la cifra más alta de los últimos 2 decenios. 12 ciudades mexicanas se encuentran entre las 50 más peligrosas del mundo. En los últimos 6 años, o sea en el sexenio del actual presidente Peña Nieto, fueron masacradas 104.000 personas, es decir unas 80 diariamente. Lo que distingue a México de otros países del continente es la brutalidad y la saña como se realizan. No alcanza con asesinar las víctimas sino que en la mayoría de los casos son descuartizadas o degolladas o los cadáveres disueltos en ácidos y las mujeres previamente e inevitablemente brutalmente violadas. Recordemos aquí los casos recientes de los degollados en Veracruz, los quemados vivos en Cahuila, los despedazados en Chihuahua, los despellejados vivos en Tamaulipas, los estudiantes masacrados en Ayotzinapa. México es hoy en día, en opinión de fuentes de la iglesia y de organizaciones de derechos humanos, un vasto cementerio con colinas de huesos abandonados. ¿Y qué dicen las autoridades mexicanas confrontadas a estos terribles crímenes? Cínicamente muchos funcionarios declaran que a estas personas simplemente les tocó la mala suerte de estar en el lugar equivocado en el momento no indicado, y así lo escriben en sus actas de defunción. Otros se conforman con expresar en forma cínica o resignada, como un alto funcionario del Ministerio del Interior: "¿Qué vamos a hacer, así son los tiempos en los que vivimos aquí".

México tiene una larga tradición en su milenaria y rica historia de padecimientos con una violencia descarnada, que está, casi podríamos decirlo, en su ADN. Pero un rasgo propio, lo que lo hace especialmente repugnante, es la violencia sistemática contra la mujer, que afortunadamente el resto del continente no comparte. Esto hizo que mi estadía como corresponsal de prensa en México, años atrás, fuera particularmente desagradable. Aquí tan sólo un ejemplo sucedido hace un par de meses en el Estado de Tamaulipas, al norte de México, fronterizo con los EE.UU., en la ruta que comunica Ciudad Victoria con Tula, en una localidad irónicamente llamada Capilla de la Santa Muerte. Esta ruta es muy usada por los grupos de criminales narcotraficantes, los Zetas y los del Golfo, para introducir la droga en el vecino del norte. Un grupo de estos asesinos irrumpe en un supermercado y secuestra a 6 mujeres, que son luego violadas, torturadas, masacradas, desmembradas y sus restos envueltos en sacos de plástico que son arrojados a la vera de esta ruta. Éste es tan sólo uno de los secuestros de este tipo con este final. Otros 124 de características similares han sido registrados en el año 2017 en esta misma región.

Marihuana, metanfetamina, cocaína, heroína, muchas veces provenientes de Colombia , son introducidas por esta y otras rutas cercanas al país del norte, dejando una secuela de horror, para que amplios sectores mayormente pudientes del país del norte puedan disfrutar mejor la vida nocturna, escapar a la realidad de una sociedad en crisis, que atraviesa una epidemia en el uso de drogas nunca antes conocido, pero que es ignorada y no combatida frontalmente. Más de 100 años atrás Porfirio Díaz, que gobernó el país hasta los albores del siglo 20, pronunció una frase que la recuerdan casi todos los mexicanos y que quizás la podríamos aplicar hoy en día en toda esta problemática del consumo del norte y la violencia extrema del vecino del sur: "Pobre México, tan lejos de Dios y tan cerca de los Estados Unidos".

Y bien y ¿qué piensa hacer el nuevo presidente frente a esta tragedia de la violencia imparable que azota al país? ¿Cuáles son sus proyectos, sus prioridades para luchar contra este flagelo? Hasta el momento sus anuncios son vagos, contradictorios. Pero en repetidas ocasiones afirmó que este problema se resolvería ofreciendo una amnistía a los capos del narcotráfico de su país. En sus palabras, "si es necesario vamos a convocar a un diálogo para que se otorgue amnistía. No descartamos el perdón. En mi tierra siempre se dice ni perdón ni olvido, yo no comparto eso. Yo sí creo que no hay que olvidar, pero sí se debe perdonar, si está de por medio la paz y la tranquilidad de todo un pueblo". Esta propuesta de Amlo, meses antes de asumir la presidencia del país, trajo como consecuencia fuertes críticas de diversos sectores de la sociedad mexicana que la encuentran inconcebible, casi obscena teniendo en cuenta la desesperante situación que vive el país. Pensar tan sólo que arreglándose con los criminales narcos del país puede solucionar el problema de la violencia es inaudito. Margarita Zavala, que fuera candidata independiente en las últimas elecciones, opinó que la propuesta del líder de Morena podría crear en México un país donde reinará la impunidad. "Amlo quiere amnistía para corruptos y criminales. Yo quiero un país donde se respete la ley y los delincuentes y criminales estén en la cárcel". Una política de apaciguamiento en un país tan violento como México, está destinada desde el principio al fracaso. Y esto lo estamos viviendo en Colombia con una política similar que quiso introducir el Presidente Santos con las narco-guerrillas de las FARC, y que actualmente muestra un evidente fracaso porque los llamados guerrilleros arrepentidos siguen negociando con las drogas y cometiendo toda serie de brutales crímenes, a pesar de todas las ventajas que se les han ofrecido.

En cuanto a los proyectos de Amlo para combatir la corrupción, el segundo problema central para México, sus vagas intenciones anuncian que nada cambiará porque él mismo es parte del problema, y lo demuestra fehacientemente su largo y corrupto historial político al servicio de sindicatos manejados por verdaderos mafiosos. Mencionemos tan sólo un hecho acaecido durante el sexenio del presidente Carlos Salinas de Gortari. Amlo, a cambio de una fuerte suma de dinero, se prestó a desactivar una serie de huelgas y manifestaciones sindicales, dadas sus buenas relaciones con los capos corruptos de estas organizaciones. Y en un serio reportaje del periodista Mauricio Laguna, publicado en el desaparecido periódico La Crisis, con el título "López Obrador, 10 años de violencia callejera", se enumeran diferentes graves delitos cometidos por Amlo. Es sintomático que ya durante la campaña que lo llevó a la presidencia prometiera que en su gobierno no habrán persecuciones judiciales ni persecuciones políticas para con los grupos sospechosos de corrupción del gobierno saliente, llegando a afirmar hipócritamente que combatirá a la corrupción simplemente con honestidad, porque "cuando un presidente es honesto, todos van a querer serlo".

Ante este panorama de incertidumbre y preocupación por el destino de México no son descabelladas las voces que presagian un futuro como el de la actual Venezuela. El caudillo socialista López Obrador tiene lamentablemente muchos rasgos en común con los desastrosos caudillos del socialismo del siglo 21 del continente, lo que lo hace poco fiable de llevar adelante una agenda verdaderamente democrática, justamente en un país donde las instituciones republicanas no han podido aún echar raíces profundas. Para la democracia del continente, que se estaba recuperando de regímenes caudillistas, significa un claro retroceso, por lo menos un signo de interrogación. Ojalá que el gallo socialista fino de pelea, con espolones afilados, que menciona el corrido en su honor, pueda acabar con las lacras indeseables de su país y combatir eficazmente la violencia y la corrupción endémica que lo devoran, no sólo por el bien de México sino de todo el continente, incluido los EE.UU.

América, norte, centro y sur estará pendiente a partir del primero de diciembre, cuando el actual presidente Peña Nieto le coloque la banda presidencial, de ver el giro que tomará la política de Amlo. Y ojalá que no se imponga en el país un tipo de socialismo caudillista, lamentablemente muy común en nuestras latitudes y que en palabras del gran estadista inglés Winston Churchill "es la filosofía del fracaso, el credo a la ignorancia y la prédica a la envidia; su virtud inherente es la distribución igualitaria de la miseria".

# ¡BASTA YA FRANCISCO!

## La vergonzosa actitud del Papa populista

*21 de junio 2018*

Como ser humano, como profesional de la prensa, como católico duele escribir nuevamente sobre la decadencia moral, espiritual, a la que está llevando Bergoglio con su ideología, su hipocresía y su egolatría al Vaticano. Investigando el aspecto político de su papado, parecería tener entre manos un verdadero thriller que muy bien puede conducir a un cisma de la iglesia de San Pedro.

Ya he escrito varios artículos para este valiente medio acerca del controversial papado que estamos presenciando, bajo los títulos "Guerra en el Vaticano - la elección de Francisco en la mira", en la que analicé el carácter fraudulento detrás de la elección de Bergoglio como Papa, producto de componendas mafiosas ; luego otro "Francisco tiene los días contados" acerca del peligroso e inminente peligro de un cisma en el Vaticano. Hoy agrego uno más, "Basta ya Francisco", porque el rosario de errores e hipocresías papales no tiene fin.

Muchos católicos y no católicos no quieren ver la realidad, es mas fácil creer tener a un Bergoglio santo, que no es capaz de mentir y ser hipócrita, esto es mas cómodo, y a esto se suma la falta de información seria, veraz, de lo que sucede en el Vaticano, donde el Monseñor Darío Viganó a cargo de la poderosa "Segretaria per le comunicazione della Santa Sede", amigo muy cercano del Papa, se dedicaba sistemáticamente a producir fake-news, a encubrir graves escándalos vaticanos, hasta que hace un par de meses tuvo que renunciar a su cargo , envuelto en un escándalo por hacer pública y tergiversar una misiva personal del ex papa Benedicto 16, fechada el 7 de febrero de este año. En la misiva entre otros detalles Benedicto se negaba a escribir el prefacio de un libro que está preparando Bergoglio. El sucesor de Viganó, el jesuita norteamericano James Martin, obviamente hombre de confianza del papa, ultra liberal y activo abanderado de los movimientos gays que buscan abrir el sacerdocio también para estos grupos, utiliza, como su antecesor, métodos nada transparentes en su accionar con los medios de prensa. Me viene en mente en estos momentos el comentario de Honoré de Balzac, el autor de esa fantástica radiografía de la sociedad francesa de su época, La Comedie Humaine , afirmarmando "la policía y los jesuitas tienen las características de no abandonar nunca ni a sus amigos ni a sus enemigos", y bien se aplicaría ahora tanto a Bergoglio como al padre Martin.

Dada esta situación de manipulación de las informaciones provenientes del Vaticano, hacen dificultoso el informar acerca de la realidad vaticana, y hacerlo profesionalmente se ha vuelto un aliciente casi subversivo. Una de las últimas hazañas de los jesuitas Viganó y Martin acentuando aún mas la egolatría de Francisco es la realización de un film documental con fondos de la Secretaría de comunicaciones vaticana, para rendirle un culto ya enfermizo al Papa. Esta producción que aún no está en salas cinematográficas lleva el título de "Pope Francis a man of his Word" , o sea "El Papa Francisco un hombre de palabra". Su director es el conocido cineasta alemán Wim Wenders que desde el inicio del papado de Francisco, junto a la secretaria de comunicaciones vaticana, vienen trabajando en este producto. El resultado ha sido un film inquietante, claramente propagandístico. Wenders utilizó los efectivos métodos fascistas de su compatriota, la famosa Leni Riefenstahl, la cineasta preferida de Hitler. El documental llega al corazón de las masas y disfraza la falsa humildad de Francisco bajo el manto de escenas piadosas. No hay entrevistas, y es el Papa que se tomó el trabajo de posar horas y horas frente a la cámara, para satisfacer su ego. La periodista norteamericana Maureen Mullarkey de la revista The Federalist, encargada de temas culturales, le dedica al documental un artículo devastador bajo el título de "Wim Wenders documentary is religious pornograhy" y Damon Linker conocido periodista también norteamericano que fuera jefe de redacción de la revista Newsweek, comenta en otro muy negativo artículo acerca del documental, definiéndolo sustancialmente de ser "psychological acuity y machiavelian cunning" o sea aproximadamente un documental de pura astucia psicológica mezclada con estrategias maquiavélicas. A estas manipulaciones se presta Bergoglio para satisfacer su ego y engañar, confundir a los fieles de su iglesia!

Pero volvamos a nuestro continente para ver sus últimas, lamentables andanzas y acciones. Begoglio de quien su compatriota, el escritor y periodista Jorge Fernández Diaz escribiera acertadamente "Nunca soñó con ser Papa, soñaba con ser Perón,... y tendrá infalibilidad papal, pero no política. Se mete mucho en eso y hace muchos destrozos". Pero no es solo eso, consideremos el tipo de personajes realmente siniestros del escenario político de la Argentina con los que mantiene estrechas amistades, personajes que si en el país reinara, funcionara la justicia, estarían todos tras las rejas imputados por graves delitos. Es realmente repugnante e hipócrita su actitud, y su imagen internacional va deteriorándose en forma acelerada. Ningún apoyo, ninguna simpatía para presidentes latinoamericanos con claras credenciales demócraticas, como Mauricio Macri, Piñera o el recientemente elegido nuevo presidente de Colombia, Iván duque. Calla. No son de su agrado. Pero pasemos a la sufrida Venezuela, a los horrendos crímenes allí cometidos, a los atropellos a los derechos humanos a la hambruna que allí presenciamos. ¿Y Bergoglio? El Papa nuevamente calla una y otra vez, y recordemos que el que calla otorga. Hace pocas semanas el ex presidente colombiano Andrés Pastrana, enormemente molesto por esta actitud lanzó una dura crítica a Bergoglio por su intolerable silencio ante los crímenes del régimen de Maduro, afirmando "El silencio de Bergoglio ante la perversidad del régimen de Maduro es ya intolerable, es decir, frente a la represión, los crímenes, el hambre, la enfermedad y el destino que sufren los venezolanos".

Esta increíble actitud de un Papa frente a un pueblo creyente, frente a 20 millones de católicos que han perdido casi 19 kilos de peso en un promedio nacional por las penurias alimenticias que están sufriendo. en este paraíso del socialismo del siglo 21, al que Francisco no está dispuesto a criticar, porque comparte muchos de sus puntos de vista. No quiere ver los padecimientos que su propia iglesia está atravesando. Sus sacerdotes ya no cuentan con ostias y vino para celebrar sus misas, han tenido que recurrir al pan duro y al agua de la canilla, como lo denunció hace pocas semanas el obispo de la ciudad venezolana de Mérida, con sus 350.000 habitantes y sus 13 parroquias, Luis Enrique Rojas Ruiz, al periódico brasileño O Estado de Sao Paulo. Increíble que con un Papa así el 96% de la población se declara aún católica.

Pero el colmo de su indiferencia frente a la terrible situación que vive Venezuela, se vivió el pasado domingo 20 de mayo en la

Plaza San Pedro en el Vaticano , en medio de un saludo dominical dedicado a su "amada Venezuela", como Francisco insiste en llamarla. El texto que tenía para leer , preparado por la Secretaria de Estado de la Santa Sede, y que por primera vez mencionaba abiertamente la existencia de presos políticos en el país, y clamaba por su liberación, fue suprimido a último momento por el Pontífice, improvisando simplemente su mensaje lleno de lugares comunes, sin mayor trascendencia, atreviéndose a alzar la mirada ante unos 30.000 fieles congregados en la plaza. El texto del discurso preparado, que no se atrevió a leer ya había sido distribuído a los medios de prensa, lo que causó gran estupor y decepción en los medios de prensa, porque se esperaba finalmente una posición clara y frontal del Papa frente a la crisis en Venezuela. Pero Francisco optó nuevamente por callar cobardemente.

Ya que Bergoglio nació para hacer política y no para ser el líder espiritual de la iglesia católica, debería por lo menos desde el trono de San Pedro abogar, practicar una democracia de la solidaridad, ofreciéndole a todo aquél que sufre y ha sido despojado de sus derechos como los Venezolanos, los Nicaraguenses, los bolivianos, los cubanos, su apoyo y no estar realizando, como lo hace a todas luces, una selección ideológica, que está en completa contradicción con su misión papal.

Con un Papa así... lo mejor sería aconsejarle que Dios lo agarre confesado, como dice el dicho popular en nuestro continente.

# COLOMBIA: ELECCIONES PRESIDENCIALES

## Un dramático enfrentamiento político

*19 de mayo 2018*

El próximo día 27 de mayo será una fecha clave no sólo para el futuro de la democracia colombiana sino para todo nuestro continente. Con esta primera ronda de las elecciones presidenciales se decidirá, quizás ya en la primera vuelta, si es que el país seguirá el rumbo nefasto de los gobiernos populistas autoritarios, como lo son Venezuela, Nicaragua, Bolivia, o bien tomará un rumbo de consolidación democrática, como lo ha tenido en los últimos cincuenta años. El enfrentamiento de los dos candidatos finalistas es duro con un resultado aún abierto.

Por un lado tenemos un candidato de rasgos netamente Castro-chavistas, Gustavo Petro, discípulo del fallecido tirano venezolano, a quien aún admira, que cuenta para su campaña con el enorme apoyo financiero de la fortuna de la narco guerrilla de las FARC, que siguen dominando vastos territorios colombianos, influyendo en la votación de los amenazados campesinos. Petro, un ex guerrillero del M-19, desmovilizado en el año 1990, se presenta como un candidato anti-sistema para ser atractivo para la joven población urbana del país. Este candidato, con abiertas simpatías por la dinastía de los Castros en Cuba, viste hoy en día ropajes de oveja, ocultando su verdadera ideología. En programas radiales y televisivos jamás responde a preguntas concretas y fundamentales, como por ejemplo si piensa que Maduro es un dictador o acerca del porqué de la dramática situación de los derechos humanos en el país vecino Venezuela. Se esconde, engaña y prefiere hablar de que la ecología estará en el centro de su programa de gobierno. ¡Qué hipocresía en un país asolado por bandoleros narcotraficantes! Bajo una presidencia de Petro el siniestro Acuerdo de Paz, llevado a cabo y firmado en La Habana bajo la vigilancia del dictador cubano Raúl Castro y el presidente Santos, será seguramente respetado en su totalidad, permitiendo así a las narco guerrillas colombianas de las FARC dominar más y más territorio colombiano haciendo del país un narco Estado semejante a la Venezuela de Maduro.

Enfrentado a este candidato de la ultra izquierda colombiana está su contrincante, Iván Duque del partido Centro Democrático, que cuenta con el total apoyo del ex presidente Álvaro Uribe, el político más importante y más controversial del país, que tiene en su favor el haber derrotado militarmente a las narco guerrillas, obligándolas a acudir a una mesa de diálogo, que lamentablemente terminó en un enorme fraude político para el país, debido a la traición de su sucesor en la presidencia, Manuel Santos. Uribe combatió a las narco guerrillas con la camisa arremangada. Menospreció a la casta oligárquica bogotana y nunca les fue a un cocktail mientras fuera presidente. Santos, que fuera su ministro de defensa y al que diera todo su apoyo, recibió a las FARC con los brazos abiertos regalándoles curules en el parlamento y garantizándoles impunidad.

Iván Duque, el favorito de Uribe, es un excelente candidato para la presidencia de Colombia, joven, culto y con garra política. Uno de sus propósitos principales como presidente será rever o eliminar en gran parte la farsa del Acuerdo de Paz y buscar castigo y cárcel para los asesinos, violadores, narcotraficantes de las FARC que hoy disfrutan de una libertad completamente inmerecida. A Duque le preocupa mucho el destino de un millón de venezolanos que huyeran de la miseria de su país, producto de una gavilla de narcos, al que aún defiende su contrincante en las urnas. Además llevaría como vice-presidente a Marta Lucía Ramírez, otra importante líder política del país, ex ministra en el gabinete del presidente Uribe y persona con una notable experiencia en la administración pública y una envidiable fama de honorabilidad. Juntos plantean luchar frontalmente contra el narcotráfico, aumentar la producción petrolera, reducir el desbocado gasto público y adecuar los procesos electorales. Nada de esto está en la agenda de su contrincante de la extrema izquierda colombiana. Petro, con su chavismo, es parte de un problema futuro para Colombia y no de su solución.

La contienda electoral se presenta muy reñida hasta ahora. Las últimas encuestas serias muestran que para la primera vuelta del 27 de mayo, Iván Duque obtendría un 41,3% de votos, mientras que a Gustavo Petro le corresponderían el 32%. Así que habría seguramente una segunda vuelta.

Mientras tanto, el actual presidente Santos es cada vez más impopular en su país. Cuenta con tan sólo el 20% de aprobación a su gestión, resultado de haberle impuesto a los colombianos una de las peores desgracias que le podía ocurrir al país, un tramposo acuerdo de paz con los delincuentes de las FARC. Su gobierno se rindió por completo ante la criminal narco-guerrilla. El acuerdo que impulsara, fue además rechazado en un plebiscito llevado a cabo el año pasado con un rotundo NO. El resultado de este plebiscito fue ignorado, pero le valió a Santos el desacreditado Nobel de la Paz, una vergüenza para la democracia colombiana, siendo apoyado hipócritamente por la progresía de Europa, de la izquierda norteamericana y del propio papa populista Francisco, que actuaron así en contra de la voluntad de un pueblo sufrido y valiente.

Para comprender el grado de peligro que representan estas bandas narco terroristas y su intento actual de dominar al país, también en el campo político a través de la candidatura de Petro, es muy interesante y sumamente importante comparar la realidad colombiana con la experiencia española frente a la banda terrorista ETA. Evidentemente son situaciones diferentes, pero tienen mucho en común, y nos muestran el camino a seguir para mantener un sistema democrático. Ambas grupos criminales asolaron sus respectivos países por más de 50 años con sus horrendos crímenes , hasta que la ETA hace pocas semanas atrás, vencida ya por el Estado Español, declaró su disolución definitiva, pidiendo perdón a la población por los crímenes cometidos. En España no hubo engañosos acuerdos de paz, ni una engañosa justicia especial para los terroristas, como es el caso de Colombia. En España se condenaron a los asesinos y están presos con largas condenas. Son 260 en este país y otros 80 en Francia. Las víctimas mortales de estos terroristas ascienden en total a unas 800. Las democracias responden a los crímenes con penas de cárcel. Los mandatarios como Rajoy, no son bufones al servicio de delincuentes, como lo es Santos en su país. En Colombia las 5 décadas de terror impuestas por las bandas narco-terroristas, han dejado un saldo de 220.000 muertos civiles, 5,7 millones de desplazados, más de 25.000 desaparecidos y casi 30.000 secuestrados. Las tragedias familiares empañan al país por asesinatos a mansalva, secuestros, violaciones de niños, y todos estos malhechores están sueltos gracias a los acuerdos de paz del presidente Santos. Abramos los ojos finalmente, veamos la realidad, y no la que nos presentan muchas veces una gran parte de la prensa internacional, una prensa militante y mentirosa.

Hoy en día afortunadamente se ha levantado el velo de lo que son las FARC, de los verdaderos propósitos de éstos bandoleros escondidos detrás de la mentira de la pacificación. En estas últimas semanas, gracias a la incansable actuación de la DEA, la agencia norteamericana para la lucha contra las drogas , infiltrada en la cúpula de las FARC, se logró la captura en Bogotá, el día 9 de abril pasado, del importante narcotraficante Marlon Marín, militante de este grupo delictivo, con vínculos directos no sólo a la cúpula de la guerrilla de su país, sino con conexiones al más alto nivel con el gobierno narco de Venezuela , con dirigentes cubanos y con capos de carteles mexicanos. Resulta que Marín es sobrino nada más ni nada menos que del jefe actual de las FARC, Iván Márquez, quien es senador de la República sin que nadie lo haya votado. La documentación y los videos en su contra, resultados de peligrosas acciones encubiertas por agentes de la DEA, bien podrían servir como argumento para un super thriller hollywoodense, y son tan contundentes que ya pudo ser extraditado a los EE UU, donde un Tribunal Federal en Nueva York, lo acusó de ser responsable de la negociación de 10 toneladas de droga por un valor de 15 millones de dólares con el cartel mexicano de Sinaloa, capitaneado por Rafael Caro Quintero. La droga tenía destino final a los EE UU. Marín, ante las pesadas acusaciones en su contra y previendo largos años en cárceles norteamericanas, empezó a cantar y cantar, de tal forma que en los medios policiales y judiciales se lo conoce ya como "garganta profunda de las FARC". Las pruebas y videos muestran a Marín envuelto en tratativas con varios líderes guerrilleros colombianos participando en reuniones con los super narcos del gobierno de Maduro y con generales venezolanos, miembros del llamado Cartel de los Soles, en los que encontramos también a altos funcionarios del gobierno cubano, y que darán el puntapié inicial, sin duda, para una serie de espectaculares arrestos y extradiciones. Todo esto ha demostrado fehacientemente el engaño que ha sido todo lo relativo del acuerdo de paz, que sirvió a la narcoguerrilla colombiana para poder seguir con sus negocios criminales al amparo de una aparente pacificación e integración política y al que se aferra el candidato chavista Petro.

Es evidente que estos últimos acontecimientos podrían influenciar grandemente el comportamiento electoral presidencial del 27 de este mes. Veremos si es así, y tendríamos entonces, tal vez, a Iván Duque como presidente de Colombia, ya en primera vuelta. Ojalá sea así por el futuro democrático de Colombia y del continente. Ah… y me gusta mucho el slogan de Iván Duque y su partido Centro Democrático para Colombia, "Mano firme, corazón grande".

# LULA: LA CAÍDA DE
# UN MITO POPULISTA

## El capo de tutti capi

20 de abril 2018

**B**rasil, desde hace muchos años, es un país adicto a sus telenovelas, y ha logrado conquistar en el mundo con sus producciones un importante lugar. Telenovelas como "Avenida Brasil", "Rastros de mentiras", "Las reglas del juego", "Isandra la esclava", "Verdades secretas", se pueden ver tanto en Armenia, como en Rusia, España, Italia, EE UU y obviamente en toda América Latina. Actualmente asistimos a otra espectacular telenovela, la caída de Lula, el mito populista por excelencia de Brasil, que ha sido un golpe bien duro no sólo para la izquierda brasileña y la latinoamericana sino también para la izquierda caviar norteamericana y europea que insiste en verlo todavía como el tradicional "bon sauvage, bon révolutionnaire".

La Justicia brasileña demostró que Lula era el capo di tutti capi de la corrupción y de lavado de dinero, no sólo en su país sino que extendía sus tentáculos a todo el continente. Y no olvidemos que aún tiene seis otros procesos pendientes por delitos de corrupción y lavado de dinero. Las transmisiones directa de su proceso, los altibajos del mismo y su encarcelamiento han sido de tal dramatismo para el pueblo brasileño, que las grandes cadenas de TV han tenido que interrumpir en varias ocasiones las populares telenovelas del prime time para transmitir en vivo y directo los avatares del proceso, condena y prisión.

Esta telenovela, que actualmente se presenta ante nuestros ojos, significa sin lugar a duda el rotundo triunfo de la democracia y la justicia en un país que hasta hace muy poco contaba con un endémico poder judicial corrupto.

Es un magnífico ejemplo para el virus, también casi endémico, que asola a la mayoría de los países latinoamericanos. La caída de un mito populista, como lo es Lula, tiene todos los ingredientes para tener un gran éxito durante mucho tiempo porque el final de la historia está aún abierto. Está el personaje central, el jefe de la mafia, que pretende victimizarse, llora, y junto a la camarilla de ladrones de su partido, el PT (Partido de los Trabajadores o deberíamos llamarlo el Partido de los Tránsfugas), intenta aún hoy en día mantener poder político. Vemos escenas dramáticas de alto contenido político. Por ejemplo antes de entregarse a la policía celebró en la sede del Sindicato Metalúrgico, su segundo hogar, una misa ecuménica por la muerte, un año atrás, de su esposa, y aprovechó la oportunidad para dar un discurso ante sus fanatizados seguidores utilizando manidas frases populistas que creíamos superadas en el continente, como "la muerte de un luchador no parará una revolución" o afirmar desfachatadamente "el voto de la Suprema Corte de Justicia que lleva a la cárcel, ha sido una derrota para la democracia". Luego tenemos al archienemigo de Lula, el famoso, incorruptible y valiente fiscal federal Sergio Moro que junto a su equipo constituido por nueve jóvenes fiscales y aplicando la novedosa figura de la delación premiada, ha podido poner en jaque a la endémica corrupción del país metiendo finalmente detrás de las rejas el primer presidente del Brasil. A mí, personalmente, este puñado de fiscales y jueces en torno del juez federal Moro de la ciudad de Curitiba, me hace recordar a los 7 Samurais del film japonés de Akiro Kurasava, Samurais que en el siglo 16, con su valentía y ética supieron luchar por el pueblo, asolado por una banda de malhechores, resaltando los valores del honor y la justicia. En el culebrón desfilarán además poderosos empresarios, pertenecientes a la mafia de Lula, delatores, altos políticos y tantos otros siniestros personajes que harán que no decaiga la tensión, aportando siempre nuevas sorpresas y escándalos que mantendrán al telespectador es vilo, sin saber el desenlace final.

Los Samurais de la Justicia brasileña están ahora detrás del actual presidente Temer, y no se descarta que caiga antes de las elecciones de octubre. Además están bajo la lupa judicial el 30% de los parlamentarios, muchos de ellos con expedientes ya abiertos, o sea que ¡habrá asegurada telenovela dramática para mucho rato! La exitosa serie gringa House of Cards, comparada, parece un cuento infantil.

Con la caída de Lula se nos presenta un nuevo escenario político muy promisorio para el país y para todo el continente. Su condena lo deja prácticamente fuera de las próximas elecciones presidenciales del 7 de octubre, por más que la pléyade de sus abogados insista una y otra vez en buscar la forma de que pueda presentarse. Brasil atraviesa hoy en día una fase histórica de su vida política, con grandes riesgos de una explosión social en un país enormemente dividido. Hace pocos días, Gleisi Hoffmann, la actual presidenta del Partido de los Trabajadores de Lula, en una arenga a sus simpatizantes, puntualizó "si mantienen a Lula preso tienen que poner en la cárcel a muchos otros, y tendrán que matar a mucha gente". Brasil hora cero. Actualmente no hay certezas de nada y las sorpresas políticas y giros de último momento están a la vuelta de la esquina. A esto se suma el caótico y corrupto y nada transparente parlamento que funciona con 25 fracciones diferentes y que permite a sus miembros el cambiar constantemente. En el año 2016, 90 parlamentarios cambiaron de fracción y una docena cambiaron lo menos 6 veces de partido, en muchas ocasiones motivados por grandes sumas de dinero. Y para hacer aún más grande la confusión al ciudadano común, encontramos que los partidos políticos no reflejan para nada en sus nombres, sus verdaderos lineamientos políticos. Aquellos que se llaman progresistas son los más reaccionarios, los social-demócratas defienden posiciones ultra conservadoras. El famoso jugador brasileño Romario, senador por parte del Partido Socialista, al ser preguntado por lo que entiende por socialismo, respondió espontáneamente "organizar una parrillada con amigos".

Toda esta profunda crisis política más la rampante corrupción existente generó en la población un sentimiento de descreimiento en todo y en todos, encontrándose en la búsqueda de algo "nuevo", que nadie sabe bien lo que es. Esto hace que la actual situación sea muy peligrosa para la democracia. Es como si el diablo hubiera preparado para el Brasil un cocktail mortal. El espectro político del centro se encuentra prácticamente vacío con candidatos que no suman más del 3%, 5%, 7% de los votos, mientras que el líder de la derecha, Jair Bolsonaro, producto de la terrible polarización que vive el país, está llenando más y más este vacío electoral. Bolsonaro, un ex militar, que ha hecho apología de la dictadura en su país, encarna un sentimiento populista de derecha, con una agenda anti-sistema caudillista, pero que en estos momentos turbulentos tiene una ventaja, no es corrupto y es ya hoy, con el 22% de los votos a su favor, el que sigue en popularidad a Lula. Muchos analistas sin embargo no creen que al final pueda mantener su popularidad y que surja un candidato del centro para la presidencia. Ojalá sea así.

La Cumbre de las Américas, realizada hace pocos días en Lima, y dedicada al candente tema de la corrupción en el continente y justamente titulada "La gobernabilidad democrática frente a la corrupción", fue todo un éxito. Desenmascaró y arrinconó a los regímenes partidarios del socialismo del siglo 21. Este novedoso hecho fue sin duda un eco de la caída de Lula, quien fuera uno de los miembros más activo de este grupo totalitario. No se atrevieron a participar en el evento ni Raúl Castro, ni Maduro, ni Ortega, y Evo Morales quedó solo con sus diatribas, ya sin fundamento alguno. Al evidente giro democrático de la región de este evento se sumaron 15 países más los EE UU, firmando un comunicado, en el cual también mencionaban el no reconocimiento de las próximas elecciones en Venezuela, por ser fraudulentas.

El problema que genera la corrupción, lo vemos claramente en el caso de Brasil, va más allá de lo moral, excede un problema de orden ético, judicial, es un problema que crea una peligrosa inestabilidad política. Tal vez el despertar de un poder judicial independiente, honesto, consiga el milagro de realizar una verdadera revolución institucional, comenzando por su cúpula. Es lo que ocurre hoy en Brasil con el juez federal Moro. Esperemos que el ejemplo se extienda por todo el continente; los vientos están a favor, porque el daño que causa la corrupción va mucho más allá de lo que se roban sus elites mafiosas, mostrándonos que a largo plazo la convivencia del populismo con la democracia es imposible, generando corrupción y autoritarismo, y no olvidemos ahora, más que nunca, la gran frase de nuestro Simón Bolívar, "la justicia es la reina de las virtudes republicanas y con ella se sostiene la igualdad y la libertad".

# COLOMBIA EN MEDIO DE UNA ENCRUCIJADA POLÍTICA

## Un año clave para América

*15 de marzo 2018*

El año 2018 será sin duda un año electoral importantísimo para América Latina y el Caribe. Se elegirán nuevos presidentes en Brasil, Venezuela, México, Paraguay, Costa Rica, Cuba y Colombia. Triunfará la cordura democrática de países como Chile, Argentina, Perú, o habrá un nuevo brote de gobiernos populistas con rasgos totalitarios, como lo son entre otros Venezuela, Nicaragua, Bolivia, Ecuador y Cuba, país que ha perfeccionado en más de 50 años los instrumentos para mantener una sangrienta dictadura? Las elecciones presidenciales en Colombia el próximo 27 de mayo serán decisivas al respecto, marcarán el camino.

Acabamos de tener en Colombia, hace muy pocos días, las elecciones parlamentarias del 11 de marzo; fue el primer round por el futuro democrático del país; el segundo se librará con los debates presidenciales, el tercero lo veremos en la primera vuelta, prevista para el 27 de mayo , que probablemente desembocará en un duelo final el 17 de junio, dado que ninguno de los candidatos obtendría previamente más del 50% de los votos necesarios para llegar a la presidencia. Hasta ahora hemos visto en la campaña electoral meramente fuegos artificiales, pero ahora una vez realizadas las parlamentarias, el horizonte político del país será mucho más claro. Presenciaremos una encarnizada lucha ideológica entre el vencedor del Partido Centro Democrático, el joven senador y abogado Iván Duque, elocuente y con garras, un estrecho colaborador del ex presidente Álvaro Uribe, fundador del partido de centro derecha , y el candidato de la extrema izquierda colombiana, el ex guerrillero del M 19, simpatizante chavista, con vínculos estrechos con Maduro, Gustavo Petro, ex alcalde de Bogotá, con un discurso populista que hace temer que el país pueda seguir el rumbo catastrófico de su vecino del norte, Venezuela.

Como era de esperar en estas elecciones parlamentarias las guerrillas de las FARC, transformadas ahora en un partido político, que mantiene las mismas siglas pero que significan ahora "Fuerza Alternativa Revolucionaria del Común", tuvieron una estrepitosa derrota electoral por parte del pueblo colombiano, llegando a obtener un mísero 0,34% de los votos para un puesto en el senado y tan solo el 0,22% para la Cámara de Diputados. A pesar de esta bofetada electoral y a la muy discutida e incomprensible política traidora hacia el pueblo colombiano, el actual presidente Juan Manuel Santos, con su siniestro plan de paz llevado a cabo en La Habana y rechazado con un rotundo NO por el pueblo colombiano, se las ingenió para hacerle algunos retoques y ser aprobado finalmente, lo que tuvo como tremenda consecuencia que los guerrilleros obtuvieran gratuitamente, sin hacer ninguna campaña electoral, 5 curules en el Senado y 5 curules en la Cámara de Diputados para el período legislativo comprendido entre los años 2018 al 2022. La derrota electoral de las FARC fue aún más dramática al verse obligado el partido político de retirar a último momento su candidato

a la presidencia, Rodrigo Londoño Echeverri, alias Timochenko
, al calcularse que no iba a llegar ni siquiera al 1% de los votos. El
repudio popular que recibió una y otra vez a todo el ancho del país
fue enorme; huevazos, piedrazos, insultos estuvieron a la orden del
día. A esto se sumó el oportuno infarto del candidato a la presidencia que tuvo que ser operado de emergencia. Así pudo evitarse un
escarnio aún mayor. Evidentemente saldrá del escenario público
por unos meses, y se destaca ya como su sucesor otro tenebroso
guerrillero, Pablo Catatumbo.

Señalemos ahora que en medio de este cruel realismo mágico
a la colombiana, el gobierno nefasto del saliente presidente Santos
se rindió por completo ante estos asesinos y narcotraficantes. El
acuerdo de "paz", que más bien debería ser llamado de "miseria",
que Juan Manuel Santos le impuso a los colombianos, es una de las
peores desgracias que podían ocurrirle al país. Lo que en estos momentos vemos en Colombia es un presidente humillado ante unos
asesinos con los que se negocia incluso la política agraria y el modelo económico y político del país. A los guerrilleros de las FARC
se les entregó todo. La poderosa mafia progresista internacional,
que está detrás de Santos, manipuló para que le dieran el premio
Nobel de la Paz, un premio ya muy desprestigiado, buscando así
que le confiriera más peso en las conversaciones de la Habana, y
obviamente no faltaron como aliados de esta infamia el progresista
hipócrita Papa Francisco, el impopular ex presidente español Za-
patero y otros impresentables líderes europeos y latinoamericanos,
que festejaron a viva voz este insulto a la democracia.

Hoy en día bajo Santos y su camarilla la justicia no existe. Con la
creación del JEP (Justicia Especial para la Paz) se ha vuelto posible
que vulgares delincuentes, sin purgar penas, hayan podido inte-
grarse a la sociedad civil. Hay miles y miles de casos para mostrar

esta barbaridad. Uno de ellos es el ex guerrillero con el alias de Richard, jefe del Frente 30 de las FARC, que tenía condenas que sumaban sesenta años por narcotráfico y horrendos crímenes de lesa humanidad, como el secuestro de diputados que fueron asesinados en el cautiverio. A él la Justicia colombiana le otorgó la libertad condicional, una amnistía política y así hoy en día disfruta de su fortuna que se calcula en unos 400 millones de dólares, provenientes del narcotráfico y otros graves delitos. Aún más grave es tener que presenciar que en un país con una tradición de 50 años de democracia, sanguinarios guerrilleros ocupen curules en el parlamento, sin que hayan sido elegidos, sin que hayan sido juzgados y condenados por atroces crímenes y sin haber estado un solo día en la cárcel y que ahora participen activamente en la política del país como ciudadanos honorables.

Dos ejemplos que demuestran la infamia del acuerdo de paz del presidente Santos son los casos de Timochenko y de su sucesor en el poder de las FARC, el sanguinario guerrillero Catatumbo. Timochenko ha acumulado un número sin fin de procesos pendientes, 106 por asesinato, 194 por secuestros, 29 por mutilaciones que le hubieran acarreado 164 años de prisión. Hoy en día, después de verse obligado a someterse a una operación cardíaca, descansa tranquilamente en uno de los mejores sanatorios de Bogotá y muy probablemente termine sus días en su amada Cuba, donde estará a salvo tanto de una nueva Justicia colombiana como de la Justicia norteamericana que ofrece 5 millones de dólares por su captura por graves delitos de narcotráfico.

Catatumbo, por su lado, pronto senador de la República, beneficiario de los acuerdos de paz, cuenta con un increíble y frondoso prontuario criminal. Fue colaborador de Pablo Escobar, miembro de la guerrilla M-19, asesino a sueldo de poderosos narcotraficantes, con una perversa inclinación a la pedofilia, y uno de los cabecillas más sanguinarios de las FARC. Cientos de acusaciones están asentadas en la Justicia colombiana y le merecerían el estar sentado frente al Tribunal de la Haya. Pero el fiscal Montealegre, títere de Santos, declaró borrón y cuenta nueva para este criminal como para tantos otros. ¡Qué vergüenza! También Catatumbo está en la mira del Departamento de Estado de los EEUU que ofrece una recompensa de 2,5 millones de dólares por su captura por delitos de narcotráfico.

Esperemos que en las próximas semanas, al final de este tenebroso capítulo del realismo mágico político colombiano, triunfe el candidato Iván Duque para que se afiance el giro democrático de Colombia y de América Latina y ... me gusta el logo de su partido "Mano fuerte, Corazón grande". Que Dios lo ayude, y mucho, porque con la bendición del Papa Francisco no va a poder contar, éste en su interior estará con el candidato chavista.

# HEROÍNA: UNA EPIDEMIA MORTAL NORTEAMERICANA

## Muerte, degradación, desintegración

*22 de febrero 2018*

EEUU sufre actualmente una crisis de adicciones, con una frecuencia de muertes nunca antes vista en el país. De acuerdo a las estadísticas de las Naciones Unidas, de su oficina especializada, la Unidoc, por sus siglas en inglés, la nación del norte es la que cuenta con el mayor número de fallecimientos por consumo de drogas en el mundo, principalmente por el uso de opiáceos, y en primer lugar la heroína. La agencia federal DEA, a su vez, encargada del combate del narcotráfico, está lanzando una alarma detrás de la otra respecto a esta verdadera epidemia mortal del uso de esta droga. En apenas 4 años las muertes han aumentado en un 250%. El año pasado se registraron alrededor de 60.000 muertes por el abuso de la heroína. Esto significaría un índice de mortalidad de más de 20 muertes de drogadictos por 100.000 habitantes, pero en muchas pequeñas ciudades como Huntington en West Virginia la cifra llega a 60 y 70 muertes anualmente. Allí, hay días, que cada par de horas, los bomberos tienen que recoger a un adicto muerto. En comparación con Europa, por ejemplo en Alemania, el índice de muertes no llega siquiera a 1,5 personas fallecidas por 100.000 habitantes por año.

La heroína ha traído a los EEUU un aura de muerte, de degradación humana, de desintegración familiar, de caos. Barrios enteros en tantas ciudades dan un espectáculo lamentable, con seres humanos tirados por la calle, por las veredas, y ya la imagen de los adictos no es tan solo la ligada a la jeringa y a la pinchadura en las venas, no, hoy cambió en parte su imagen, se volvió "Smart", mucho más fuerte, sofisticada, pura, ahora también se puede fumar, aspirar. La heroína que llega hoy al mercado a diferencia de aquélla de los años 80 y 90 tiene una potencia de su principio activo enormemente mayor. Actualmente, luego de pasados menos de 10 años, ya no es la cocaína la droga preferida de los adictos, ni de los narcotraficantes que la distribuyen, sino ha sido substituida por la heroína.

Frente a esta terrible epidemia nacional el Presidente Donald Trump finalmente declaró en el mes de octubre pasado una "emergencia de salud nacional", creando además una comisión especial sobre opiáceos. La medida permitirá focalizar los recursos existentes en zonas concretas y flexibilizará leyes y regulaciones para abordar con premura el problema. La declaración de emergencia pública, tendrá una duración de noventa días y podrá ir siendo renovada por otros períodos hasta que el Presidente diga. Trump tenía una opción aún más severa, declarar la Emergencia Nacional que sirve en casos de atentados terroristas o catástrofes naturales, lo que habría permitido el uso de los cuantiosos fondos de la FEMA, la agencia federal respectiva, pero optó por la primera, esto sí con fondos más reducidos. Nunca en la historia del país se ha hecho una tal declaración de emergencia de salud pública para el uso de drogas. Su antecesor en las dos administraciones anteriores, Barack Obama, por el contrario hizo poco o nada para combatir el flagelo;

es más banalizó criminalmente el uso de la marihuana, droga considerada por los expertos como primer escalón en muchos casos para la posterior utilización de drogas más fuertes. Faltaron en sus administraciones, que se extendieron por ocho años, estrategias preventivas, campañas eficientes, en suma ninguna respuesta integral al flagelo al que asiste la nación hoy en día. Se perdió lamentablemente mucho tiempo.

¿Y cómo llegó el país a esta catástrofe sanitaria, social y política? Las causas son evidentemente múltiples y se arrastran ya por casi cuatro generaciones, comenzando en la época de la permisividad hippy y la generación beat que utilizó indiscriminadamente las drogas como parte de su cultura. Hoy en día a estos antecedentes se suma la criminal actividad de empresas farmacéuticas, de distribuidoras de medicamentos y farmacias sin escrúpulos que han hecho fortunas con el mal uso de potentes calmantes, fabricados en base a opioides como oxicodona, la hidrocodona y el fenatillo, contando con la colaboración de médicos que generosamente los prescriben como si fueran aspirina. No es inusual oír que si alguien sufre de un esguince, va al médico y ya le recetan grandes cantidades de opioides de grado farmacéutico, fármacos que causan adicción. El boom de la heroína de nuestros días es consecuencia en gran parte de esta especie de barra libre que se diera y se da con las recetas médicas de potentes analgésicos legales. Justamente estos pain killers, han sido los causantes, en gran parte, de la epidemia de opioides que azota actualmente al país. Al volverse estas pastillas más controladas y más caras la mayoría de los adictos se vuelcan a la calle a buscar la heroína en el mercado negro, mucho más barata y tan efectiva o aún más que la pastilla recetada. Los principales proveedores de esta heroína hoy en día son los carteles mexicanos, principalmente los carteles de Sinaloa, y cubren hasta el 80% del consumo norteamericano, de acuerdo a fuentes de la DEA. Estos carteles utilizan muchas veces a los inmigrantes ilegales como solditos para introducir este veneno en el vecino del norte.

La industria farmacéutica en los EEUU y las poderosas compañías distribuidoras de medicamentos están obviamente detrás de toda esta tragedia. Tengamos en cuenta que son justamente éstas las que más dinero gastan para hacer lobby en el Congreso. En el año 2016 invirtieron casi 250 millones de dólares para comprar voluntades parlamentarias para sus negocios, 100 millones más de lo que gasta el poderoso conglomerado de seguros; y obviamente les ha dado muy buenos resultados. En octubre del año pasado el legislador republicano Tom Marino, poco tiempo después de haber sido nombrado por parte del Presidente como nuevo "zar anti drogas", tuvo que renunciar a su nuevo puesto luego de que se supiera, a través de una investigación periodística, que había recibido unos 100.000 dólares de empresas farmacéuticas mientras trabajaba en el Congreso en un proyecto de ley que debilitó la capacidad de la DEA para perseguir a los fabricantes y distribuidores de opiáceos de los pain killers.

En estos días el presidente Trump tiene la intención de nombrar a Jim Carroll, asistente de la Casa Blanca, como nuevo director de la Oficina de Política Nacional de Control de Drogas, nombramiento que debería ser confirmado por el Senado próximamente. Esperemos que con este nombramiento quede ocupado finalmente un cargo tan importante, esencial para hacer frente a esta epidemia y a las poderosas compañías que aprovechan de este flagelo, como la distribuidora de medicamentos Mc Kesson, una de las más grandes del país, que actúa criminalmente en la distribución desde hace años de los peligrosos pain killers. La agencia DEA y varios fiscales federales están desde hace mucho tiempo investigando a esta compañía sin el apoyo, muchas veces, de sus directores, que una vez terminadas las investigaciones llegan a arreglos encubridores decepcionando una y otra vez a los valientes y honrados investigadores de las diferentes divisiones de la agencia. Mc Kesson envió, por ejemplo, durante años, sin informar a las autoridades competentes, 2.000 pain killers diariamente a una farmacia en Brighton, una pequeña población con tan sólo 38.000 habitantes en el estado de Colorado, que terminaban muchas veces en manos de mafias locales, que luego las distribuían ilegalmente.

El nuevo zar deberá también poner fin al desparpajo que asistimos en ciudades americanas, como en Miami, donde todavía funcionan como hongos las llamadas "clínicas del dolor", que a menudo sin ninguna calificación despachan pain killers al por mayor, y también deberían desaparecer del rostro de la ciudad los enormes carteles en los buses que hacen el reclame de ellas. Y ni hablemos de los costosos spots televisivos y radiales que incitan a la población a consumir estos peligrosos calmantes. Ver la degradación del barrio Overtown en Miami, cerca del río, el que fuera el gueto negro más antiguo de la ciudad, es impactante. Este es uno de los centros de venta y consumo de heroína más populares de la ciudad. Aquí encontramos gente desplomada en el suelo luego del consumo de la heroína, otros apoyados en semáforos como zombies, viendo pasar a los coches. De vez en cuando aparece una furgoneta de la ONG privada Miami Needle Exchange que reparte entre las víctimas jeringuillas nuevas y les hace pruebas de sida, porque no olvidemos que Miami es la segunda ciudad en registrar nuevas infecciones después de Baton Rouge en el estado de Louisiana. Policías y bomberos que recorren esporádicamente la zona han empezado a portar dosis de naloxona, un antídoto contra sobredosis para atender a los adictos que se encuentran en las calles en situaciones límites.

Hay que reconocerle a Trump haber señalado claramente esta matazón, y creado una comisión contra esta epidemia mortal que esperemos sea efectiva. En sus discursos la ha definido, con su acostumbrada forma directa y brusca, como "la carnicería americana". Es tiempo que se movilice la sociedad americana en su conjunto para enfrentar este flagelo, por encima de ideologías, y es tiempo que la gran prensa se ocupe de este tema crucial, cosa que no ha hecho hasta el momento, y no dedicarse tanto a politiquería partidaria. Población y prensa y capa política deberían tener presente que su país representa tan sólo el 5% de la población mundial, pero consume el 80% del mercado mundial de opiáceos farmacológicos. Nora Volkow, directora jefe del principal instituto público contra la droga, ve claramente el multifacético problema. "Investigar medicamentos alternativos no adictivos para el dolor, educar a la población, incluyendo a los doctores, realizar campañas efectivas de concientización". Efectivamente, de lo contrario los EEUU enfrentan un futuro orwelliano, muy lejos del manido "sueño americano".

# EEUU EN LAS GARRAS
# DE LAS DROGAS

## California y la marihuana

1 de febrero 2018

Una nube espesa de humo de marihuana proveniente de California está cubriendo Washington D.C., aumentando aún más la grieta política, racial, social que asola al país. Este humo podría desestabilizar fatalmente el difícil equilibrio existente entre el gobierno federal con los diferentes gobiernos estatales, especialmente con aquellos que han legislado o están por legislar el uso de la marihuana con fines recreativos. El primero de enero de este año California pasó a pertenecer al grupo de Estados de la Unión en aprobar el uso recreativo de esta droga, sumándose así a los Estados de Colorado, Oregon, Washington, Alaska, donde ya es legal, y a los que próximamente se sumarían Nevada, Arizona, Maine y Massachussetts. De esta manera se crearía el mercado legal de marihuana más grande del mundo.

California es hoy en día la sexta economía más importante del planeta. Sin embargo las arcas del Estado están vacías. Gracias a esta nueva ley California espera refinanciarse con los impuestos de la venta de marihuana sin tener en cuenta el aspecto tan importante de la salud pública, principalmente la de sus adolescentes y la de sus jóvenes. Hasta el año 2021 recibiría gracias a la inyección de los impuestos provenientes del negocio de la marihuana unos 40.000 millones de dólares. Esto de acuerdo a estudios de la BDS Analytics, una organización científica perteneciente a Arcview. Tengamos en cuenta que los impuestos a la marihuana en California llegarán, bajo esta nueva legislación, a un 35% que van directamente a las arcas del gobierno. Un negocio redondo para el alicaído Estado californiano.

Uno de los argumentos más fuertes utilizados para la legalización de la droga fue el de combatir al narcotráfico y al comercio ilegal con la subsecuente criminalidad. Pero la realidad va a ser otra. Como a muchos consumidores los precios de la marihuana legal les van a resultar muy onerosos, seguirán seguramente recurriendo al importante mercado negro que continuará floreciendo como antes sin que las mafias del narcotráfico y la criminalidad se reduzcan. Aparte de las grandes mafias, continuarán existiendo los tradicionales pequeños productores del mercado negro que desde añares se encuentran en zonas apartadas, al borde de ríos de difícil acceso, en medio de bosques centenarios, sin control policial alguno, destruyendo el sistema ecológico existente. Muchos de estos pequeños productores son viejos hippies, algunos veteranos de guerra, víctimas de la drogadicción, hábiles en el manejo de las plantaciones. Últimamente han tenido que hacer frente a mafias criminales de mejicanos, centroamericanos, asiáticos y también a aquéllos provenientes de Europa oriental, todos ilegales que les están disputando sus tradicionales territorios. La criminalidad crece y la policía no tiene órdenes de sus jefes para poder actuar.

Otro aspecto es la desolación y depredación del medio ambiente en este Estado, que podemos comprobar por ejemplo en el

Humboldt County, en la parte norte de California. Vistas aéreas nos muestran estos estragos, donde difícilmente se podrá reforestar o cambiar las plantaciones de las devastadas tierras. Justamente, años atrás, ésta era una zona de gran riqueza forestal, con bosques centenarios. Su economía se basaba en la riqueza forestal, y hoy, lamentablemente, en las plantaciones de cannabis. Las vistas aéreas nos muestran parcelas protegidas con alambres de púas y guardias de seguridad fuertemente armados. Mientras tanto en los desiertos de California del sur, grandes compañías como la Cal-Cann-Holding, que hasta ahora produjera marihuana para uso medicinal, piensan extender sus plantaciones considerablemente con la ayuda de la última tecnología, como la solar, con lo que aumentarían las cosechas anuales en cinco veces, llegando a obtener 8.000 libras de hashisch al año. Consideremos que actualmente se paga 1.600 dólares por libra puesta en el mercado.

Hasta la tradicional vitivinicultura californiana está en peligro de desaparecer o de reducirse drásticamente frente a este embate de la producción masiva de cannabis, un verdadero flagelo que azota a la nación norteamericana, una verdadera "fiebre del oro verde". Ya está presente la dura confrontación entre productores de marihuana y vitivinicultores, que luchan por su sobrevivencia. El diálogo es muy difícil. El vino "made in California" producido por más de 4.000 viñedos es un negocio millonario. Después de Francia, Italia y España, bien sabemos que el Estado californiano es uno de los más importantes del mundo y ahora está en peligro. Ya los dos bandos se disputan los trabajadores, que obtienen salarios considerablemente más elevados en las plantaciones de marihuana que en los viñedos, por lo menos 20 dólares por hora. Muchos son ilegales traídos por importantes mafias mexicanas. Las presiones para que dejen de plantar y cultiven el cannabis son muy grandes.

Imaginemos que pudiera suceder algo similar en las zonas vitivinícolas argentinas, Dios nos guarde, pero de haber seguido gobernando el país la mafia narcotraficante de la ex presidenta Cristina Kirchner, no hubiera sido un futuro tan difícil de imaginar.

Entre los grandes emprendedores de este multimillonario negocio de la marihuana, se encuentra, obviamente, George Soros, el odiado pero poderoso especulador internacional que puso parte de su fortuna buscando imponer una rabiosa globalización, utilizando la despenalización de las drogas como uno de sus instrumentos claves para sus diabólicos propósitos. Su presión para despenalizar las drogas, utilizando sus millones, recorre todo el mundo, desde el pequeño Uruguay hasta los Estados de la Unión, como California. Su criminal divisa es bien sencilla: a mayor producción, mayor consumo y mejores ganancias, y todo esto sin tener en cuenta la salud pública!

Pero no todo es color rosa, ni para los Estados mal llamados progresistas, ni para los productores, ni para los consumidores. La legislación de la marihuana en California y otros Estados de la Unión ha llevado a una gran confrontación entre el Gobierno en Washington y los Estados rebeldes. A diferencia de los gobiernos anteriores de Barack Obama, que criminalmente banalizara el consumo de alucinógenos y que hiciera tan poca cosa para combatirlo efectivamente, tanto sea la marihuana como la cocaína y la heroína, la actual administración de Donald Trump, con todos sus errores y críticas que se le puedan hacer, ha declarado una guerra abierta al consumo de los opiáceos, tal como lo prevé la Constitución vigente. A través del ministerio de Justicia, al frente del cual se encuentra Jeff Session, éste ha dado órdenes precisas a sus fiscales para que penalicen fuertemente todas las contravenciones existentes. Esta directiva política y jurídica ha caído obviamente como una bomba en los círculos que apuestan al gran comercio y al gran consumo de la marihuana. Ya muchos de los fiscales "progres" se niegan a aplicar los nuevos reglamentos, están en rebeldía, creando una gran tensión entre gobierno federal y determinados Estados de la Unión. La posición de Jeff Session es bien clara y así lo ha declarado: "Rechazo la idea que América pueda transformarse en un lugar mejor si se vende marihuana por todos los rincones del país. Yo rechazo esta idea, tanto como el uso de la heroína y la cocaína". Es así que ya está programado un largo y duro enfrentamiento político entre las partes, que evidentemente tiene una fuerte componente económica, que hipócritamente se quiere ocultar.

Cuanta hipocresía, cuantos intereses económicos creados, cuanta politiquería encubridora y mentirosa, en la cual también participa una gran parte de la prensa; ninguna campaña efectiva que muestre un camino para que los EE UU se libere de las garras de las drogas, y que éstas no se vuelvan parte negativa del American Way of Life. Se ha perdido mucho tiempo, y la administración anterior no ha consultado ni les ha dado la voz suficiente a los especialistas del tema, los científicos, los toxicólogos, los médicos, los psicólogos, psiquiatras, las verdaderas fuentes a consultar, y que hasta ahora no se les ha dado el protagonismo que deberían tener, voces que debieron ser preponderantes en esta crisis que tiene forma de epidemia. La inmensa mayoría entre ellos está de acuerdo en que durante las Administraciones del ex Presidente Obama ha disminuido considerablemente la percepción de riesgo para la salud vinculada al consumo del cannabis.

Es por eso reconfortante haber oído hablar el día 30 de enero de este año, hace pocos días, en su Mensaje Anual a la Nación, al Presidente Donald Trump afirmar claramente que está decidido a presentar batalla frente a las garras de las drogas. Era tiempo de oír tal mensaje, independientemente del partido político al que se pueda pertenecer o a las críticas que pueda merecerse el primer mandatario norteamericano.

# ¿OTRA VEZ CUBA Y EL NARCOTRÁFICO?

## Como en los tiempos de Fidel

*2 de enero 2018*

De acuerdo a recientes investigaciones de la agencia gubernamental norteamericana DEA, encargada de la lucha contra el narcotráfico, Cuba es nuevamente centro importante para el envío y almacenamiento de cocaína que luego es distribuida en mercados de los EE UU y Europa. Frente a grandes dificultades económicas el castrismo recurre otra vez al narcotráfico como fuente de financiamiento y gran parte de esta "ayuda financiera" viene de Venezuela, como lo insinuara el Secretario General de la OEA, Luis Almagro, semanas atrás, afirmando que "en Venezuela, toda la estructura del Estado está tomada por el narcotráfico, y es un hecho que hay un ejército de ocupación cubano actuando en su territorio".

Son evidentes las conexiones estrechas del gobierno de la isla con la cúpula del narco-Estado venezolano, ofreciéndoles asesoramiento, vías de transporte internacional, a cambio de importantes sumas de dinero, que ayudan a mantener a flote la catastrófica economía de la isla. Aquí las estrechas relaciones están dadas especialmente a nivel militar, con los miembros del llamado Cartel de los Soles, cuyo nombre viene del emblema del uniforme de los generales venezolanos. No hay que olvidar que los corruptos altos mandos venezolanos en su mayoría han sido entrenados en Cuba, y son los mismos que permiten la fuerte presencia militar en su territorio, donde actúan activamente en sectores como las aduanas, en el espionaje y en el narcotráfico. Además es sabido que el Cartel de los Soles tiene en sus manos el monopolio del tráfico de drogas del país, manteniendo a su vez estrechas relaciones con los cabecillas de diferentes frentes de las FARC colombianas, que siguen activas en el negocio de la cocaína. Tengamos en cuenta que el capo del Cartel de los Soles es Diosdado Cabello, actual primer vicepresidente del gobernante partido PSUV y hoy en día el hombre más poderoso del país. Para el senador republicano Marco Rubio Diosdado Cabello es el Pablo Escobar venezolano. El hermano de Diosdado, José David Cabello actúa como responsable de las finanzas de este cartel, habiendo llegado a ocupar el cargo de embajador venezolano ante el Consejo de Seguridad de la ONU. Él es el hombre contacto con Cuba.

Fichas claves del narco Estado venezolano son también el ex gobernador del Estado de Aragua y ex ministro del interior Tareck el Aissami, hoy vicepresidente ejecutivo del país. Tareck es un pesado narcotraficante, uno de los capos del Cartel de los Soles, siendo el vínculo del Hezbollah para América Latina. También es el creador, junto a especialistas cubanos, de una fuerza de choque revolucionaria que se asemeja mucho a la Gestapo nazi. Con asesoramiento cubano es responsable del armado de compañías, lavadoras de dólares, que tienen cuentas bancarias no sólo en Venezuela sino también en Panamá, Santa Lucía, Miami y el Líbano. Tareck el Aissami es considerado como uno de los narcos más ricos del país y famoso por su avaricia.

Y para terminar esta escueta nómina de narcotraficantes chavistas con estrechos vínculos con Cuba citemos al impresentable narco Tareck William Saab, actual fiscal general del país, un delfín de Fidel y ahora también de Raúl Castro, que ve en él un hombre que podría suceder en la presidencia de Venezuela a Maduro. Un ejemplo de sus bajos instintos, de su intolerancia y de su peligro, lo dio días atrás al responder a un comentario periodístico diciendo "Cobarde, dime en la cara lo que escribes de algún inodoro en Miami y te partiré la cara en dos". Todo esto en un país que en noviembre pasado aprobara una ley contra el odio, la intolerancia y la violencia, con penas de hasta veinte años de cárcel. Tareck William Saab fue retenido semanas pasadas en el aeropuerto de México por estar requerido por la Interpol por sospechas de narcotráfico internacional.

El gobierno actual de EEUU tiene ya confeccionada una lista de dirigentes narcos del gobierno venezolano que no pueden tocar suelo norteamericano porque están siendo investigados por diferentes fiscales federales, principalmente en la ciudad de Nueva York y de Miami. En estas investigaciones participa una unidad de elite de la agencia DEA, que desde hace dos años viene preparando los casos, apoyados en las declaraciones de ex traficantes, militares desertores y antiguos altos funcionarios venezolanos. Una de las principales fuentes de las acusaciones de que Venezuela es un narco Estado y que mantiene vínculos estrechos con Cuba los aportó Leamsy Salazar, un militar venezolano que fuera jefe de seguridad y guardaespaldas del fallecido Hugo Chávez y que continuara en estas funciones bajo órdenes de Diosdado Cabello. El militar desertó y llegó a Washington D.C. como testigo protegido y se espera en los próximos meses acusaciones concretas contra altos mandos venezolanos y más pruebas del involucramiento cubano. Leamsy Salazar ya relató a los agentes federales en forma documentada acerca de docenas de operaciones de envío de cocaína de Venezuela a Cuba.

A las actividades del narco Estado venezolano y su estrecha relación con Cuba se ha sumado en los últimos meses las actividades de un nuevo narco Estado latinoamericano, Bolivia. También aquí el relacionamiento con Cuba en estos negocios ilícitos es evidente. Tal es así que la DEA tiene información seria que Cuba es un centro importante para el envío de cocaína boliviana a los carteles mexicanos con destino a los EEUU. La designación del actual embajador de Bolivia en Cuba, el ex ministro de la presidencia Juan Ramón Quintana, no sería casualidad, sino que estaría relacionado con la estrategia de utilizar a Cuba como centro de acopio de la cocaína de los carteles bolivianos. Quintana es una figura clave del narco Estado boliviano y pertenece al círculo íntimo de amistades del vicepresidente Álvaro Liniera.

Diferentes arrestos de narcotraficantes bolivianos en Brasil en los últimos meses también demuestran la estrecha relación entre miembros del partido del gobierno MAS con dirigentes del narcotráfico de Cuba. En julio pasado la detención en San Pablo de Romer Gutiérrez Quezada, figura importante del MAS, con cien kilos de cocaína, es una de las tantas pruebas de esta conexión. Ya en el año 2010 Quintana, el hoy embajador en Cuba, y la ex Miss Bolivia Jessica Jordán, entonces de veintiocho años, fueron fotografiados entrando y saliendo con maletas de la casa de un conocido narcotraficante. Jessica Jordán continúa activa en el negocio del narcotráfico y fue hasta el 20 de octubre pasado la cónsul boliviana en Miami, teniendo que dejar el cargo al ser investigada, ella y su esposo, por sus contactos con el narcotráfico internacional. El mismo motivo adujeron las autoridades norteamericanas para que dejara su puesto anterior como cónsul en Nueva York.

El involucramiento de Cuba en el narcotráfico internacional no es nada nuevo. Ya en los años setenta y ochenta, el propio Raúl Castro era considerado como el jefe del llamado Cartel de la Habana, como lo demostrara en un documentado libro que publicara en el año 2007 en la editorial Intermedio en Bogotá, titulado "El Gran Engaño, Fidel Castro y el narcotráfico internacional". Los paralelos de este involucramiento entonces y ahora son evidentes, aunque ahora con nuevos protagonistas. Ahí tenemos actualmente al narco Estado venezolano y al narco Estado boliviano, junto a varios frentes de las FARC, que siguen financiándose con el negocio del narcotráfico, y Cuba, como aquél entonces, coordinando, actuando como enlace, como lugar estratégico de almacenamiento a cambio de grandes sumas de dinero que van a parar a los bolsillos de la dictadura de la isla. Como en los años setenta y ochenta el castrismo frente a dificultades económicas recurre al narcotráfico como fuente de financiamiento. Entonces por orden de Raúl Castro, a cargo del ministerio de Defensa en esta época, se declararon los cielos de Cuba abiertos a todo tráfico de aeronaves y embarcaciones que llegaban cargados de cocaína, provenientes de Sudamérica. Ahí se abastecían de combustible, hacían escalas técnicas y luego partían con destino a las costas de la Florida. Líderes del narcotráfico internacional como Pablo Escobar, Carlos Leder, los hermanos Ochoa, el mafioso Robert Vesco eran figuras siempre bienvenidas en la isla. Muy bien describe esta época la profesora de ciencias políticas de la Columbia University, Rachel Ehrenfeld, especialista en temas de narcotráfico y lavado de dinero en su libro "Evil Money": "En los primeros años de la década de los ochenta se comenzaba a edificar la alianza entre terroristas y narcotraficantes; el casamentero en esta boda fue Fidel Castro". En aquella época las marionetas de los hermanos Castro eran Noriega, el Cara de Piña panameño, los hermanos sandinistas Ortega de Nicaragua, los guerrilleros terroristas de las FARC y del ELN columbianos, infiltrados en varios países latinoamericanos, banqueros corruptos e intelectuales sin escrúpulos que buscaban el enriquecimiento personal. Hoy en día los protagonistas son otros, pero la estrategia cubana es la misma.

# GUERRA EN EL VATICANO

## La elección de Francisco en la mira. Algo huele mal en Roma

*26 de noviembre 2017*

La ideología de Jorge Bergoglio, su populismo, su inacción en la dramática situación en Venezuela, en Cuba, su falta de interés en la protección eficaz de las minorías cristianas en el Medio Oriente etc. etc. etc. están creando un clima propicio a que surja un cisma dentro de la iglesia católica. A estos hechos negativos se suma en los últimos meses la aparición de diferentes publicaciones, principalmente en Italia, en Inglaterra, también en los EEUU que cuestionan incluso el propio nombramiento del Papa, por no ser legítimo, por ser el producto de componendas mafiosas. Es un verdadero escándalo que sacude actualmente las aguas del Vaticano.

De todas estas publicaciones quisiéramos mencionar, a título de ejemplo, los libros publicados por el italiano Antonio Socci "Bergoglio non e Papa", por la inglesa Catherine Pepinster "The keys and the kingdom", por el norteamericano George Neumayer "The Political Pope" y por el italiano Mauro Mazza "Il destino del Papa russo Emodio II", todos ellos eminentes periodistas y reconocidos vaticanistas.

En el libro "Bergoglio non e Papa", que desde su publicación agita al mundo católico, Antonio Socci enfoca su crítica fundamentalmente en los supuestos rasgos fraudulentos de la elección de Bergoglio y concluye que Francisco no debería ser Papa sosteniendo irónicamente que tendría que hacer las valijas y volver a su Argentina natal. Toma de base el informe sobre la realización del cónclave. Allí se relata que el cardenal encargado del recuento de votos se da cuenta que hay uno más de los previstos, son 116 en lugar de 115. Esta votación se anula de inmediato y el paquete con los votos es quemado sin que nadie lo haya visto y se procede intempestivamente a la sexta elección, que de acuerdo a los normas vaticanas al respecto sería nula. Se debió haber procedido previamente al escrutinio de las boletas, que podría muy bien haber dado un resultado no favorable al cardenal Bergoglio. Es más, se debería haber esperado al día siguiente para realizar la sexta votación de acuerdo al artículo 69, que prevé que se pueden hacer sólo cuatro votaciones por día, y no hacerla de inmediato. La conclusión de Socci es simple: "La elección de Bergoglio es nula, nunca existió".

Y bien y siguiendo en esta investigación de la guerra que se está librando actualmente en el Vaticano debido a las manipulaciones mafiosas que llevaron a Bergoglio al trono de San Pedro, hablemos ahora de un libro que está a punto de aparecer de la autora inglesa Catherine Pepinster, directora de la revista católica inglesa "The Tablet", bajo el título "The Keys and the Kingdom" (Las llaves y el reino). Aquí encontraremos más elementos para entender cómo y de manos de quién Jorge Bergoglio se convirtió, supuestamente en forma ilegítima, en Papa. La autora en su libro nos cuenta que el cardenal inglés Cormac Murphy O'Connor, ex arzobispo de Westminster, organizó en Roma, en días previos a la elección papal, y en la sede de la embajada británica, al menos un encuentro secreto para convencer a los cardenales votantes del Commonwealth para que apoyaran al arzobispo de Buenos Aires. Excluyó de dicha invitación al cardenal George Pell, australiano, y al cardenal Marc Ouellet , canadiense, prefecto de la congregación de obispos, por ser críticos de Bergoglio, temiendo que éstos desaconsejaran la elección del mismo. Esta acción del cardenal Murphy O'Connor va en contra de las reglas de un cónclave, en especial del artículo 81, "los cardenales electores se abstendrán de cualquier forma de negociación, acuerdos y promesas, y si esto se hiciera se puede imponer la excomunión de los transgresores".

El cuadro de la elección fraudulenta de Bergoglio se evidencia aquí como algo ya preparado desde largo tiempo por parte de un think tank mafioso más que de un soplo repentino del Espíritu Santo, para así poder llevar al arzobispo de Buenos Aires hacía el solio de Pedro. Tenemos entonces ante nosotros una especie de thriller apocalíptico, pero cuidado, basado en hechos reales.

El tercer libro que quisiéramos mencionar, fue publicado hace muy poco tiempo y escrito por el joven renombrado periodista y vaticanista norteamericano George Neumayer, con el título "The political Pope" y con el sugestivo subtítulo "How Pope Francis is delighting the liberal left and abandoning conservatives" (Cómo el Papa Francisco está complaciendo a la izquierda y abandonando a los sectores conservadores). En este libro publicado el 2 de mayo pasado en los EEUU, y que no tengo conocimiento que haya sido ya traducido al español, Neumayer analiza muy críticamente los primeros cuatro años del papado de Bergoglio, y su libro será seguramente una gran contribución al análisis del papado actual. El autor, nacido en el año 1972, centra su estudio, como ya lo anuncia en el título, en el accionar político del Papa. Neumayer, formado en la universidad jesuita de San Francisco, conoce obviamente muy bien los entretelones de cierto sector de izquierda de esta congregación al que pertenece Bergoglio, el primer Papa jesuita en la historia de la iglesia. El pensamiento de Francisco se caracteriza por ser favorable a un modernismo teológico y a un relativismo moral en tono con el pensamiento de la izquierda globalizada actual, y así lo demuestran las populares expresiones papales tales como "Quién soy yo para juzgar ..." Neumayer va aún más lejos en sus críticas diciendo que la fórmula bergogliana de su pontificado nos trae un catolicismo vacío, casi sin doctrinas, muy a la moda de nuestros tiempos sin ser una guía espiritual valedera para los católicos en el mundo. El autor ha decidido tomar parte activa en la actual guerra que se libra en el Vaticano utilizando sus armas periodísticas en defensa de su fe.

Hoy en día la guerra dentro del Vaticano es tan cruenta y la grieta tan profunda, que de acuerdo al cuarto libro que queremos mencionar sólo una persona de afuera puede cerrarla, sólo una persona de afuera puede calmar las aguas. En la novela futurística, para no decir utópica "Il destino del Papa russo" el autor italiano Mauro Mazza, periodista con larga actuación en la tv italiana, ve la solución en la elección de un Papa ruso, un Papa ortodoxo que casi mil años después del cisma de la iglesia católica aparece como un "deus ex machina" poniendo fin a las divisiones existentes, devolviéndole al representante de Dios en la tierra su rol como líder espiritual. Un Papa con el nombre de Metodio II (pensando en San Metodio, llamado El Grande, Patriarca de Constantinopla del 843-847) que pondría fin a las cruentas luchas internas y suicidas. ¿Una idea absurda? Sin duda, pero una idea que refleja mejor que cualquier análisis la situación crítica que ha causado el papado de Francisco hoy en día.

# GEORGE SORO, EL OGRO FILANTRÓPICO

## No todo es lo que parece

*6 de diciembre 2017*

En el año 1978 Octavio Paz publicó su ensayo "El ogro filantrópico", que, a partir de la experiencia mexicana nos muestra la forma de dominación y dependencia que puede producir un Estado, en esa época dominado por el partido PRI, que bajo el supuesto manto de la filantropía, anestesia conciencias, subsidia, asiste, corrompe con grandes sumas de dinero financiando toda suerte de instituciones, fundaciones, medios de comunicación, universidades, propiciando una atmósfera de degradación social y política que poco a poco destruye las instituciones democráticas de un país. Ahora mismo estamos viviendo una situación similar bajo la siniestra y global manipulación de George Soros, un ogro multimillonario que disfrazado de filántropo, igual que el PRI en México, pretende destruir los fundamentos, no sólo de un país sino del mundo occidental entero y reorganizarlo a su manera. Los ogros en términos generales son seres mitológicos malvados, grotescos, que muchas veces viven en grandes castillos y se dedican con alevosía a secuestrar pobladores para tenerlos como esclavos o sirvientes. Este ogro contemporáneo es muy temido y odiado en el mundo a pesar que invierte gran parte de su fortuna, calculada actualmente en unos 23.000 millones de dólares, en tratar de imponer su ideología, un esquema peligrosísimo de dominación para las democracias contemporáneas. Uno de sus instrumentos predilectos es la aplicación de una globalización despiadada para someter mejor a las naciones.

¿Y quién es este ogro super villano internacional que afirma de sí mismo, y lo confiesa al New York Times en el año 1994, "soy una especie de Dios Ex Machina", o sea un ser providencial, todopoderoso que aparece para solucionar todos los problemas del mundo. A su biógrafo Michael Kaufman le confiesa "soy un tipo de loco que quiere tener impacto mundial y que lo reconozcan". Hay más aún, en su libro "Soros sobre Soros", expresa abiertamente "no acepto las reglas, las leyes impuestas por otros (…), y en tiempos de grandes cambios en el mundo las leyes normales no se aplican". Evidentemente Soros cree ser alguien que puede decidir qué leyes acepta y cuáles no.

Sabemos que este despiadado especulador ha sido parte y es parte de escabrosas tramas políticas, sociales y económicas en el mundo que han destruido las economías y las monedas de varios países, arruinando las vidas de miles y miles de ciudadanos honestos. Con sus billones ha logrado construir un imperio y tener una voz importante en la alta política de los EEUU como así también en varias capitales europeas. El imperio de Soros constituye un poder global como si fuera un Estado, como la FIFA, como Google. El escritor norteamericano de bestsellers Jim Denney en su libro "The New Reagan Revelation" del año 2011, describe la maldad que irradia el especulador de origen húngaro, cuyo verdadero nombre es Gyorgy Schwartz, "Soros es potencialmente más peligroso que una bomba nuclear. Actúa en la sombra y con determinación usando su dinero y poder manipulando nuestra economía y nuestro sistema político. Un misil nuclear puede destruir una ciudad. Soros puede destruir nuestro estilo de vida".

El ogro, que dice ser filantrópico, ha logrado efectivamente introducirse en el más íntimo círculo del poder de Washington D.C. Financió masivamente la frustrada campaña electoral de Hillary Clinton. Gracias a filtraciones de Wikileaks de las últimas semanas hemos sabido que el magnate acostumbraba darle directivas en política exterior cuando ella tenía a su cargo el Departamento de Estado. Evidentemente Soros no logró su objetivo final y Donald Trump pasó a ser su gran enemigo, que ahora hay que destruir, sea como sea. Eso sí, logró últimamente un gran éxito en Canadá, bajo el gobierno de Trudeau, con el nombramiento de Chrystia Freeland, como nueva ministra de relaciones exteriores de este país. Freeland es una activa periodista con una larga y estrecha relación con Soros, habiendo servido a sus intereses en el Financial Times, en el Washington Post y en otros medios de comunicación. Es una pieza importante para el esquema de dominación global por parte de Soros.

La idea central de Soros es buscar de imponer en el mundo una globalización rabiosa, una globalización que termine con las fronteras, que disuelva las naciones, minando el sistema democrático de poder elegir gobiernos independientes que representen las diferentes culturas de comunidades con raíces históricas diferentes. Para Soros conceptos como patria, tradición, religión son desechados de plano y quiere combatirlos. En esta idea de globalización rabiosa se haría cargo del poder una especie de elite plutocrática. El instrumento central para lograr estos fines de penetración en nuestra sociedad lo representa su ONG, la Open Society Foundation, constituida en el año 1993 y que hoy en día tiene oficinas con representantes en por lo menos 39 países, contando con un presupuesto de aproximadamente de unos 900 millones de dólares anuales. La lista de fundaciones asociadas y subvencionadas por la Open Society es interminable. Dentro de los EEUU llega al centenar, lo mismo en Europa y en el Medio Oriente.

A través de sus ONGs Soros ha tomado muchas veces causas justas y aceptables como pantallas para esconder detrás de ellas sus verdaderos objetivos de desestabilización mundial. Su accionar más importante se centra actualmente en el tema de la inmigración masiva, en el tema de cómo dominar los medios de prensa, en la órbita de derechos humanos, justicia, protección de intereses de minorías, el tema del Medio Oriente, la liberación total de los estupefacientes. Su rol en favor de la masiva e incontrolada ola de inmigración de países musulmanes hacia Europa es actualmente uno de sus objetivos más caros, lo que ha motivado ya una reacción fuerte por parte de los países del Este europeo hacia sus maquinaciones, con el resultado que muchas de sus ONGs han sido expulsadas de países como Hungría, Polonia, Eslovaquia y la República Checa. Su archienemigo allí es justamente el primer ministro de Hungría, país donde naciera Soros, Viktor Urban. El nuevo gobierno austríaco, que asumirá en diciembre próximo, contempla ya también la expulsión de sus representantes del país. En Italia, a pesar de una fuerte oposición por parte de diferentes partidos políticos pudo infiltrar en el ministerio de Justicia a Costanza Hermanin como consejera política. Hermanin es una activa colaboradora de la Open Society que trata de imponer la agenda de Soros en el tema de la inmigración indiscriminada que llega a Italia.

No dejemos de mencionar la masiva influencia de Soros en los medios de comunicación, principalmente en los EEUU. Más de treinta importantes medios de prensa tienen vinculaciones directas con fundaciones de George Soros. El Poynter Institute en la ciudad de St. Petersburg en la Florida juega un rol importante en la formación de nuevos periodistas a través de becas. Aquí se elabora un código periodístico, el IFCN (International Fact-Checking Network), que determina fundamentalmente qué artículos son verdaderos o falsos, algo que nos trae en mente el mundo orwelliano.

Y bien, tenemos que estar muy atentos a los próximos movimientos de George Soros. Ya son tantas las pruebas de la peligrosidad de este ogro filantrópico que cree ser Dios que bien podemos afirmar, como el gran detective ficticio belga de nuestras lecturas juveniles, Hercule Poirot que "una coincidencia es sólo una coincidencia, dos coincidencias son un indicio, tres coincidencias son una prueba" y las pruebas en su contra, que es un ogro y no un filántropo, son ya lapidarias.

# GOOD NIGHT HOLLYWOOD

## La izquierda progresista hipócrita y Harvey Weinstein

*23 de octubre 2017*

Hoy los Estados Unidos de Norteamérica representan una nación profundamente dividida, que padece una grieta política, social, moral como pocas veces vista en su historia. El escándalo en torno a la horror-story del mega productor cinematográfico Harvey Weinstein, un violador sexual serial, es paradigmático no sólo de ese Hollywood sumergido en un pantano fétido, sino de gran parte de la dirigencia política del país en Washington D.C., falto ambos de valores morales, corruptos, mentirosos y desconectados con las verdaderas necesidades de su pueblo.

Hollywood nos presenta ante nuestros ojos, en muchos casos, un desfile de personajes de la pantalla que aparecen constantemente en los medios de comunicación pretendiendo con una dosis increíble de hipocresía darnos clases de cómo debemos comportarnos moralmente, socialmente, políticamente, siempre de acuerdo a los valores de la izquierda progresista, viviendo al mismo en medio de una riqueza obscena, en medio de la promiscuidad y el desenfreno. Estas mismas actrices y actores y productores cinematográficos, supieron muy bien durante 30 años de la conducta aberrante de Weinstein, y callaron, y fueron sus cómplices, al grado tal que la actriz Merryl Streep, en un evento cinematográfico, se atrevió a definir a éste como un "Dios". Docenas y docenas de jóvenes actrices fueron sometidas al abuso de este repugnante depredador, de lo contrario pasaban a integrar listas negras, lo que reducía enormemente sus chances de escalar en la cuna del cine. Muchas de ellas consentían con estas prácticas, pero muchas no, y aquéllas que lo hicieron lo están denunciando ahora en cadena, una detrás de la otra, produciéndose una especie de catarsis colectiva.

Weinstein había podido construir una red internacional para satisfacer sus aberraciones. Roberto Faenza, un director y escenógrafo italiano, conocedor del ambiente de Hollywood, afirmó en una reciente entrevista que han sido docenas las jóvenes actrices italianas que han tenido que ir a la cama con Weinstein para poder iniciar su carrera en la metrópolis del cine, agregando que el representante en Roma de la productora de cine Miramax, de Weinstein, era Fabricio Lombardo que no tenía idea de la producción cinematográfica y que se dedicaba casi exclusivamente a seleccionarle presas femeninas fáciles en Italia. Frente a este escándalo de Weinstein y la hipocresía de Hollywood, es confortante saber que en la Argentina existen personalidades del espectáculo, como Ricardo Darín y Campanella, para mencionar sólo dos ejemplos, que en sus actuaciones personales y profesionales son un contraste refrescante ante la corrupción hollywoodense.

Lo sintomático a destacar de este escándalo son las implicaciones políticas del caso, teniendo en cuenta las relaciones directas de Weinstein con parte de la cúpula del partido demócrata americano, en especial con los Clintons. No había celebración de cumpleaños de Harvey que no estuviera invitada Hillary, a la que financió generosamente su campaña con miles y miles de dólares que terminaran en su fraudulenta fundación. Hillary sabía muy bien quién era Harvey y sus desviaciones sexuales, y obviamente tenía experiencia en el tema con la vida privada de su libidinoso marido. Pero lo aún más chocante en Hillary es que durante las campañas electorales y aún hoy en día se erija en defensora de las mujeres. Cuánta hipocresía!

Tampoco queda bien parada la gran prensa norteamericana. Muchos de sus periodistas o bien recibieron jugosas sumas de dinero por ocultar lo que todos sabían o bien no investigaron por razones ideológicas, porque obviamente Harvey era un notorio progresista. La famosa periodista norteamericana Sharon Waxman, ya allá por los años 2004-2005, había realizado una meticulosa investigación sobre el tema Weinstein para el New York Times, medio para el que en ese entonces trabajaba, llevándola inclusive en su investigación a Italia e Inglaterra. Waxman terminó su reportaje incriminando duramente a Weinstein y su entorno y lo presentó a su periódico que se negó a publicarlo por considerarlo no oportuno. La periodista, ya independiente, con su propio medio de prensa, The Wire, decidió hace pocas semanas dar a conocer finalmente el caso, desenmascarando a Weinstein y a todo su entorno de encubridores, causando así un gran escándalo con implicaciones políticas y sociales. Hollywood, evidentemente, está manejado por una verdadera mafia al estilo italiano con su código de "omerta", de silencio, y el que no respeta este silencio termina en una lista negra con terribles consecuencias. Esta es la realidad.

Frente a este escándalo que estamos presenciando en los EEUU pensé espontáneamente en la mitología griega, en una leyenda de las más violentas y sangrientas. En el libro de Ovidio "Metamorfosis" se narra que Filomena fue violada por Tereo quien luego le corta la lengua para que no contara el crimen cometido. Filomena, por su parte, gran tejedora, realiza un hermoso tapiz contando en sus diseños lo sucedido para que se supiera el crimen y lo manda a su hermana para que ésta lo haga público. Tereo entonces las busca para matarlas, pero a tiempo las hermanas pueden convertirse en un ruiseñor y en una golondrina y Tereo se transforma en una abubilla, un ave de las más apestosas del mundo que construye un nido fétido hecho con heces mal olientes.

Afortunadamente las víctimas de Harvey Weinstein han podido conservar sus lenguas y afortunadamente ahora por fin hablan de las depredaciones que han sufrido. Y a Weinstein, ahora investigado por el Departamento de Justicia y el FBI, es de esperar que sea condenado y termine en forma ejemplarizante en la cárcel. Ojalá!!

# ¿FRANCISCO TIENE LOS DÍAS CONTADOS?

## Un inminente cisma en el Vaticano

*7 de octubre 2017*

La luna de miel con el Papa Francisco está llegando a su fin globalmente. El ciclo de la papolatría ha terminado. Sus más frontales críticos se encuentran hoy en el propio Vaticano, en Italia, en Europa, donde se teme por el tremendo daño que le está causando a la iglesia católica llevándola a un posible y triste enfrentamiento interno, a un cisma, que es lo que ya estamos presenciando en estos meses. Como lo expresara el difunto cardenal Carlo Caffara "un Papa que divide el episcopado, no es más un Papa".

He escrito, investigado el tema de la tempestad que enfrenta la Iglesia Católica hoy en día, el peligro de un cisma, y me inquieta enormemente, cómo católico no practicante, el giro que le ha dado este Papa a la Iglesia. Me inquieta su extremismo ideológico y su cercanía con la nefasta teología de la liberación, de carácter marxista. Me inquieta su banalidad, su ligereza con la que enfrenta temas centrales de nuestra sociedad. Me inquieta su bien instrumentada estrategia mediática, perfectamente coherente con las exigencias del main stream, del cual se siente enormemente atraído.

Me inquieta su progesismo de extrema izquierda y que exprese constantemente aquello que la elite mundial de ese color quiere oír, haciendo que la Iglesia sucumba más y más al espíritu relativista del tiempo actual. Me inquieta saber de su cercanía con un personaje nefasto de la política argentina, como es Cristina Kirchner y la mafia que la rodea y a la cual aún le rinde servicio, siguiendo con su campaña de "cuiden a Cristina". Me inquieta también su cobardía de no atreverse de visitar su país natal y finalmente apoyar a un gobierno democrático y condenar a uno que fue netamente de corte fascista y el más corrupto de la historia del país. Me inquieta su pensamiento económico marcadamente anti libre mercado, y de rasgos ultra estatista. No deja de inquietarme su cobardía frente al pueblo venezolano y su indiferencia respecto a la situación de los presos políticos y su increíble respuesta a una pregunta de un periodista acerca de los 54 muertos en Venezuela diciendo simplemente "Pregunten a Maduro". También me inquieta que reduzca las penas a curas condenados por abusos sexuales y que su combate a la pedofilia en su iglesia sea sólo retórico.

Todas estas inquietudes son compartidas por muchos fieles en muchas partes del mundo que ya no creen más en él y han pasado a criticarlo en forma frontal y personal. En Italia Bergoglio es considerado por muchos como un hombre falto de cultura, con sed de poder, irascible y vengativo, que busca en forma sutil desacreditar a su antecesor. Se considera que en el fondo es un simple político, que gerencia el Vaticano siguiendo los lineamientos de un lobby oculto de cardenales que han manipulado en forma mafiosa las instituciones eclesiásticas para que pudiera acceder al trono de San Pedro.

Ante esta imagen tan negativa de la actuación de un papa, se plantea una pregunta crucial: ¿Cómo pudo haber sido elegido

Jorge Bergoglio sucesor de dos destacados papas, como lo fueron Juan Pablo II y Benedicto XVI? Ya en sí es extraño el hecho de haber llegado al papado gracias a la "renuncia" de su antecesor. Esto no había sucedido en la iglesia en los últimos 600 años. Muchos teólogos y fieles se preguntan si Benedicto habrá renunciado por propia voluntad o habrá sido obligado a hacerlo por una mafia vaticana. Altos prelados del Vaticano, que han conocido al papa alemán bien de cerca, teólogos y periodistas especializados en temas de la iglesia, hablan cada vez más abiertamente de un complot que llevó a Bergoglio al trono de la iglesia.

El año pasado el National Catholic Register publicó un artículo bastante curioso sobre la presentación de una biografía autorizada del retirado presidente de la Conferencia Episcopal de Bélgica, el cardenal Godfried Daneels, que aporta valiosos elementos a esta sospecha. Resulta que durante una conferencia de prensa videograbada Daneels admite , entre risas, que él mismo formó parte de un "club secreto mafioso de cardenales reformistas que se oponían al pontificado de Benedicto XVI", y que dicho club se llamaba el "Club San Galo", ya que las reuniones secretas y conspirativas se llevaban a cabo en la ciudad suiza del mismo nombre. Según las palabras de Daneels, a dicho club secreto pertenecían el cardenal Walter Kasper y el difunto cardenal jesuita Carlo María Martini.

A esta impactante revelación, se suma en estas últimas semanas un documento de 25 páginas, firmado por 62 prelados y teólogos de veinte diferentes países, que acusan a Bergoglio de ser un hereje basándose en siete herejías cometidas por Francisco en su exhortación apostólica "Amoris laetitia". Este documento le fue entregado al Papa el 11 de agosto y a la fecha no ha respondido aún, y se espera que no se atreva a hacerlo. El documento escrito en latín reza "correctio filialis de haeresibus propagatis", corrección filial de herejías propagadas, y se ha hecho público ahora en varios idiomas. Todo esto pondría prácticamente en jaque al papado de Francisco, llevando a la iglesia al borde de un verdadero cisma. Aunque el impeachment no está previsto en el derecho canónico, cada vez más son las voces que quieren recurrir a este instrumento o a alguno otro similar para poner fin al papado de Bergoglio. ¿Tendrá Francisco los días contados en el Vaticano?

Mientras tanto el polémico político opositor italiano Matteo Salvini, aparece cada vez más a menudo en sus mítines políticos con una camiseta que en sus espaldas se puede leer la frase "Il mio Papa e Benedetto". Yo también me pondría una camiseta como la que usa Salvini, y seguiré bien de cerca las andanzas de este papa, porque con un papa así ...

# EL PELIGRO DE LA PRENSA MILITANTE EN LOS EE UU

## Máquinas de hacer fango

*23 de septiembre 2017*

En el excelente museo de Washington D.C "Newseum", ubicado en la Penn Avenue, un museo dedicado a la historia y a la evolución de la prensa, vimos exhibido , tiempo atrás, en uno de sus salones, un enorme afiche de una manifestación callejera en la que se podía leer claramente "Can the press be trusted? No more media liars". ¿Se podrá confiar en la prensa? No más mentirosos en los medios de comunicación. El afiche se hace eco de una evolución negativa por parte de la gran prensa y televisión norteamericana en estos últimos tiempos, que dejó de lado al periodismo investigativo crítico, que la caracterizara, para apoyar a todas luces, sin escrúpulos, primero al ex presidente Barack Obama, para que ganara dos elecciones presidenciales, y más recientemente combatiendo masivamente con informaciones no siempre fidedignas al partido republicano y a su candidato Donald Trump A esta actitud poco democrática, se iba a sumar la instauración, por parte justamente de gran parte de la prensa, de lo que llamaríamos la dictadura de lo políticamente correcto, una especie de policía ideológica de la extrema izquierda, de los llamados progresistas, que deciden a través de los medios lo que se debe decir o no. Tenemos entonces frente a nosotros el accionar de la peligrosa prensa militante, al servicio de una ideología, al servicio de un partido político, manipulando la información, chantajeando, dejando de lado la investigación seria, imparcial, y además, como mencionáramos utilizando el lenguaje llamado políticamente correcto, que recuerda al Thought Police de George Orwell, para manipular a las masas. Evidentemente todo esto tiene un cierto sabor totalitario. El libro de Jonah Goldberg "Fascismo Progresista" define muy bien este comportamiento político. Durante las últimas campañas electorales americanas los opositores, que para sorpresa de todos terminaron ganando, fueron denostados y calumniados en forma pocas veces vista en la política norteamericana. Es evidente que al pueblo americano se le vendió gato por liebre.

Aclaremos desde ya, que no soy para nada un seguidor, defensor, partidario de Donald Trump; que soy crítico de su forma bizarra de hacer política, de sus contradicciones, provocaciones, de no ser un estadista con experiencia política y tantos otros factores que juegan en su contra. Con su populismo y nacionalismo y su enfrentamiento frontal con la prensa militante, ha alimentado aún más la profunda grieta que enfrenta la sociedad de este país, despertando peligrosos fantasmas del pasado. Pero fue elegido por el pueblo norteamericano democráticamente y debería permitírsele gobernar y no combatirlo con fake news, como lo hace la prensa militante, que aún no digirió el hecho de haber perdido también las elecciones por apoyar masivamente a la candidata demócrata ignorando su carga enorme de escándalos reñidos con la ley y con la verdad, todavía no investigados a fondo por la justicia.

Umberto Eco, el gran filósofo, escritor y periodista de opinión italiano, antes de su muerte, el año pasado, publica su último libro titulado "Número Cero", una novela que se centra en la crítica al mal periodismo, manipulador, mentiroso, chantajista. Es un latigazo a los malos periodistas que no cumplen su rol imparcial en estas épocas tan difíciles para las democracias liberales occidentales. Es un latigazo también a la prensa militante. Eco afirma en su libro que estos periodistas y los medios de prensa en los que trabajan junto con muchos canales de televisión, son hoy simples "máquinas de hacer fango".

¿Ahora bien y qué llevó a Umberto Eco a escribir una novela sobre el periodismo? Es algo que a nosotros con muchos años en esta profesión no dejamos de preguntarnos. Eco, además de filósofo y filólogo, fue toda su vida periodista y consideró como un compromiso civil a sus 83 años hacer autocrítica del oficio, desenmascarar las técnicas del mal periodismo y mostrar cómo desde la prensa se puede destruir a un opositor. Si bien se basa en ejemplos italianos y en parte en la figura del magnate de medios de comunicación Silvio Berlusconi, tiene aplicación universal al analizar el accionar de la "máquina del fango". Eco con ironía da ejemplos de cómo deslegitimar a un adversario. "No hace falta que lo acuses de matar a su abuela o de que es un pedófilo; se lo puede descalificar sólo con la sospecha de ser estrafalario, que usa medias de colorinches y con eso ya se siembra cierta sospecha". Eco con su publicación se anticipó de forma visionaria a lo que estamos viviendo en el mundo y en forma tan evidente con la mayor parte de la gran prensa de los EEUU, que fuera otrora una guía del buen periodismo investigativo. La consigna de muchos de estos medios de comunicación parecería ser hoy en día destruir al electo presidente sea como sea.

Veamos ahora para corroborar el trabajo sedicioso de la prensa militante algunos datos representativos de su accionar. Un estudio de la Universidad de Harvard, publicado hace poco tiempo, fruto de las investigaciones del Center on Media, Politics and Public Policy, nos revela que el Presidente Trump tuvo un promedio del 93% de prensa negativa por parte de las cadenas CNN, NBC y CBS. La cadena Fox tuvo un índice del 52 % de cobertura negativa para su administración. Una parte del estudio contrasta estas cifras negativas frente al 41% que tuviera Obama, el 57% que obtuviera Bush y el 60% para Clinton. Periódicos como el New York Times y el Washington Post no se quedan atrás con una cobertura negativa del 87%. Esto muestra, claramente, que hoy en día encontramos en los medios de comunicación de EEUU a una prensa militante que defiende a un partido, a una ideología más allá de sus errores y contradicciones. Es el tipo de periodismo que informa sobre cuestiones que estrictamente calzan en la agenda política de un partido, distorsionando la realidad de las noticias con fines ideológicos. Ya no se investiga a fondo, las fuentes muchas veces no son fidedignas o se las falsea, incluso se acude a la mentira. Parafraseando a Hanna Arendt, la libertad de opinión se convierte en farsa cuando se ignora los hechos en función de la ideología o el poder. Es la desinformación deliberada de la "máquina de hacer fango" de Umberto Eco.

# RIO DE JANEIRO: EL COLAPSO
# DE UN SUEÑO TROPICAL

## ¿Cómo llegamos a este punto?

*14 de septiembre 2017*

Ciudad maravillosa

llena de encantos mil

corazón de mi Brasil

jardín florido de amor y saudade

que Dios te cubra de felicidad

nido de sueños y de luz

Cuando Andrés Filho escribió en los años 30, "ciudade maravilhosa", el himno de Rio de Janeiro de todos los tiempos, no podía imaginar que el corazón de Brasil colapsara en este último tiempo, envuelta en una cruenta guerra, arruinada por el narcotráfico y la corrupción. Una visita corta semanas atrás, me ha dejado consternado, entristecido, al presenciar horripilantes imágenes, oír historias dantescas y revisar estadísticas después de haber seguido de cerca durante muchos años la problemática de esta ciudad. Luego de terminados los Juegos Olímpicos, de tan sólo un año atrás, la degradación de Rio de Janeiro se ha acelerado drásticamente.

¿Cuánto le ha costado al Estado de Río de Janeiro traerle a la ciudad una paz transitoria e ilusoria? ¿Con cuántos millones de reales ha subvencionado Brasilia la celebración de este sueño tropical? Nadie lo sabe con exactitud y nadie sabe lo que ha dejado de positivo al país. Lo que sí se sabe es que tan sólo el Estado de Rio de Janeiro gastó miles de millones de dólares para garantizar la seguridad durante esos eventos sin lograr obtener resultados a largo plazo. Y lo que sí también se sabe es que el corrupto ex gobernador del Estado, Sergio Cabral, se apropió de sumas millonarias de fondos públicos, aproximadamente unos 3,7 millones de dólares, transferidos a cuentas en el exterior. Sergio Cabral se encuentra hoy preso gracias a la valiente actuación del juez federal Moro.

Luego de la euforia volvieron los problemas en la seguridad pública de forma más terrible que antes, y las bandas de narcotraficantes lograron conquistar el terreno perdido, aumentando aún más la inseguridad de la ciudad. Las estadísticas de la policía así lo demuestran. Tan sólo desde enero de este año hasta el presente se han contabilizado unas 2900 muertes violentas en Rio, un 16,5 % más que en el mismo período del año anterior. En los primeros seis meses de este año se registraron en Rio unos 70.000 asaltos a mano armada, un promedio de 350 por día, y la cifra sigue subiendo. Muchos cariocas con dinero abandonan la ciudad, temerosos de ser asaltados o secuestrados en cualquier momento y se dirigen preferentemente a los EEUU, principalmente a Miami, Fort Lauderdale, Palm Beach, donde ya hay importantes contingentes brasileños. La mayoría de las muertes ocurren en las favelas, donde tan sólo en este año, se han registrado unos 1.500 enfrentamientos sangrientos entre la policía y las bandas narcotraficantes. La estrategia de la formación de unidades llamadas irónicamente "policías pacificadoras" y que tienen la misión de combatir el crimen, instalándose con puestos permanentes en las propias favelas, las UPP, han fracasado por completo. Pero ahí están todavía en unas veinte favelas, sobre todo en aquellas zonas próximas a la región sur de la ciudad, habitadas por gente pudiente y visitadas por turistas. Los policías últimamente incluso no reciben sus míseros salarios con regularidad; no hay más dinero público para pertrecharlos adecuadamente, y tienen que ganarse la vida con jornadas extras como guardaespaldas o vigilantes privados, y muchas veces, en esas funciones, son reconocidos por los maleantes y asesinados.

Durante mi última estadía en Río, pocas semanas atrás, tuve oportunidad de vivir en vivo y en directo, en una de estas favelas, toda esta problemática. Afortunadamente acompañado por un amigo de años, miembro de la Fundación Cultural Palmar, dedicada a la protección e investigación de la población negra en el Brasil, y que debido a su trabajo tiene un relativo acceso seguro a esas barriadas. Elegimos la favela Pavao-Pavaozinho, con una entrada al fondo de la Rua Sa Ferreira con la Av. Nossa Senhora de Copacabana. Luego de tomar un café recalentado de todo un día, nada que ver con el famoso cafezinho, en un barsucho de la esquina, subimos a dos motos que nos llevaron al corazón de la favela. Ahí oímos en boca de los habitantes la verdadera carnicería que se lleva a cabo día tras día entre los policías y las narcobandas. La policía de Río es la que más mata y más muere de todo el Brasil, hecho confirmado por organizaciones civiles. Sólo en los primeros seis meses de este año el número de muertes a mano de la policía aumentó en un 45%, comparado con cifras del año anterior, mientras que el número de policías abatidos en el mismo período llegó a más de 100. De regreso a mi hotel, ubicado en las cercanías, podía divisar con facilidad la silueta de la favela y oír por la noche los tiroteos con gran claridad.

Ante este colapso de la seguridad pública, el actual gobierno de Temer ordenó en estas últimas semanas el envío de un contingente de 8500 soldados del ejército para frenar esta dramática situación. El ejército no sólo está presente en las calles patrullando, sino está colaborando en operaciones relámpago junto a la policía en zonas rojas de la ciudad. Las imágenes de soldados fuertemente armados patrullando las calles de Copacabana, Ipanema y otros emblemáticos lugares turísticos son impactantes. Río no es más un sueño, un ensueño tropical, sino una angustiante pesadilla.

¿Cómo pudo haberse llegado a esta situación de caos? Es la mezcla explosiva de una crisis económica severa con una rampante y endémica corrupción estatal, llevada al extremo bajo los gobiernos populistas de Lula y Dilma Rousseff. Es el destino de los gobiernos populistas corruptos de nuestro continente, tanto aquí en el Brasil como en la Venezuela de Maduro, en la Argentina de los Kirchner, en la Nicaragua de los Ortega y otros mas que se embarcaron en la aventura totalitaria del populismo.

¿Y cómo salir de esto? El futuro para Rio de Janeiro y Brasil es incierto y oscuro. Una de las claves para salir de este dramático atolladero está en el hecho que la nueva justicia brasileña liderada por el valiente y altamente calificado juez federal Sergio Moro, pueda continuar con su titánica labor de limpiar la endémica corrupción que ha corroído la justica de este país. El combate que libra Moro desde hace unos pocos años, partiendo desde la ciudad de Curitiba, al sur del país, junto a nueve fiscales de confianza y altamente calificados en temas de corrupción y lavado de dinero, ha dado ya resultados increíbles. Así lo demuestra la exitosa campaña anti-corrupción "Lava-Jato", que llevó a la cárcel a cientos de políticos y empresarios ligados a ellos, logrando además la separación del cargo de la presidenta Vilma y poniendo a un paso de la cárcel al propio ex-presidente Lula y su camarilla, exponentes máximos del populismo corrupto del país. Hoy estos nueve jueces y fiscales que rodean a Sergio Moro, ocupan posiciones claves en el aparato de la justicia brasileña. Personalmente, me gusta llamarlos los nueve samuráis, porque me hacen recordar a los siete samuráis, del film japonés de Akira Kurasava, samuráis que en el siglo XVI, con su valentía y ética supieron luchar por su pueblo, asolado por una banda de malhechores, resaltando los valores del honor y la justicia. Junto a la nueva justicia brasileña tendrá que actuar y apoyar la prensa independiente de periodistas investigadores y valientes, que se atrevan, como acertadamente lo indica el gran periodista e historiador polaco Ryszard Kapuscinsky, a "prender la luz para que el pueblo vea como las cucarachas corren a ocultarse" y así entonces poder eliminarlas definitivamente. Sólo así, con esta conjunción de justicia y periodismo independiente, podrán la "ciudad maravillosa" y Brasil ver un futuro mejor. Ojalá! Ojalá!

# LA TIRANÍA DE LO
# POLÍTICAMENTE CORRECTO

## La moral relativista de los
## fanáticos de la progresía

*27 de agosto 2017*

Hace muy poco tiempo pude ver en una revista cultural española una sugestiva caricatura en la que aparece una niña, evidentemente curiosa y avispada, un tipo de Mafalda española, acompañada por su madre, a quien pregunta: "Mamá, ¿qué significa ser políticamente correcto?" A lo cual la señora responde: "Renunciar a tu propio criterio para conseguir la falsa aceptación de una mayoría de imbéciles".

Hoy en día asistimos a la tiranía de lo políticamente correcto. La columna vertebral sobre la que se apoya la democracia es la libertad de expresión anclada en las constituciones, el respeto recíproco, que no se circunscribe a las opiniones y actitudes con las que se concuerda, sino a no interferir con las que son distintas o incluso están en las antípodas. Lo que presenciamos en estos días es un embrión de dictadura lingüística llamado "politically correct", manejado por una casta de sacerdotes de extrema izquierda, los llamados progresistas. El pensamiento intolerante que representa lo políticamente correcto ha contribuido a una enorme división, tanto en el seno de la sociedad norteamericana como la europea. Este autoritarismo considera al ser humano como débil, pasible de ser engañado, incapaz de tomar sus propias decisiones, o sea que está necesitado de la protección de esta nueva cultura, que no está basada en el concepto de una sociedad libre sino en el adoctrinamiento de una mayoría por una minoría que se cree iluminada. Fue este pensamiento lo que llevó a que sus adictos realizaran verdaderas acciones de limpieza de lenguaje trayéndonos en mente párrafos de la novela de George Orwell "1984" en la que nos habla de la creación de una "neolengua", a través de la cual se reduce y se transforma el léxico con fines represivos, en base al principio de "lo que no forma parte de la lengua no puede ser pensado".

Afortunadamente en Latinoamérica, nuestra cultura no ha sido permeable a este virus irracional, simplemente estúpido y que cumple con la siniestra estrategia de imponer una moral relativista de los fanáticos de la progresía, del marxismo liberal, bajo la amenaza de que si no nos plegamos a su pensamiento, seremos descalificados personalmente. Así en su léxico, el que está en contra de adopción de niños por parejas homosexuales es simplemente homofóbico; el que está en contra del aborto es machista y misógino; el que está a favor del libre mercado es cómplice de las malvadas corporaciones internacionales; el que tiene un gesto de caballerosidad con una dama, una madre, una mujer encinta ya es catalogado como un heteropatriarcalista dominante. etc. etc. etc. La universidad de New Hampshire en los EEUU incluso acaba de publicar una especie de diccionario lingüístico alternativo del politicocorrectismo llamado "Bias-Free Language Guide" que da sugerencias hilarantes, a veces grotescas.

Ni los cuentos infantiles tradicionales se han salvado de esta tiranía absurda del adoctrinamiento. El escritor estadounidense James Finn Garner reescribió ya en el año 1994 en perfecto estilo político-correctista los tradicionales cuentos infantiles en su libro "Politically Correct, Bedtime Stories", que debería transformarse en libro de cabecera de los hijos-víctimas de los partidarios de esta ideología. Aquí encontramos por ejemplo que Caperucita Roja aparece como una nena feminista, sexualmente liberada, que vive en el seno de una familia alternativa, y que el Lobo Feroz es un pobre marginado de la sociedad que sufre esta condición, y que es además vegetariano y ecologista, y no mata ni a una mosca o lombriz.

Muchos piensan que este virus que ataca a la sociedad norteamericana y gran parte de la europea se originó como un contra-movimiento de la izquierda estadounidense a la ola conservadora de Ronald Reagan. Pero el verdadero origen debemos buscarlo en Karl Marx cuando escribió su Manifiesto Comunista, en el que quedaba claro que su ideología y su legado se basaban en dos vertientes, en el marxismo económico y en el marxismo cultural. Una prolongación del marxismo cultural llega a nuestros días a través de los filósofos alemanes agrupados en la Escuela de Frankfurt, Horkheimer, Adorno, Marcuse, que allá por la década de 1930, debido al advenimiento del nacionalsocialismo, tuvieron que emigrar y muchos de ellos a los EEUU, formando escuelas filosóficas en varias universidades estadounidenses, sentando las bases de lo que sería en un futuro lo políticamente correcto, un eslabón del marxismo cultural, un instrumento para castigar a la disidencia y estigmatizar a la herejía social, como la Inquisición castigó a la herejía religiosa. El signo en común es la intolerancia.

¿A qué punto hemos llegado en los EEUU y en Europa donde como periodistas no podemos decir nada malo de nadie porque uno corre el riesgo de ofender y de ser víctima de ataques virulentos en la "gran" prensa y en las redes sociales ? Estamos ante el peligro de permitir que se imponga una moral políticamente correcta que todos deben seguir porque si no serán etiquetados fácilmente como racistas, intolerantes, xenófobos, sexistas etc. ¿Acaso no ven los sacerdotes de este virus existente en los ámbitos políticos, universitarios, periodísticos que al tratar de imponer tal moralidad, tan subjetiva, están ellos mismos siendo los intolerantes al no tolerar la disidencia, la libertad de prensa, aunque proclaman lo contrario? ¿Acaso no se dan cuenta de que están siendo manipulados por oscuros intereses ideológicos, de corte fascista, que los quieren hacer aparecer como cruzados de la tolerancia? Viven en un mundo de fantasía, y la realidad se tiene que adecuar a esta fantasía que crean en sus mentes, tiranizando a su entorno social, familiar. Eliminan toda información que no encaja en su ideario, evitando así sacar conclusiones correctas, y con el transcurso del tiempo se aproximan más y más a los límites de la psicopatología. Que afortunados somos en Latinoamérica en no habernos contagiado con este terrible mal de lo políticamente correcto. Ojalá nos mantengamos firmes, despiertos, críticos, combativos, y tengamos en cuenta que, como decía el gran Cervantes "La falsedad tiene alas y vuela, y la verdad la sigue arrastrándose, de modo que cuando las gentes se dan cuenta del engaño, ya es demasiado tarde".

# EL FLAGELO DE EUROPA: TERRORISMO ISLÁMICO

## Tips para entender un fenómeno complejo

*21 de agosto 2017*

Un fantasma está recorriendo Europa en estos últimos tiempos desparramando sangre, miedo y anunciando un futuro sombrío e incierto para sus habitantes. El enemigo es el terrorismo islámico. El ejemplo del sangriento ataque terrorista en Barcelona, sumado a los atroces ataques en Finlandia y Rusia de estos días demuestra que el volcán terrorista está en plena erupción. Hace pocos meses el ministro del Interior italiano, Angelino Alfano, advirtió que de acuerdo a informaciones de Inteligencia fiables, el Estado Islámico se prepara para provocar un desastre humanitario en Europa como parte de su estrategia de establecer califatos futuros en el continente. Dirigentes europeos, como Angela Merkel, responsable políticamente de la apertura indiscriminada e irresponsable de las fronteras, que permitió el ingreso de millones de refugiados y entre ellos miles de terroristas islámicos infiltrados, son los que cargan con la culpa de esta dramática situación. El oportunismo político de la canciller alemana está demostrado en el hecho del giro de 180 grados que ha hecho en su política inmigratoria. Mientras que en el año 2010 afirmaba que "el multiculturalismo en Alemania es un fracaso total" y que los esfuerzos de su país por construir una sociedad multicultural no habían dado fruto, en el año 2015 "Mutti Merkel", como la llaman ya muchos inmigrantes, abría las puertas de su país para recibir unos 800.000 inmigrantes tan sólo en un año. Pero ante las masivas críticas dentro y fuera de su país y dentro de su propio partido y pensando en las próximas elecciones se echó drásticamente para atrás, reduciendo últimamente las cuotas y mandando contingentes de regreso a sus países de origen. Por su culpa compartida por los burócratas de Bruselas, fieles aún hoy en día a un multiculturalismo irracional e ideológico, es que se ha producido este cortocircuito muy peligroso en el viejo continente.

Que Europa es un volcán en erupción lo demuestra la realidad actual y esto no tiene nada que ver con islamofobia, sino que el islam está lentamente colonizando el viejo continente. En Bélgica el 24 % de la población ya es musulmana, y la mitad de los bebés nacidos allí llevan nombres de esta religión. En Holanda también la mitad de los bebés nacidos son musulmanes, y en tan sólo quince años las estadísticas muestran que la mitad de la población profesará la religión de Mahoma. En Francia, por su parte, en cuarenta años será la religión más practicada. Mientras las familias francesas, por ejemplo, tienen un promedio de 1.8 hijos, una familia musulmana tiene 8.1. En Francia ya existen más mezquitas que iglesias. En Inglaterra contamos con más de mil mezquitas, muchas de las cuales ocupan lugares que antes fueran iglesias. En Barcelona donde ocurrieron los últimos hechos terroristas se calcula que el 20 % de la población es de origen marroquí con pasaporte español y por lo tanto con libre circulación por toda Europa.

Son cifras realmente apabullantes. Incluso la literatura europea se ha hecho ya eco de esta realidad y del futuro incierto que puede transformarse en fantasmagórico para las poblaciones autóctonas. Tomemos el ejemplo de tan sólo dos novelas muy leídas, pertenecientes al género de la distopia y que "hablan de un futuro que no es seguro, pero plausible", como diría el filósofo contemporáneo francés Alain Finkelkraut. Nos referimos a la novela "Sumisión" del polémico e irreverente Michel Houllenbecq publicada en el año 2015 y a la novela "El Campo de los santos" del escritor también francés Jean Raspaille, reeditada en el 2011. En la primera se hace referencia a que en el año 2022, asume como presidente de Francia el islamista Mohamed Ben Abbes. En la segunda presenciamos el desembarco masivo de inmigrantes al sur de Francia, a la Riviera, hecho muy cercano a la realidad, y quienes luego se niegan a asimilarse a la cultura occidental, provocando un gran caos social.

Europa está hoy en día en guerra contra el terrorismo islámico, pero la realidad nos muestra que las armas no alcanzan para vencerlo. A ISIS no se lo destruye sólo en el plano estrictamente bélico. Para enfrentar una guerra de este tipo es necesario robustecer la propia identidad y esclarecer los valores que nuestras sociedades occidentales desean preservar. En Occidente matamos a Dios (Dios ha muerto, Nietzsche), derrumbamos la centralidad del hombre (El hombre ha muerto, Foucault), vivimos una época de relativismo moral con desconstructivistas como Derrida. Terminamos aceptando al igualitarismo y al relativismo cultural como lo más importante, disolviendo así, todo sentido de nuestra existencia individual y social.

El volcán europeo en plena erupción se apagará sólo con ideas y voluntad política de supervivencia. Pluralismo sí, pero no claudicación ante un islam combativo, intolerante, que no está dispuesto a ningún tipo de integración. El presidente italiano Sergio Mattarella expresó ante el parlamento europeo que Europa está herida debido al terrorismo islámico y que la crisis con los refugiados la debe encontrar más unida que nunca dado que "nuestros conceptos en común, nuestra forma de ser, de pensar, están en grave peligro".

¿Estará Europa dispuesta a tomar finalmente medidas en serio para defender su identidad, su tradición y sus valores occidentales? ¿Estará el viejo continente en condiciones de unirse y de encontrar una política seria y efectiva en común en contra de este flagelo terrorista? ¿Estarán los pueblos europeos dispuestos a apoyar medidas más drásticas como cerrar aquellas mezquitas con imanes fundamentalistas o quitarle la ciudadanía a aquellos que hayan combatido con el ISIS o incluso frenar el flujo incontrolado de refugiados, muchos de ellos motivados por razones económicas? Los próximos meses, años nos darán la respuesta.